コミュニティの幸福論

助け合うことの社会学

桜井政成

Sakurai Masanari

明石書店

はじめに：本書のねらい

私はボランティア活動やNPO（非営利組織）のことを中心に調査している研究者です。関西の大学に勤めており、非営利組織論や、コミュニティ福祉論といった講義を受けもっています。

この本では「コミュニティと幸せ」について考えていきます。このようなテーマでの執筆に至った経緯として、私が2013年から2014年にかけて滞在したカナダ・トロント市での在外研究の経験が大きく影響しています。

カナダは多文化社会です。カナダ統計局が2010年に発行した『2031年のカナダ』によれば、15歳以上のカナダ人のうち、外国出身の者は2006年においても39％でしたが、2031年には46％にも及ぶと推計されていました。そしてその割合は、トロントに限れば63％に達するとされています。カナダ第一の規模を誇る都市トロントには、世界中から移民が集まってきているのです。

次頁の写真は、私の子供が通った小学校の窓に飾ってあった国旗ですが、おそらくその学校に通う子供のアイデンティティを形成している国（親の出身国など）を示しているのではないかと思われます。非常に多様な国旗があることがわかります。また「性」の多様性も進んでおり、同性婚が

トロントのある小学校の外観。窓に様々な国の国旗が飾られていました。

２００５年にカナダ全土で正式に認められています。
移民が多い、多様性が高い街・国だと聞くと、日本では問題が多く発生するのではないか、とも考えがちです。しかし、カナダは世界的にみて「国民の幸福感が高い国」とされています。第1章でも紹介する世界幸福度調査によれば、最新の２０２０年の報告書では世界11位に位置付けられています。私が滞在した時期である２０１３年調査では、第6位でした。その一方で、日本の幸福感はそれほど高くありません（２０２０年世界幸福度調査では58位）。なぜなのだろう、日本はどうしたら幸せな国になるのだろう。そもそも、それほど「不幸」なのかな、という疑問が、滞在中もずっと、頭にこびりついていました。

また同時に、カナダはボランティア活動をしている人の率が世界的にみても高い「ボランティア大国」でもあります。これは私がカナダを研究対象にした理由の一つになります。『ボランティア・カナダ』という、全国的なボランティア支援を行なっている非営利団体の調査によれば、カナダの15歳以上でボランティアをしている人の率は２０００年以降、43％から47％ぐらいで推移しています。およそ2人に1人がボランティアをしているのです。

私はトロントで現地の大学に籍を置き、調査をしていたのですが、その調査や、また日常の中でもみかけるボランティアをする人々の姿は、とても幸せそうにみえました。

たとえば、大学の体育館（地域の人が利用できるようになっています）で、乳がんの啓発を目的とした「ピンクリボン運動」をしていた中学生。予防のための寄付集めとしてお菓子などを売っていたのですが、ダンスを踊りながら呼び込みをしたりと、とても楽しそうにしていました。日本では、もし乳がん啓発の活動を若者がしていたとしても、このような姿はみかけないはずで、驚きました。

そして調べてみると、学術的な研究結果でもボランティア活動と幸福感には非常に強い関係があるようでした（このことは第1章で詳しく述べています）。どうやら自分が関心をもってずっと研究をしてきたボランティアは、人々の幸せな暮らしに大きく影響をしているらしい、というのが、このときにわかったのでした。

「幸せ」というと、英語ではハッピネス（happiness）という単語がよく当てられますが、学術的にはウェルビーイング（wellbeing）という単語が使われることも多くなりました。このウェルビーイングは、日本語では「よりよく生きる」などと訳されていましたが、「福祉」という意味でも解釈されることがあります。

福祉というと、ウェルフェア（welfare）がこれまで英語で対応する言葉として日本では広く理解されてきました。それは、生活に困難を抱える人たちを支える制度やサービスのことをさすことが一般的には多いように思います。しかしそうした福祉をウェルビーイングという考え方、すなわち、幸せに生きる、あるいはよりよく生きるためのもの、という考え方で理解すべきという主張がみられるようになってきたのです。

最初に、ボランティアとともに、NPOについても私は研究をしていると述べました。NPOとは営利を目的とせずに活動している団体ですが、NPO法人と呼ばれる法人格を有した団体のほか、ボランティア団体といった任意団体を含み、市民活動団体などと呼ばれることもあります。NPOは「非営利組織」の英語の頭文字をとったものになりますが、非営利組織の制度(法人格)は日本ではとても種類があり、社会福祉法人、医療法人、学校法人、社団法人、財団法人、協同組合などなど、営利企業でない団体はすべて含むといっても間違いではない場合もあります。さらに最近では、多少の営利企業も含んだ概念として、「社会的企業」などと呼ばれることも増えてきました。

そうした広がりをもった組織群として捉えられるNPOの中でも、私はとくに地域福祉や地域活性化の活動、被災地復興などの、地域コミュニティの課題解決に取り組んでいる団体を、研究の対象としています。だとしたら「ウェルビーイング」(福祉/幸せ)を考えることは、実は今までの自分の研究とも深いつながりがあったのかもしれない、と気づかされました。同時に、私が研究の中で様々にみてきた「コミュニティ」についても、人々の「幸せ」にとても関係が深いものでした。詳しくは本書でご説明しますが、日本ではとくに、人と人とのつながりは、幸福感を高めるための大事な要素であったのです。こうして、それまで研究をしてきた様々なことが、「幸福感」という観点から一つにまとめられるのではないか、といった思いに至ったのでした。

しかしこんにち、人々がつどい関わり合う「コミュニティ」は、地縁と呼ばれる地理的に区切られた地域コミュニティや、血縁と呼ばれる親族コミュニティにとどまらないものになっています。趣味やボランティアのグループ（選択縁とも呼ばれます。また社会学では、厳密には「アソシエーション」とも呼びます）、あるいは、インターネット上のSNSやゲームなどのバーチャル世界にもコミュニティを見出すことができるでしょう。このコミュニティという概念については、今日的なその変化とあり方について、様々に議論があります。それについては本書で詳しくみていきたいと思いますが、ここではひとまず、「人と人とのあつまりや、その関係性・空間」というぐらいの意味に考えてもらえたらと思います。

その上で、「コミュニティで人と人とが（あなたと私とが）幸せに生きるには？」ということを追求し、考えていくのがこの本のねらいです。本書では、私の研究成果をご紹介したり、また個人的経験もときには披露しています（また、問題意識をもった経緯から、カナダの事例にも度々ふれていきます）が、関連分野の研究成果を踏まえながら論じていくことが多いと言えるでしょう。そこでは、定説となっている理論を教科書的に学ぶというよりも、社会的にも新しいテーマについて果敢に分析に取り組んでいる研究群を取り扱い、とりあえずこう言えるのではないか、と論じていくスタイルが強いと思います。

そしてそのため、本書の中では、統計的にはこういう傾向がある。あるいは、この調査結果ではこういう可能性がみて取れる、といった、歯切れの悪い表現が多くなると思います。モヤモヤした感じを与えるかもしれませんが、ご了承ください。しかしそもそも、あるひとつの研究結果をもって断定できることというのは、社会学、あるいはそれを含む社会科学という学問領域では、あまりないものなのです。「この調査結果があるから、社会はこうなっているのだ！」と断言しているものは、やや疑ってかかった方がよいでしょう（それはこの本の中でも、言えることです）。

このため、この本は幸福論と銘打っていながら、なかなか「あなた」の幸せの問題にダイレクトに寄り添うことはできないかもしれません。コミュニティの幸福とは何なのか。どうすればそれをつくることができるのか。そうしたことを探求していく中で、皆さんと一緒に、「コミュニティの謎」を解きながら、そこで幸せに暮らしていくための方策を考えていきたいと思います。

また逆に、そうした知見を眺めて、「自分は〜ではないから大丈夫だ！」という発想をしてしまうこともあるかもしれません。もちろん内容の受け取り方（感想）は自由なのですが、ほんとうに「大丈夫」かどうかは、誰にもわかりません。これは、詳しくは第1章や第2章で説明する、現代社会の「個人化」という側面が、生活上のリスクを生んでいるからです（リスク社会、とも言います）。

それに、あなたではない「だれか」の生きづらさを知っておくことは、社会全体がちょっとでも優しいものになる第一歩であり、そしてそれはあなたにとっても生きやすくなる可能性があると考えています。袖すり合うも他生の縁、という言葉もありますね。コミュニティで幸せに暮らしていくこととは、あなたの問題でもありながら、あなた以外の人の問題でもあるのです。それは、誰かが幸せになれば別の誰かは不幸になる、というような、「ゼロサム・ゲーム」の世界ではありません。あなたが幸せならば誰かも幸せになる。コミュニティの幸せとはそうした性質を強くもっています。ともに幸せになっていくのです。

そんな話を、この本を通じて深めていければと思っています。本書は最終章を含め、11章だての内容です。最初から最後へとつながりをもって書かれていますが、それぞれの章は独立しており、どこから読んでも内容は理解できるようになっています。とくに第1章は本書を読み進めるための背景的な問題意識や、心構えのようなことが書いてあるので、やや興味がもちにくい部分もあるかもしれません。そのため、まずは目次をご覧いただいて、興味があるところからお読みいただくことをお勧めします。

トロントの公園。バンドの演奏で踊る人たち。

よく、本は旅（ジャーニー）にたとえられます。「～の旅を始めましょう！」という書き出しの本もよくみるので、ここでも「さあコミュニティと幸せを探るジャーニーに足を踏み入れましょう！」などと書こうと思ったりもしたのですが、「コミュニティ」で「旅」というのもおかしいかなと思いました（そしてちょっと気恥ずかしい表現でもあります）。それよりも皆さんの身近なところ、近所の広場や裏山などを、落ち着いた気分で散策して、いままで気に留めなかった草花や景色に心を寄せたりとか、気持ちの良い風にリフレッシュするとか、そういう感じの本になればと思います。

ぶらぶら、うろうろの散歩を始めるイメージで、どうぞ読み始めてください。

コミュニティの幸福論
——助け合うことの社会学

目　次

目次

終　章　助け合える幸せなコミュニティをつくるには　276

第1章

コミュニティから幸せを考える意味って？

もし教育が単に能力の再生産だけではなく、その進歩をも保証しなければならないとしたら、結果として、知の伝達は情報の伝達に限られてはならないだろうし、また、伝統的な知の組織が嫉妬から互いに孤立させ、切り離していた領域を連結する能力を改良し得るようなすべての手続きの習得も、そこに含まれなければならないことになるだろう。

（ジャン・フランソワ・リオタール『ポストモダンの条件』）

1 「幸せに生きる」ということとコミュニティ ——データを読み取る力

国連は、２０１９年3月20日に、7度目となる『世界幸福度報告書』を発行しています。[1] その国連の報告書では１５６か国を対象に、国民が自分自身をどれだけ幸せだと感じているかを調べ

1 https://s3.amazonaws.com/happiness-report/2019/WHR19.pdf（２０２０年７月12日閲覧）。

ています。その結果、日本の幸福度は58位と、世界的には比較的、やや上位の国ではあります。ちなみに幸福度が最も高かった国はフィンランドで、2番がデンマーク、3番がノルウェーと、北欧諸国が独占しています。また、4位がアイスランド、5位がオランダです。

しかし問題は、前回の調査結果よりもその幸福の度合いが落ちていることです。同報告書では、長期的な幸福の変化について、ギャラップ世界世論調査のデータを用いて、２００５年から２００８年までに行なわれた調査と、２０１６年から２０１８年までに行なわれた調査の、２つの調査期間のあいだでの各国の幸福度の変化を調べています。その結果、比較可能な１３２か国のうち、64か国で幸福度は大きく上昇している一方で、42か国で大きく下降していることが明らかになりました。日本はマイナス０・２１５ポイントと、全体で95番目。下から数えた方が早い、とても「変化が悪かった国」でした（ちなみに一番よい変化があった国は、アフリカ西部のベナンでした）。

さらに、今回の世界幸福度報告書では、国連は「幸福とコミュニティ」に焦点を当てています。ただしそこで取り上げているのは、テクノロジー、社会規範、紛争、政府の政策といった観点であり、本書のコミュニティとはまた異なった意味のようです（人と人とが集まるぐらいの意味です）。

しかしながら、そこに含まれている論考の1つにおいて、ボランティア活動や寄付、援助行為といった「向社会的行動」が幸福にどのように影響を与えているかが論じられています。これはこの本のテーマとも関連して興味深いので、少し紹介しておきましょう。そこでは、１３０か国以上のデータを使い、先進国・途上国の両方において、ボランティア参加と幸福度の間には正の相関関係があることが示されました。この結果は、多様な経済的、政治的、文化的環境において、ボランティア活動と主観的幸福度の関連性をたしかに示唆するものである、と報告書では述べています。

しかし注意しなければならないのは、これは「相関関係」であって「因果関係」ではないということです。この2つはどう違うのか、おわかりですか。相関関係は、ある2つの数値が変動する何らかの関係性ですが、因果関係は原因と結果の関係、と書くように、どちらかが先に起きた現象で、それに影響されてもう1つの現象が変化している、という関係性になります。たとえば、コンビニでは傘が売れる日に雨の日が多かったことがデータからわかった（相関関係）としても、コンビニが傘を売るから雨が降る、という原因と結果の関係ではないですよね。これは、因果関係を逆にとってしまっているわけです。

同じように、上記の国連報告書の調査結果からは、ボランティア参加をする人は幸福度「も」高い、ということは言えますが、ボランティア参加すると幸福度が高まる、とは単純には言えないのです。このことは同報告書でも、その調査結果からはもちろんのこと、世界中の研究でもまだ十分に明らかにされていない点だと強調されています。ひょっとしたら、幸福度が高いからボランティアをしている、と言えなくもないのです。

また相関関係自体も、本当にその2つの数値（の変化）に関係があるのか、疑った方がいい場合もあります。朝ごはんをしっかり食べる子供の成績がよい、というデータをたまにみますが、これはどうでしょう。朝ごはんをしっかり食べると脳に栄養がいって、1時間目から授業をちゃんと受けられる。というような説明を聞くと、なるほど、たしかにそうかもしれないな、と思ってしまいます。しかし、朝ごはんをしっかり食べさせることができない家庭環境とはどのようなものかを考えることができたら、そのデータの意味は変わってくるかもしれません。ひょっとしたらその家庭の生活が厳しい状況にあり、親（親がいない可能性もあります）は仕事などが忙しくて、きちんと朝ごはんも準備できない環境にあるのかもしれない。だとしたら、宿題などの勉強を親がみてあげることも難しいですよね。だから子供の成績もふるわないのかもしれない。このように、別の第3の要因があって、それが、2つの現象にも影響を与えていて、その2つがあたかも関連があるようにみえてしまう場合があります。これを疑似相関と呼びます。この場合も、相関関係があるからといって、因果関係があるとは言えなくなってしまいます。

先の国連の報告書でもボランティアと幸福度の関係についての、そうした疑似相関の可能性にふれています。たとえば女性の方が男性よりもボランティア活動に参加するし、またそうした活動からより大きな満足感を得ているという研究があることです。つまり、性別の違いが影響しているのではないかと。さらに、社会的なつながりをよりよくもっている人の方が、ボランティア活動にも参加するし、幸福感も高いので、その影響もあるのではないかとも。ただし、こうした様々な特徴（人口的・社会的特徴）の影響を考慮した、ボランティア活動と幸福感の関係についても、世界的に大規模な調査がいくつかなされています。その結果から、ボランティアと幸福度の関係は疑似相関ではない、という結論が、国連の報告書では述べられています。本当に関係がありそう、ということです。

「相関」についての話が長くなりました。しかし、「データの読み取り方」は、本書の中でこれから度々、出てくることになるので、先にここで、ある程度解説をしておきたかったのです。なぜなら、それは「科学」というもののひとつの重要なあり方であるとともに、本書が考える「幸せ」になるための要素とも考えられるからです。

こんにち、多くの調査研究がその結果によって、ある社会現象が説明できるようになることをめざしています。これを実証主義といい、その方向性で行なわれる研究を実証的研究と言います。いわば、「社会の役に立つ研究」をめざしているわけですね。しかしその結果も、読み取り方を間違えてしまっては、役に立つどころか、逆に悪い影響を社会に与えてしまうこともあります。

それだけに、社会調査というのは嘘偽りない方法で実施し、その結果をきちんと明らかにしたものでなければなりません。そしてその結果について、誤解のないよう発表する必要があります。大学生の方は、卒業研究や卒業論文を書くときに気をつけないといけないことになりますね。それ以外の方でも、「データを読み取る力」は、よりよく生きる上で、身につけてほしいと考えるのです。

話を国連の報告書に戻しましょう。この報告書では、「人のためにお金を使うこと（プレゼント・寄付等）」が幸福感にどのように影響を与えるかについても、ふれられています。独自の大規模調査、そして、世界の大小様々な調査の結果に基づいて、そこには明確に「因果関係」があるとされています。つまり、相関関係だけが明らかなボランティア活動と幸福感の関係性とは異なり、気前よく人のためにお金を使うことは、世界中様々な文化の国々において、幸福感を高めると考えられるのです。これは様々な研究の結果からかなり確からしい、とされています。

「人のために何かする」行動は、社会心理学などでは「利他的行動」（altruistic behavior）、「向社会的行動」（prosocial behavior）と呼ばれています。この行動は、この本のテーマである「コミュニティと幸せ」に重要な意味合いをもっていると考えます。それは、人が誰かを助けることは、助けられた人にとってだけでなく、助けた人も幸せにする、ということです。

これは世界的な調査結果の分析からも明らかとなっています。

このことを痛感したのが、1年ほど滞在していたカナダでのある出来事です。訪れたカフェで、向いに座っていた年配の女性から、突然声をかけられたことがありました。聞けば、お店の中で無料で使える、無線インターネット（wifi）の接続の仕方がよくわからないとのこと。そのカフェは私がよく利用し、またインターネットもよく使っていたので（そのときもパソコンで作業をしていました）、簡単に教えてあげることができました。軽くサンキューと言われただけなのですが、そのときに自分でも驚くほど嬉しかったのを覚えています。

実はその頃は、英語もなかなか上達せずにいて孤独も感じつつ、またちょっとしたトラブルを抱えていて、精神的に参っていた時期でした。そんなときに、人の役に立つことで、自分の自尊心が維持された気持ちになったのです。こちらこそありがとうという感じでした。

「情けは人の為ならず」ということわざをご存じでしょうか。これは、他の人に対して情け（温情、親切）をかけることは、その人のためにならない……という意味ではありません。むしろ逆で、人に親切をすれば、回り回って自分にも返ってくる。人のため、だけじゃないよ。という意味です。他人への親切が回り回って、でなくても、すぐに自分を幸せにすることを先の調査結果は（そして私の経験も）示していると言えます。

2　社会の個人化とコミュニティの幸せ――「概念」という道具

先述のように、人と人との関わり合いは、幸せを生む可能性がある。これは本書の重要な指針となります。しかしそれを検討する上で、こんにちの日本社会（のみならず、広く先進国の社会）での「個人化」の進展は、背景として重大な意味をもっています。社会学で考えている（社会の）「個人化」とはどのようなものか、簡単にふれておきましょう。気をつけていただきたいのは、ここでの個人化とは、俗に言う「人々が自分のことしか考えない、利己主義的になった」という話ではないということです。個人の態度や心理の変化ではなく、社会の変化（制度化された個人主義）を意味しています。ただ、その結果、個人の意識が変化しているということはあるでしょう（ベック 2011a）。

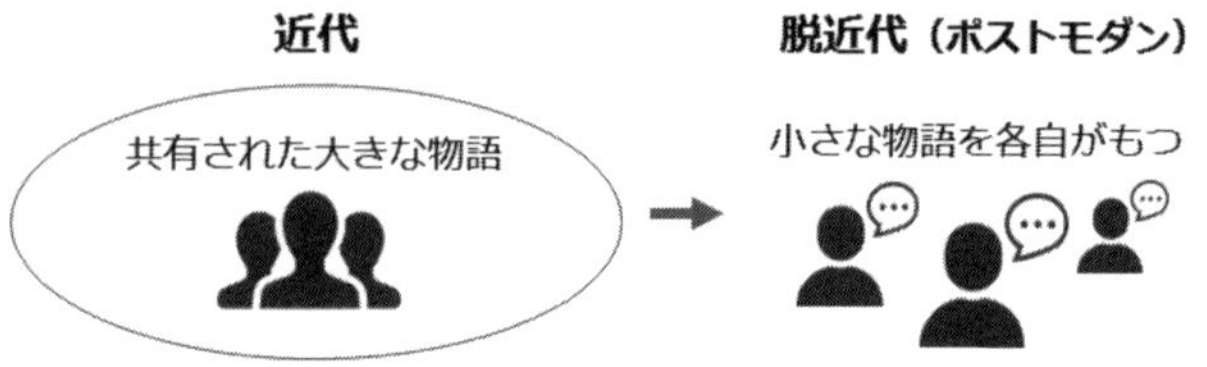

近代から脱近代へ（筆者作成）。

まず大前提として、今の社会が「近代」と呼ばれる時代の次の時代である、「脱近代」（またはポストモダン）の社会であるという認識が、社会学には広くあります。この考え方を広めたのは、フランスの哲学・現象学者であるリオタールであるとされるのが一般的です。リオタールは、近代とは、皆が全員で信じることができる「大きな物語」があった時代としています。それは、人々は啓蒙する／されることによって知識を得て、理性的になり、土地や生まれた閉鎖的な環境から解放され、自由な社会になる、といった物語です。

人間は賢くなっているし、科学は発展している。自由な意思をもった人同士が話し合って（コンセンサス）、世の中はどんどん進歩していく、という、右肩上がりな発想を皆が共有していたのが、近代社会ということですね。

しかしこうした「大きな物語」が現在では成立しなくなっている。皆が共有できなくなっているというのがリオタールの主張です。それが脱近代の時代です。脱近代では、大きな物語の正当性について疑われるようになり、人々は固有の「小さな物語」をもつようになるとされています。ドイツの社会学者ウルリッヒ・ベックは、このような状況を、「諸個人が自分のアイデンティティ、生活史、恋愛関係・生活関係・雇用関係の『日曜大工』となる」と表現しています（ベック2011b: 79)。

しかしベックは同時に、そのような脱近代（ベックの言い方では第二の近代）の状況は、良くも悪くも、自分の生活の状態に自分が責任を負うものとなる、と述べています。近代の社会構造から解き放たれた個人は、これに沿って行動しておけばよいというような、確実な知識や信仰や規範を失ったため、非常に不安定な存在であると指摘するのです。雑な言い方をすれば、いわゆる自己責任論、ですね。ベックによればそうした「個人化」状況で、個人は社会の中に、伝統とは異なるまったく新しいやり方で組み込まれる（再統合）とも指摘しています[2]（Beck 1986=1998: 252-254）。

社会へ再統合する仕組みとして、ベックが代表的にあげているのが「市場」です。労働市場に参加するために、個人は強制的に生活スタイルやふるまいの仕方を変えなければなりません。マスメディアで宣伝される商品やサービスの購入が促進されることによって、人々の生活はかえって「標準化」されることも、指摘されています。言いかえれば、「ふつうの生活」が繰り返しテレビで流されることによって、ありもしない「ふつう」に皆が憧れるようになってしまう、という表現ができるのではないでしょうか。たとえば、ちびまる子ちゃんやクレヨンしんちゃんの家族のような生活をしている人が今、どれだけいるのでしょうか。ごく一部、あるいは全然いない可能性もあります。それにもかかわらず、それらの家族像が「ふつうの家族」だと思わされてしまっている人も多

2　前者の、近代社会構造から脱した個人の状態を脱埋め込みと呼び、後者の、知識や信仰、規範を失った状態を脱魔術化とベックは呼んでいます。

いのかもしれません。

またベックは、こうしたマスコミの影響について、政治に関してもそれは大きいのだと述べています。マスコミは大衆としての人々を統制する手段となりました。これは、政治家がマスコミを使っているという側面だけでなく、マスコミ自身が政治を行なっているとも言えます。たとえば、政治家は嘘つきだ。政治は腐っている。国は無駄遣いばかりしている。というようなイメージをもっている人も、多いのではないでしょうか。しかしそうした「イメージ」は、いったいどこから得られたものなのでしょう。政治学や財政学をきちんと勉強したり、データを分析したり、あるいは政治家と直接、長い時間接して得られた印象なのでしょうか。そう考えてみると、マスコミによって印象を「統制」されている可能性もあるように思いませんか。政治を「こうしたい」というマスコミの意向によって、皆さんの考え方がある程度コントロールされていることも、あり得ることなのでしょう。

少し話が難しくなってしまったかもしれません。こうした社会学における個人化する社会についての考え方を、この本のテーマと合わせ、まとめてみましょう。リオタールは、個人は伝統や因習から解放されたけれども、一人ひとりが賢くなれば自由になるし、幸せな社会が待っている、というような楽観的な社会観はもはや共有できなくなったことを指摘しました。皆が「小さな物語」を保持するようになった社会で、ベックが指摘するように、人々は新たな形で社会に組み込まれています。では、こうした個人化社会で、どのように人と人とはつながり、コミュニティをつくり、幸せになることができるのでしょうか。これが本書の前提となります。

言い換えれば、個人化という「概念」、あるいは「理論」を使って考えることで、みえてくる「現実」がある、ということです。このことを社会学者のパーソンズはサーチライトを使って例えました（Parsons 1949: 16）。現実とは、暗闇なのです。私たちは何もわかっていない。しかし、概念というサーチライトを使って照らすことで、現実がみえてくる、ということなのです。今までに明らかにされていなかった現実を照らすものが概念である、と。概念とは何やらムズカシクものごとを表現することではないのですね。

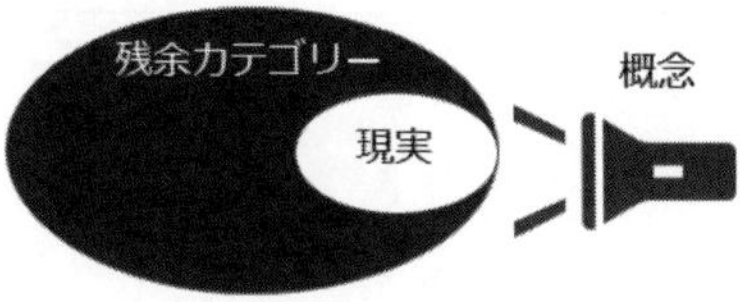

概念と現実の関係性（筆者作成）。

　このことで私がいつも思い出すのは、ある昔話です。[3] あるところに、目のみえない人たちが動物のゾウとはどのようなものかを話していました。目のみえない人たちはさわってゾウを確認したのですが、ある人はゾウの鼻をさわったので、「あれは大蛇のようなものだ」と言いました。ある人はしっぽをさわったので「細長い縄のようだ」と言いました。足をさわった人は「太い丸太のようなものだ」と言いました。そうです。だれも、ゾウの全体像をつかめてはいないのですね。しかしうそは言っていません。

　気をつけていただきたいのは、この寓話は視覚障害があるからだという話

3　私はこれを仏教の説話として聞いたのですが、調べてみると様々な宗教・民族で似たような昔話があるようですね。

『まおゆう魔王勇者「この我のものとなれ，勇者よ」「断る！」』（漫画：石田あきら／原作：橙乃ままれ，角川書店）第 17 話より。

ではないということです。人間誰しも、ものごとについて偏った観点しかもてない。だから自分がすべてを知っている気になってはいけない、という教訓のお話なのです。人のふりみて我がふり直せ、ということですね。そして、だからこそ、社会学（に限らず多くの社会科学）では概念という共通に理解された「道具」を使って現実をみることで、未知のことがらを既知のものにしていこう、と試みているのです。そして、照らされた外側の暗闇に何があるのかについても、謙虚に考えようということも言えるかと思います。

ちなみにパーソンズは、まだ概念が照らしていない現実のことを「残余部門」（残余カテゴリー）と呼びました。まだ明らかにされず残されている現実、という感じですね。これは、一つひとつの概念や理論が世界のすべてを「照らす」、つまり「説明する」ことはできない、という暗喩にもなっているかと思います。そのように、世界全体を説明しようとする「一般理論」を構築することは現状難しいので、実証的な研究によって部分的にでも説明できる概念・理論を積み重ねていくことが大事である、と社会学者のロバート・マートンは主張しました。これを「中範囲の理論」と呼んでいます（Merton 1949=1961）。

こうした考え方を前提として、本書では、現実を解読していくための（中範囲の）概念を様々にお示ししていきたいと考えています。それでも、概念はやっぱりムズカシイ、と考える方もいるかもしれません。ゲーテは『ファウスト』の中で、「一切の理論は灰色で、緑なのは生活の黄金の木だ」と書きましたしね。

この本の出版前に、同じ内容を資料として使った授業の感想で、「自分のような人が何と呼ばれるのか、何かの現象に名前があったときのような感覚を得られてとても興味深い授業でした」と書いてくださった学生の方がいました。そういう感覚をできるだけ多くの人に与えられる内容になればと考えています。これから、あなたが1つでもいいので、面白い、あるいは社会や自分を考えるのに使える、と思える概念や理論を紹介することができれば「さいわい」です。

コラム

大学生にとっての「コミュニティ」

皆さんにとっての「コミュニティ」とは、どのようなものでしょうか。

私が担当している200人規模の講義で、受講している大学生に対して、「あなたにとって、コミュニティと呼べるのはどこですか？」と、アンケートをとってみました。

回答によく現れていた言葉（頻出語）のうち、名詞では、「家族」、「友人」（「友達」含む）、「サークル」、「バイト」（「アルバイト」含む）、「大学」、「学校」、「部活」（「部活動」含む）、「趣味」、「SNS」、「地元」などがありました。学生ならではのものも、特徴的に出ているかと思います。また、これらの単語には、本書の内容に深く関わっている単語がいくつか出てきています。

そして、回答結果全体について、頻出語の共起ネットワーク図を作成してみました（次頁の図参照）。共起ネットワークとは、同じ文章内に多く現れる単語同士の結びつきを丸と線で表現したものです（図の中での上下左右の位置には意味はありません）。今回はつながりがわかりやすいように、丸以外の図形も用いて表しています。この共起ネットワークから、「長い時間を過ごす」「授業を一緒に受ける」「スポーツチーム」「目標に向かう」「団体に所属」「親族との関わり」「中学・高校時代の部活の仲間」「自粛期間に会話する」「意見交換・考え方が似る」といった語のつながりがみえてきます。自粛期間というのは、2020年に新型コロナウイルスの感染拡大の影響で、社会的に自粛を強いられていた期間のことですね。なかなか人と会えないその時期でも会話をしていた相手や場、ということでしょう。

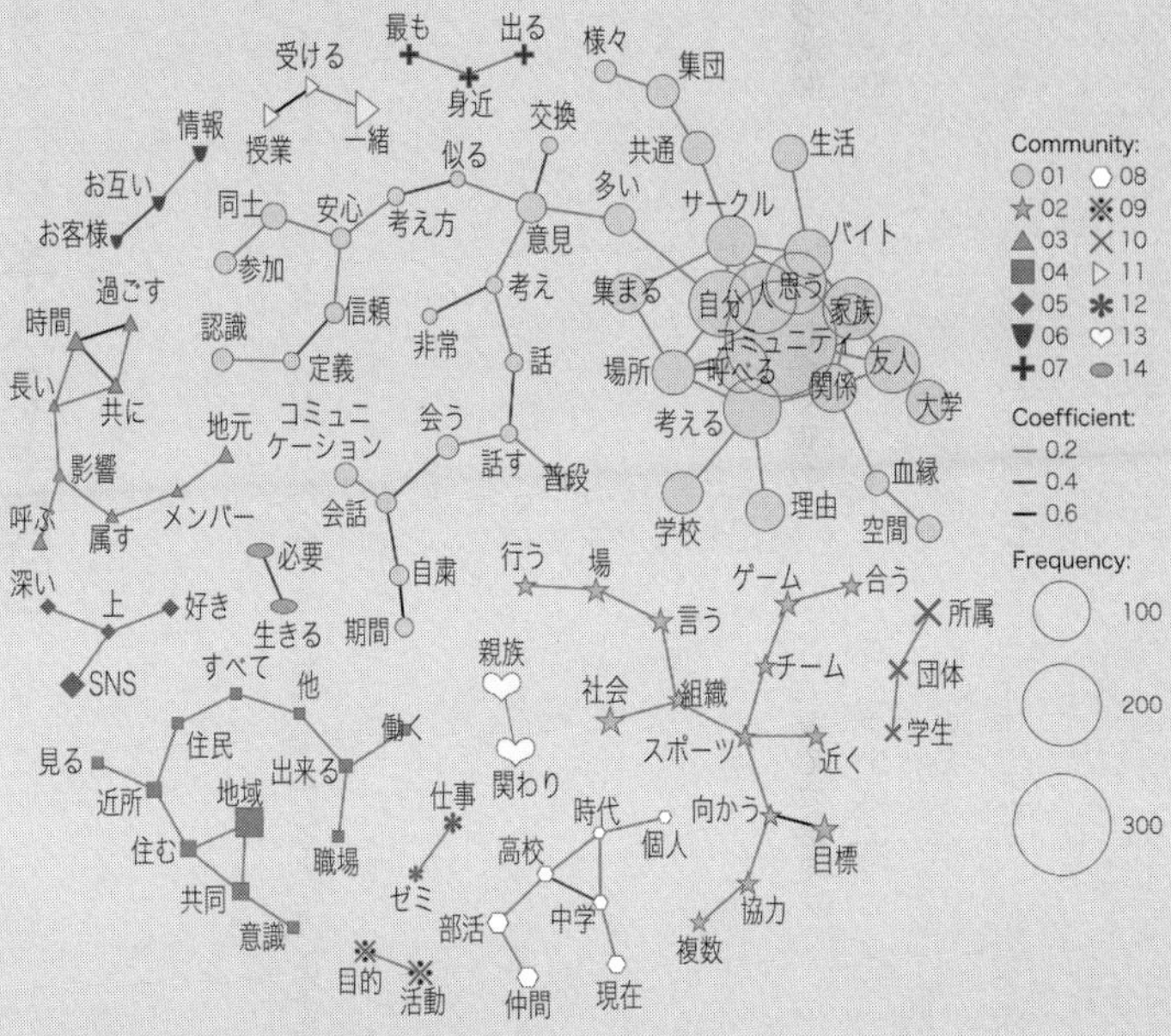

学生の「コミュニティ」観についての共起ネットワーク。KH_Corder Mac 版を使用。最小出現数5，Edge が Jaccard 係数 0.18 以上を抽出。

これらの語のつながりから、学生にとってのコミュニティの位置づけをまとめると、次のようになるのではないでしょうか。それは、①時間を共にして親しく過ごすこと、②団体に所属してともに目標に向かって何か活動を行なうこと、③それらをかつて過去に行なってきた仲間、です。そこでのコミュニケーションも重視されるようです。これらが、調査対象の大学生のコミュニティのありさまとして中心的に存在しているのではないかと思われます。

第2章 日本人の幸福感

「なあ、詩織、お金で人を救うことができると思う？」

子供が発するたぐいの質問だな、と可笑しくなる。「救えることもあるだろうし、救えないこともあるんじゃないかな」

それは何も答えていないのと同じだ、と彼は吹き出した。

「でも」わたしは続ける。

「でも？」

「でも、クラレッタのスカートを直すのは、お金ではないような気がする。お金じゃなくて、勇気かも」

（伊坂幸太郎『魔王』）

1 天気のいいところに住むべし!? ——幸福感の測り方

皆さんは、幸せに暮らすために一番重要なことってなんだと思いますか？ ある研究では、複数の様々な「都道府県別幸福度ランキング」の結果を再検証した結果、幸福度を高めるのにもっとも重要な要素は「降水量の少なさ」であったそうです（鈴木・田辺 2016)。つまり、この研究結果に沿うならば、幸福なコミュニティとは天気のいいところであり、天気のいいところに住めば幸せになれる確率がもっとも高まる、ということが言えそうです。どうでしょう、皆さんも天気のいいところに引っ越しませんか。しかし本当にそれだけが、幸せに暮らすための要素なのでしょうか？

そもそも、人の幸福度はどのように測ることができるのでしょうか。世の中にある幸福度の調査方法には、大きく言って2種類の方法があります[4]。

ひとつは幸福度を「主観的」に捉える方法です。これは、その人が幸せと考えていれば幸せだろう、という考え方であり、その個人に質問をして、その答えから測定します。質問内容もそのものズバリ、「総合的にみてあなたは幸せだと思いますか？」というような聞き方をする調査も多いですね。そしてこれによって得られた答えを主観的幸福度と呼びます。

これに対して幸福度を「客観的」に捉えようとする調査方法もあります。人間が幸せに暮らすことができるだろうと考えられる条件を測り、比べる方法です。個人を対象にするにはあまり馴染まないので、ある特定の地域（日本で言えば都道府県など）や、国を単位として調べることが多いですね。これを客観的幸福度と呼びます。

4　この2つのほか、脳内物質（セロトニン）やストレス反応（コルチゾール）といった体内的な変化によって幸福度を測定する研究などもあります。

どちらの測り方にも、利点と欠点があります。後者の客観的幸福度の場合は、様々な項目を使ってそれを測るのですが、既にある調査結果を援用することができれば、調査の手間はそれほどかからないというメリットがあると言えます。たとえば2018年に出版された一般財団法人日本総合研究所の『全47都道府県幸福度ランキング』では、70種類もの指標を用いて全都道府県の幸福度が測定され、比較されています（それはそれで、手間がかかっていると言えるのですが）。1人当たり県民所得や、健康診断受診率、語学教室にかける金額なんてのも、その参考とする指標には含まれています。

しかし欠点として、それらの指標が本当に個人の幸福感に影響をしているものなのかどうかは、結局のところわからないという問題があります。たぶんそうだろう、と、悪く言えば自分の都合よく「恣意的」に考えて、調査をする人が幸福度の指標として使っているだけということになります。一方、主観的幸福感は、その人自身に聞いているのだから、幸福度をきちんと測っていると言えるだろう、と思えます。しかしこれもまた難しいのです。たとえば日本は他の国に比べ、主観的幸福感が比較的低いことが知られています。これをもって、日本人（の多く）は不幸なのだ、と断言することができるでしょうか？

日本のことを研究されている、あるヨーロッパの研究者と話したときのことです。日本の幸福度が低いことについて彼は、「日本人は『完全』を嫌うからね。ゼン（禅）の思想で。完全になってしまうと、月のように、あとは欠けてしまうだけだって。だから幸も不幸もあって、ほどほどでよいって考えだよね」と言われました。つまり、日本人の文化が影響して、皆「とても幸せ」という選択肢にマルをせず、「まあまあ幸せ」というぐらいの答えを選んでいる可能性があるのです。「禍福は糾《あざな》える縄のごとし」、「人生万事塞翁が馬」、という考え方ですね。それにしてもこのヨーロッパの研究者は、日本人の私よりもよっぽど、日本のことを理解している方でした……。

そしてこのエピソードが示すように、主観的幸福感を考える上では、対象とする特定の集団の文化を考慮して検討するべきと考えることができます (Diener, Oishi, & Ryan 2013)。すなわち日本人の幸福感を考える上では、日本独自の文脈や、それに影響を与えている要因を分析する必要があるだろう、ということです。

2　日本人の幸福感——協調的幸福と個人化の影響

それでは、日本人に特徴的にみられる、幸福感の特徴とはどのようなものでしょうか。先に述べた通り、他の先進諸国に比べて主観的幸福感が低く測定される、ということはあります。それ以外にも、そうした測定される「量」の問題だけでなく、幸福度の「質」についても日本独自の特徴があるのではないかとされています。

それは、日本は人との円滑な関係に価値を置いている文化であるために、人と調和したときに幸福感を感じるのではないか、という、文化的な側面に重きを置いて考えられる幸福の価値観の捉え

文化	幸福の捉え方	幸福の予測因	社会・経済的要因ならびに社会的変化との関連
北米	ポジティブ 増大モデル 高覚醒	個人達成志向 ・主体性と自律性 ・個人目標達成 ・自尊心，誇り	個人の自由と選択肢の拡大の重要性
東アジア	ネガティブさの包摂 陰陽思考 低覚醒	関係志向 ・協調的幸福，人並み感 ・関係目標達成 ・関係性調和 ・ソーシャル・サポート	個人達成志向による幸福の低減

文化的幸福観に関する知見（内田・荻原 2012: 29）。

方（文化的幸福観）です（内田・荻原 2012）。これを協調的幸福と呼び、分析している研究がいくつかあります。そこでは、「周りの人に認められていると感じる」ことや、「大切な人を幸せにしていると思う」こと。あるいは、「自分だけでなく、身近なまわりの人も楽しい気持ちでいると思う」というような質問で、その幸福感を測定しようとしています（Hitokoto & Uchida 2015）。

このため日本を含む東アジア地域では、北米の文化と比較したときに、家族などの身近な人との関係が良好であることが、幸福に与える影響はより大きいとされています。韓国とアメリカで、「幸せ」という言葉がどのような言葉と連想されるかを調べたシンらの研究では、どちらの国でも社会的な関係を示す言葉との結びつきがみられましたが、韓国ではとくに「家族」が頻繁に出てきたそうです（Shin et al. 2018）。内田・荻原（2012）はそうした北米と東アジアの文化的な幸福観の相違について、表のようにまとめています。

ところで前章（第1章）で、日本を含む先進国の現在の特徴として、「個人化」があげられることにふれましたね。ここで

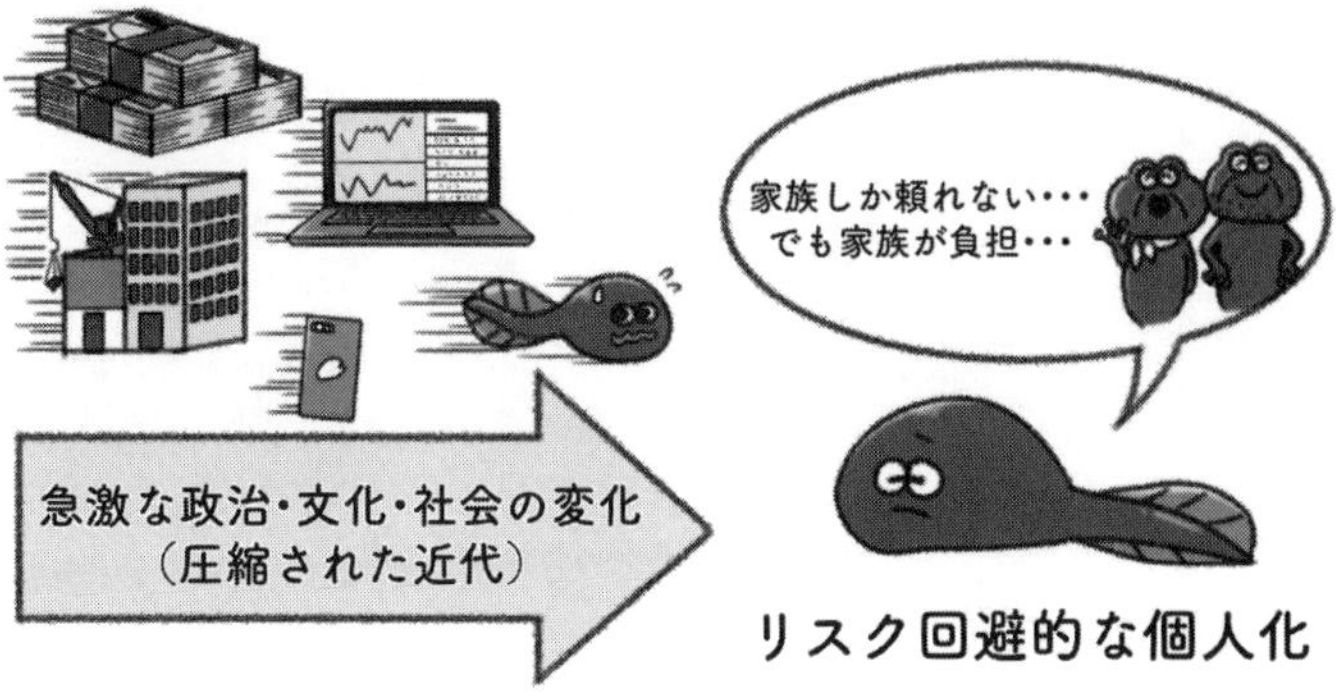

東アジアの「個人主義なき個人化」。

述べた日本での協調的幸福を重んじる文化というのは、そうした個人化とは相入れないようにもみえます。この矛盾してみえる現象は、どのように理解すべきなのでしょうか。

それを理解する手がかりとして、韓国の社会学者のチャンが提示する「個人主義なき個人化」という考え方が助けになるように思います（Chang 2014）。チャンは、東アジア（韓国・中国・日本）では、人々は家族を重要視する家族主義的な価値観をもち続けているにもかかわらず、少子化や未婚化、一人暮らし高齢者の増加といった、家族の「衰退」がみられるのはなぜなのかという問いを投げかけます。それには、西ヨーロッパでは比較的長い時間をかけて進んだ、「脱近代」（前章で説明しました）と呼ばれる政治、社会、文化の変化が、東アジアでは急激な勢いで進んだことが影響していると主張します。これをチャンは「圧縮した近代」と呼んでいます。

急激な変化によって確かなものが無くなる中で、家族はいざというときに唯一頼れる存在になります。これをチャンは「リスク回避的な個人化」と呼んでいます。しかしいざというときに頼れる家族とは、逆に言えば家族のメンバーの生活に何か問題が生じたときには、あなた自身がその対応に責任を負う側にもなるかもしれない、ということでもあります。つまり、家族はリスクのもとにもなったと言えるのです。リスク回避的な個人化はそのために、子供をつくらない、結婚しないといった、家族を縮小させる方向に個人と社会を進ませたのだというのが、チャンの「個人主義なき個人化」の話なのです（前頁の図参照）。

このような観点に立つならば、日本人（あるいは東アジア全体）の協調的幸福感は、「リスク回避」という感覚を含んだものなのかもしれない、と考えることもできるでしょう。すなわち家族を含む身近な人とのつながりへの満足や幸せ感については、親密性を満たすものであると同時に、その相手への義務感や責任感を伴うものであるのかもしれません[5]。

しかし、家族で助け合えない人や、そもそも家族がいないという人もいるわけです。その場合はどうすればいいのでしょう。ノンフィクション作家の大山眞人氏による『親を棄てる子どもたち』（平凡社）には、こうしたリスク回避の個人化が生んでいる、現在の家族の姿がまざまざと描かれてい

5　このことを落合（2011）はEASS 2006が実施した家族に関する調査の結果から説明しています。同調査において、東アジアの人々は「自分の幸福よりも、家族の幸福や利益を優先するべきだ」という考え方を肯定する人が多く（ただし日本は過半数程度）、「離婚したくても、子供が大きくなるまで待つべきだ」という考え方に賛成しがちとしています。そしてこうしたことから東アジアでの個人化は「個人主義なき個人化」というより「家族主義的個人化」（Chang 2014）と言うべきだと主張しています。

ます（大山 2019）。

大山さんは埼玉県内の公営住宅で、高齢者向けのサロンを主宰し、曜日替わりで様々なイベント・取り組みをされています。公営住宅は、高齢化にくわえ、所得が低いご家庭や、外国人世帯も増えています。生活に課題を抱えている人も多いのですが、なかなか皆「ヘルプ」を出しません。制度を知らないから相談もできない、ということもあります。その結果、問題解決のための「助け合い」をしようという気運も生まれず、そこは限界集落ならぬ「限界コミュニティ」となっている、と大山さんはおっしゃいます。

そんな中で大山さんは、顔見知りになった独り暮らしの高齢者をつかまえ、サロンに来るように誘いました。昼間から酔っ払ったおじいさんに、「今度きれいな子が来るから、寄ってよ。ぜったい楽しいよ！」と言って、生活相談に誘ったりしました。さらに社会福祉協議会との連携によって、孤独死防止のためのネットワークを地域でつくったのでした。

その大山さんの本の中で、認知症になられたあるサロン参加者の、福祉制度利用を助ける場面が出てきます。離れて暮らしているその利用者の方の子供は、「面倒をみたくない」と一切、関わろうとしません。その子供さんはかつて、親である利用者から「迷惑」をかけられた過去があるようでした。大山さんは「なんで他人である私が……」とつぶやきながらも、その方のために奔走します。

実はこの本では私も取材を受けていまして、そのご縁で一度、お呼びいただいたことがあります。地域の方々向けに大山さんと私とで対談をして、その後、サロンをご案内いただき、地域の方々の手作りの食事も頂きました（カラオケもしました）。そのときに孤独死の話にもなったのですが、子供や親族がいても、遺体を引き取りに来ないケースは実はかなり多いのだ、という話を関係者から聞きました。

それを聞いたときに思い出したのが、大阪府大阪市西成区の「あいりん地区」（釜ヶ崎）で、ホームレス状態や日雇い労働の人たちを支援するために開いている交流施設で拝見した、納骨所です。日雇い労働の人たちには自身の過去を語りたがらない人たちも多くいます。訳あって家族と連絡を取らない人たちもいます。そんな方たちが亡くなられ、もしも親族から問い合わせがあったときのために、この施設では数年間その遺骨を保管しているのです。この団体がキリスト教系であることも関係しているかと思います。

あいりん地区は、かつては日雇い労働者の街として有名でしたが、建設土木業の不況や、労働者の高齢化によって、現在では多くの人が生活保護を受給することから、福祉の街と呼ばれるようになっています。現在ではあいりん地区は、ほぼ単身男性一人暮らしの世帯が占めるという、他ではあまりみられない地域になっています（日本型ＣＡＮ研究会『あいりん地域の構造把握基礎調査報告書』２００９年）。

納骨堂は、施設２階の一室にありました。引き出しがずらっと並ぶ、小物入れが壁一面に並んでいるような部屋でした。その引き出し一つひとつに、名前と没年月日が書かれています。それぞれに、お骨が納められているのです。つい最近も、名古屋から男性が訪ねて来て、「自分の父親がいるかもしれない」と熱心に、並んだ名前をみていたと教えていただきました。

社会学者の白波瀬達也はあいりん地区を長年調査し、『貧困と地域』という新書にまとめています（白波瀬 2017）。それによれば、西成区で、死亡理由が亡くなった直後はわからなかった異状死体（警察の用語ですね）は、近年６００人前後で推移しているとのことです。そしてその多くを在宅の孤立死が占めているだろうとしています。

山田可南『親友いないの誰？』（集英社）第９話その２より。母娘関係に悩む女性へ，年配の女性が語るシーン。家族の難しさの一端が表現されています。『母になるのがおそろしい』では，同作者がエッセイ漫画で，複雑な親への思いと育った環境を，赤裸々に語っています。

しかし街では、あちらこちらで、知り合い同士で話している姿をみかけます。ドヤと呼ばれる簡易宿泊所は部屋が狭いために、皆外に出てくるということもありますが、重い病気で他の地域の病院や施設に行っても、「最後はあいりん地区で迎えたい」と戻ってくる人もいると聞きました。あいりん地区はその人にとっては、すでに「ふるさと」となっていたのでしょう。明るい社交的な人も多く、学生とまち歩き（フィールドワーク）をしていても、気さくに話しかけてくださる方がいます（このエピソードは白波瀬もふれています）。

しかし白波瀬は、そうしたあいりん地区の男性たちの社交性の高さは、「過去を詮索しない」ことなど暗黙のルールがあり、深入りしないものであることを指摘しています。それぞれにいろいろあって現在に至っていることを、お互い理解している人々であるのです。そこでは親密性はあるとしても、結果として、助け合うソーシャルサポートが生まれにくいと白波瀬は指摘するのです。また、近年のあいりん地区の町内会加入率は6％程度（大阪市の平均は70％程度）であり、NPOや社会福祉協議会などによる新しい地縁（地域ネットワーク）の創造が必要だとも述べています。

このような、家族が唯一の頼れる存在となった（と考えられている）現在の日本において、家族との縁が薄い、あるいはまったくなくなった人は、寄る辺ない不安な生活に陥りがちなのです。社会活動家であり大学教授でもある湯浅は、このような社会のあり方を、「溜《た》めの無い社会」と表現しています（湯浅 2008）。

〝溜め〟の機能は、さまざまなものに備わっている。たとえば、お金だ。（中略）有形・無形のさまざまなものが、〝溜め〟の機能を有している。頼れる家族・親族・友人がいるというのは、人間関係の〝溜め〟

である。（湯浅 2008: 78-79）

湯浅が表現する「溜め」とは、社会保障も含め、人が幸せに生きられるための余裕、あるいは困難に陥ったときのためのセーフティネット、という言い方ができるでしょうか。溜めがない人は困難に陥ったときにリカバリーしにくいだけでなく、そもそも困難に陥る確率も高くなる、ということが言えるかと思います（この話は第9章で改めて、若者ホームレスを例に詳しくふれることになります）。

3 人との付き合い方が重要？——主観的幸福感に影響する要因

日本独自の幸福感について考えてきましたが、そもそも幸福感はどのようにすれば高まるのでしょうか。主観的幸福感に影響する要因は、様々なものが明らかにされてきています。たとえばそのひとつに年齢があります。日本では（他の国でもみられるのですが）、幸福感は若いとき（20代）は非常に高くて、それが、年齢が上がるごとにどんどんと低くなっていきます。一番低くなるのが40代とされています。そして40代後半から50代前半を底にしてまた上がっていき、高齢者は比較的幸福感が高めになります。

このように幸福感が年齢に対して「U字型」（低くなりまた高くなる）なのはなぜなのでしょうか。理由はきちんとわかっていないのですが、個人的な推測を書きますと、40代は社会的に責任が増える時期です。正社員として働いている人は、会社では中間管理職としてだんだん責任あるポジションになることでしょう。それはやりがいがあるかもしれませんが、一方で仕事でのストレスも増えることになります。

また家庭や地域でも責任が増えるかもしれません。結婚して子育てをしていれば、ワークライフバランスが保ちにくくなったり、あるいは子供の学費を稼いだり住宅ローンを返すために、より仕事を一生懸命しなければならなくなるでしょう。地域コミュニティでも、子供関連の行事やPTAなどで役割が増え忙しくなります。子供がいなくても、町内会やマンション組合の役員など、コミュニティの役割が回ってくることがあります。このように、40代から50代にかけては多くの社会的な役割、あるいは社会的アイデンティティを担うため、やりがいもあるのですが忙しく、ストレスも抱える時期で、そのために幸福度は低いのではないでしょうか。あくまでも推測ですが、私は実はこの「もっとも幸福を感じられない年代」になるので、ある程度実感をもって考えたものになります[6]（笑）

話を戻しましょう。婚姻状態も、幸福感に影響を与えると考えられていますが、その効果は性別によって差があるのではないかとも考えられています。概して、男性の方が、婚姻状態が終わって

6　この推測はあながちまったくの当てずっぽうというわけではありません。黒川・大竹（2013）が行なった『国民生活選好度調査』の分析によりますと、年齢別のストレスは、世代と調査年特有の影響を考慮しても、年齢を重ねるごとに上がって下がる「逆U字型」を描くことが明らかになっています。つまりストレスが高い年代は、幸福感が低いのです。

しまった状態、すなわち、死別や離婚をしたあとに、幸福感がより大きく下がることが明らかになっています(宍戸・佐々木 2011)。男性の方が結婚関係ではより配偶者に依存していて、それが別離によって明らかになる、ということでしょうか。なんとなく理解できつつも、あくまで予想的な話です。また、失業状態も幸福感にマイナスの影響を与えるとされています(宍戸・佐々木 2011)。失業という不安定な生活状況や、先の生活がみえない不安などが、人にはストレスを与え、結果として幸福感を奪うのではないかと考えられます。

そしてそれに関連し、経済的に裕福かどうかも、その国や個人の幸せの度合いに影響を何らか与えていると考えられています。ただし、裕福かどうかよりもそれ以外の要因、とくに人間関係はより強い影響をもっているかもしれないと考えられています。

たとえばある調査結果では、国民1人当たりのGDP(国内総生産。国内で一定期間に生産された付加価値の合計金額で、豊かさの指標に使われます)よりも、困ったときに頼りにできる人がいるかどうかの方が、その国の人の幸福度に影響を与えている、としています。[7] また、個人の収入がその人の幸福

7 もちろん、経済的な状況は幸福感にまったく関係ないわけではなく、多少は関係している(あるいは間接的に関連している)とされています。そのひとつで、その国や地域の経済格差が大きいと幸福度が下がるという研究が数多くあります(浦川 2018)。Yu & Wang (2017) の西ヨーロッパとアメリカを対象とした調査分析では、ある一定以上に経済格差が広がると、その地域の幸福度が下がることが確認されています。しかしその、人々が許容できる(幸福度が下がらない)格差の広さは、文化によって異なるともされています。また経済格差に関連して、世間一般と比較した主観的な世帯の所得(相対的所得)の方が、実際の所得(絶対的所得)よりも幸福感に影響を与えるのではないかともされています(宍戸・佐々木 2011)。

度にどのように影響を与えているかについては、「所得の満腹感」というのが存在しているのではないかと考えられています。これは、ある一定の金額まで所得が高まると、それ以上増加しても幸福度にあまり影響しなくなる、という考え方です。科学雑誌ネイチャーに2018年に掲載された論文では、その「満腹感」を得る金額は、国や地域によって多少異なるものの、だいたい6万ドルから7万5千ドルとされています（Jebb et al. 2018）。この金額は日本円では、1ドルが110円として換算したときには、およそ660万円から825万円程度になりますね。

この所得による幸福度上昇の限界（満腹感）に対して、他人との関わり方がそれを補う可能性があるのではないかとする研究があります。大﨑（2017）による東京都に住む1033人の個人を対象とした調査分析結果によれば、所得が高い人々は低い人々に比べて、経済的安心から得られる生活満足感は少なくなるが、それを補う形で、一般的信頼が生活満足感の向上により強く結びつくことが明らかとなったとされています。一般的信頼とは、文字通り一般的な人に対する信頼、という意味ですが、より学術的な定義には、「見知らぬ他者一般が協力的にふるまうことへの期待」という説明があります（Oishi & Schimmack 2010）。

このように、他者との関係（についての認識）が幸福感には重要ということがあるようです。もう少し詳しく、どのような関係性が幸福感を生むのか、考えてみたいと思います。

学生の皆さんと話していて、たまに話題に出るのが、「友達とは広く浅く付き合う方が良いのか、狭く深く付き合う方が良いのか」ということです。自分は友達とは「広く深く」付き合っているよ！

という人もいるかもしれませんが、そもそも人間はそれほど多くの人とは深く付き合えないのではないかと考えられています。

ミラルド（Milardo 1992）の研究結果は、サポートを求めることができるような親密な関係は、平均して5名程度であるということを示しました。また内田・遠藤・柴内（2012）の研究では、人付き合いのグループの規模が大きくなったとしても、その中で親しくなる人の数は限られていて、規模が拡大することは全体的な付き合いの質への評価を低下させる（同調査では「居心地の悪いグループとも付き合うこと」が増えるとされています）リスクがあることを明らかにしています。

日本人は身近で親密な関係によって幸福感を得やすい、という研究結果がありました。しかし身近な人との付き合いも、その付き合い方や関係性の相違などで、幸福感へ異なる影響を与えていることがいくつかの研究で報告されています。たとえば大学生を対象としたある研究では、女子学生の方が男子学生よりも人間関係における「親密性」を重視し、それを幸福感のもととしているという調査結果があります[8]（曽我部・本村 2010）。また別の、同じく大学生を対象とした調査では、「一番大切と思うものは何か」という質問に対し、「家族、友人、恋人、人間関係」をあげる女子学生が男子と比較して圧倒的に多かったという結果（片桐 2009）が示されています。そうした傾向から曽

8　この曽我部・本村（2010）の研究では分析の結果から、大学生を対象とした主観的幸福感を規定する社会心理学的要因を、「社会心理的自己効力意識」と概念化しています。そしてその「社会心理的自己効力意識」の中の1つである「人間関係における親密性」因子が、女子の方が男子よりも有意に高い共感が示されたとしています。

我部・本村（2010）では、女子学生は男子学生よりも、不安定な社会の中で身近な友人や恋人といった「親密圏ネットワーク」をリスクヘッジの手段としていると述べています。女性がよりリスクをもちがちな、ジェンダー的に不平等な現在の日本社会が、そのような状況を生んでいると言えるのかもしれません。

また、大学生を対象とした別の調査では、友人との関係性の違いと、幸福感との関連を調べています。それによれば、自分と似た親しい友人や、いろいろな話ができる友人、また自分に刺激を与えてくれ高め合うような友人がいても、それだけでは幸福感につながらないようだとされています。そして幸福感を得るためには、自分のことを気にかけ理解した上で、受容してくれるような友人の存在が重要であると言えるとしています（吉村 2017）。打ち明け話を受け止めてくれる友人関係が大事であり、また仮にその打ち明け話の内容に対し拒絶的に反応されたとしても、友人への信頼はそれほど揺るがない、という研究結果もあります（川西 2008）。

これらの調査結果は、友人などとの「理解されている関係」があることが幸福感にとって何より重要である、ということを示しているのではないでしょうか。このことをさらに証明するのが、オオイシらの実験結果です。そこでは、実験パートナーとなった相手に理解されていると感じる条件と、誤解されていると感じる条件を設けた上で、実験参加者に対し、丘がどれくらいの坂（傾斜）であると感じるか。また、ある場所までの距離がどのくらいの長さであると感じるか。そして、冷たい氷水の痛みにどれくらい耐えられるか、という3つを調べました（Oishi, Schiller, & Gross 2013）。

その結果、実験パートナーから誤解された条件に比べて、実験パートナーから理解された条件のもとでは、実験参加者は丘の傾斜はより緩やかだと感じ、対象地までの距離をより近いと推定し、氷水の冷たさ（痛さ）に耐えて手を浸す時間が長かったことが報告されています。オオイシらの実験結果は、誰かに理解されていることによって、多くの日常的な出来事を楽だと感じられることを示しています。そしてそのことが、幸福感にも良い影響を与えるのではないかと考えられるのです。

4　人と広く付き合うこと——一般的信頼

ここまで、身近な親しい人との関係について考えてきましたが、話題を戻しますと、友達とは広く浅く付き合う方が良いのか、それとも狭く深く付き合う方が良いのかという問いから始まっていました。そのもう一方の、「広く付き合う」（それは、「浅く」になってしまうのかもしれませんが）ことは、はたして幸福感につながらないのでしょうか。

実は、広い付き合いも何らか幸福感に影響を与えているのではないかとしている研究もあるのです。たとえば先ほど少し説明した一般的信頼というものが高い人は、人間関係を広げることによって満足感を得ている、とする調査結果もあります（内田・遠藤・柴内 2012）。あるいは、人間関係の広がり（人数）というより、その広い付き合いの中の「多様性」が満足感を与えているのではないかとする研究もあります（松本・前野 2010）。したがって、人を広く信頼していたら人間関係を広げ、そしてその中の多様性に満足することができるのかもしれません。

逆に言えば、「狭い親密な関係性」から得られる満足というものは、偏ったものになる可能性がある、とも考えられます。この点について、山下・坂田（2008）が現在恋愛関係にない大学生132名を対象に行なった調査は、興味深い結果になっています。同研究では、精神的あるいは具体的な助けを受けている相手とその度合いについて、恋愛関係崩壊時のショック度と、恋愛関係崩壊からの立ち直り過程の経験から調査をしています。

その結果、まず、精神的な助け（情緒的サポート）を受けている相手のタイプとしては、多様な相手から受けている「多様型」、同性友人に限定される「同性友人型」、どの種類の相手からも助けが少ない「サポート低型」に分類されました。そして、同性友人に精神的な助けが限られる人よりも、多様な相手から助けを受けている人の方が立ち直りの状況が良好であったとしています。この結果について同論文では、「多様な関係からのサポートに比べ、特定の関係からのサポートは内容が均質的になりやすく、関係崩壊からの立ち直りの限定的な側面にしか効果を発揮できない恐れがあると推察される」としています（67頁）。

恋愛の相談は、とくにそうなのかなとも思います。身近な同性の友人には逆に、なかなか話しにくいこともあるのではないでしょうか。そのために多様な関係性が助けとなる。いずれにしてもこの調査結果は、「狭い親密な関係性」が必ずしもいつでも有効に、幸福感によい影響をするわけではないことを示していると思います。

親密な関係の付き合い	広い付き合い
「理解されている関係」が幸福感を高める	付き合いの多様性への満足 （多様な相手からの手助けも意味あり）

親密な関係の付き合いと広い付き合いの効用（筆者作成）。

なおこの研究では、男性の方が女性よりも恋愛関係（恋人）からサポートを得る一方、女性の場合は、恋人だけでない多様な関係からサポートを得ることも明らかになったとされています。こうしたジェンダー差の傾向は、他の研究でも同様に指摘されることが多いです。そのため、女性の方が恋愛関係崩壊からの立ち直りが早い可能性が指摘されています（Frazier & Cook 1993）。男性は結婚関係の終局から幸福感を損ねがちと前に話しましたが、それとも関連がありそうですね。

いずれにしても、「広いつながりによる多様な関係性が助けになる」ことは、社会学者マーク・グラノヴェターが提起した「弱いつながり」仮説によっても、よく知られているところです。グラノヴェターは、アメリカのホワイトカラー（専門職・技術職・管理職）の人々が就職する際には、親しい友人や家族や親戚などの強い紐帯（「ちゅうたい」と読みます。「つながり」の意味と考えてください）ではなく、普段は会わない、遠くにいたりする知り合いとの弱い紐帯が、転職を成功に導くことを明らかにしています（Granovetter 1974=1998）。それらの人の人脈だとか、紹介といったことが転職には有効だった、ということです。

このように、広く人と付き合うことでの効用は何らかあるようです（この点は第5章でさらに深めて考えてみたいと思います）。ここまで説明してきた人と狭く親密に付き合うこと、そして、広く付き合うことの効用を単純に整理しますと、表のようになるかと思います。

ところで、人を広く信用するという考え方を一般的信頼と呼ぶと先に紹介しましたが、実はこの一般的信頼の度合いは、日本人は概して低いとされてきています。

社会心理学者の山岸俊男は、日本とアメリカとを比較した実験結果から、契約社会と言われてドライに思われているアメリカ人よりも、日本人は一般的信頼が低いことを説明しています（山岸1999）。そして、日本は他者を一般的に信頼する「信頼社会」ではなく、よそ者を排除して、ごく狭い身内の人たちだけを信用する「安心社会」なのだとしています。また、信頼社会とは「相手の人格や行動傾向の評価に基づく、相手の意図に対する期待」がもてる社会のことであるが、それに対して安心社会とは、「相手の損得勘定に基づく相手の行動に対する期待」しかもてない社会ともしています。

また山岸は、特定の人しか信頼しない安心社会では、他者が信用できるかどうかに多くのコストがかかる（時間をかけたり、調査をしたりする必要）上に、その信頼関係を持続させるのにも多大な労力を必要とするので、いっそ皆が信頼し合う社会にした方がよりよく暮らしやすい社会になるのではないか、と提起しています。これを山岸は「信頼の解き放ち理論」と呼んでいます。

このような話になるほどと私も納得していたのですが、しかし念のため、２０１０年から２０１４年にかけて世界中の各国・地域で行なわれた世界価値観調査の結果を、改めて確かめてみました（次頁の図参照）。すると、なんと日本はアメリカよりも信頼度が高い国になっていたのです！

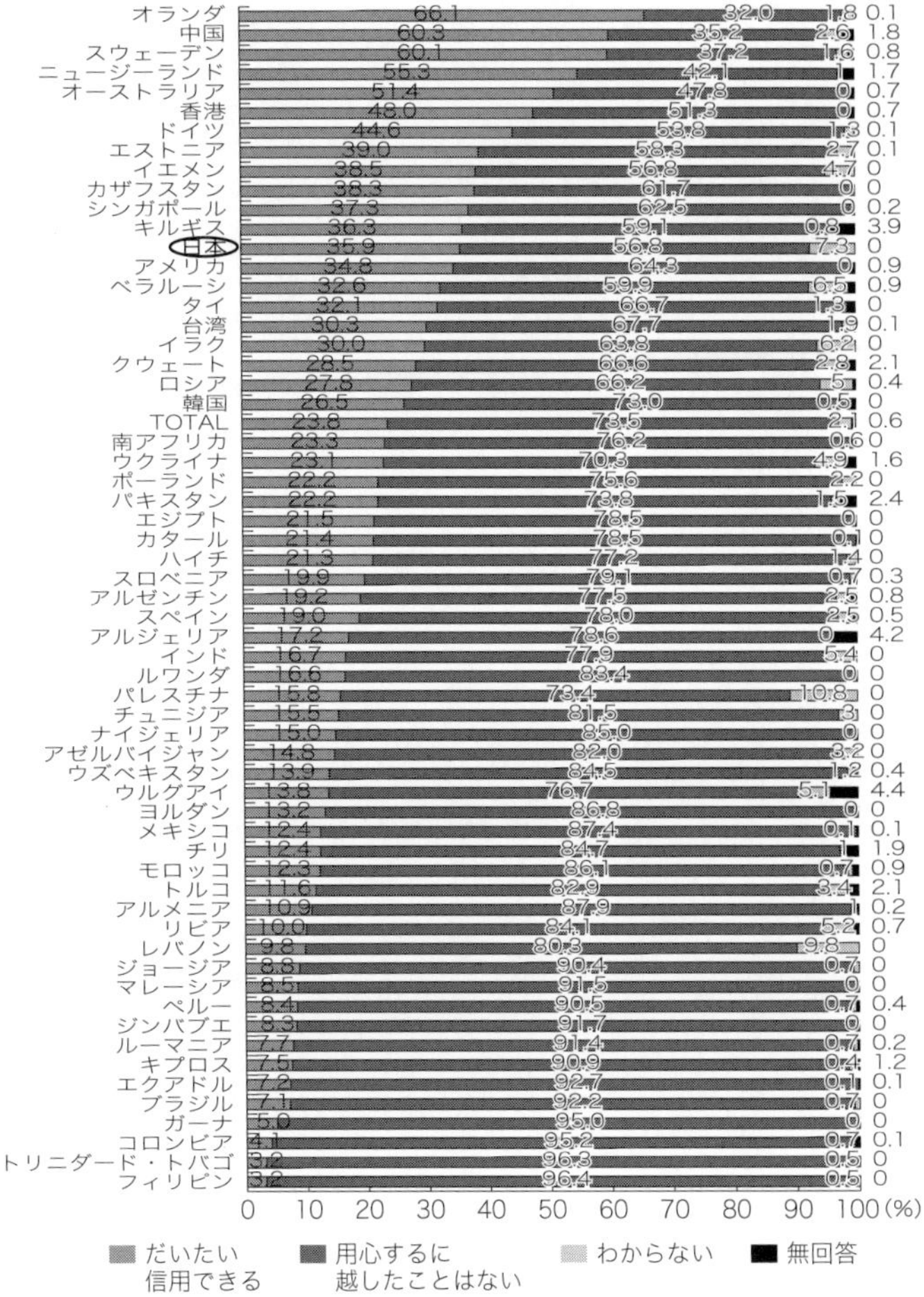

世界価値観調査からみる各国の信頼度（世界価値観調査ウェブサイトから筆者作成）。

世界価値観調査では、「一般的にいって、人はだいたいにおいて信用できると思いますか、それとも人と付き合うには用心するに越したことはないと思いますか」という質問がなされています。それに対する回答で、「だいたい信用できる」と答えた人は、日本では35・9％だったのに対して、アメリカでは34・8％となっていました。しかも、日本よりも人を信用する国（「だいたい信用できる」の割合が高い国）は、それほど多くはないという結果となっています。日本がとくに（絶対的な数値として）高いわけではないので、世界の多くの国では人と人とはお互いに用心し、暮らしているのだなあと、世知辛く思いました……。

そもそも、一般的信頼と幸福感はどれほど関連しているのでしょうか。小塩（2016）は全国2万5千人以上のデータを用いて、一般的信頼と主観的幸福の関係を分析しました。その結果、性別や年齢といった個人属性などを統計的に考慮に入れると、一般的信頼度と幸福度の相関関係はかなり薄まったことから、一般的信頼と幸福度の関係は過大評価されがちではと述べました。つまり、それほど直接的には関係ないのかも、という結果だったわけですね。

親密な関係性に重きを置いた幸福感を抱きがちな日本人が、信頼を「解き放つ」ことによって、多様な人間関係から幸福感を得られる人が増えるかどうかは、まだまだ不明なところがあると言えそうです。身近な人だけ信頼して付き合う「安心社会」でも問題がないように思えます。本当にそうなのかどうか、もう少し多面的に、以降の章で考えていきたいと思います。

コラム

お金ではない……としたら何？

今回は、収入や所得は幸福感につながっていないこともある、それよりも人と人とのつながりが大事、という話でした。いやでもそれは本当にそうなの？　と思った方もいるかもしれません。なんだかんだ言って、お金も大事ではないの？　と。

失業状態が幸福感を損ねるように、生活の保障はもちろん重要です。それにくわえて、ウィランらによる、米国、カナダ、デンマーク、オランダの６２７１人を対象にした大規模な調査の結果は、「お金」と幸せの関係を考えるひとつのヒントを与えてくれます（Whillans et al. 2017）。

この研究では、「時間を節約できるサービス」を購入・利用することによる、幸福度（前向きな態度）への影響を調査しています。そして、そうしたサービスを利用することによって、人々は時間が足りないことによるストレスが軽減され、人生の満足感を高めることがわかっています（次頁の図参照）。つまり、「時間を買う」ことによって人々は幸せになるし、そのためにお金は必要なのだ、と言うことができるかもしれません。お金よりも時間の方が貴重な世の中、ということですね。

ただこれは、日々時間に追われる、現代の先進国特有の状況に限られる話である可能性もあります。時間を盗んだ時間泥棒を追いかけるお話である、ミヒャエル・エンデの小説『モモ』の話を思い出す研究結果でもありますね。

お金は大事なのだけれど、その使いみちが問題なのだということでは、寄付が幸福感を高める話と同じですね。お

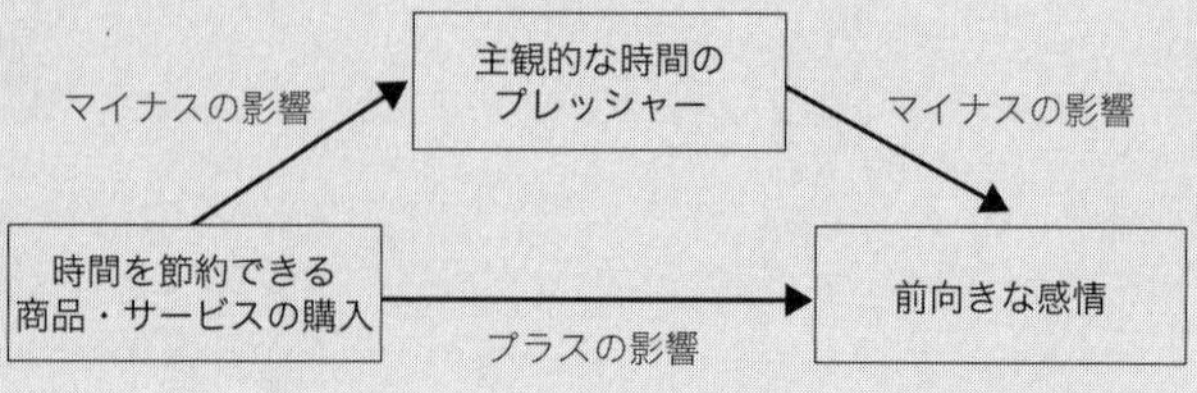

時間節約サービスと前向きな態度の関係（Whillans et al. 2017 をもとに筆者作成）。

金と幸福感の問題は本書の第9章でも改めて取り上げていますので、そちらもご覧ください。

時間とお金、どちらが幸せ感にとって大事なのか。その観点から、リューとアーカーのカルフォルニア大学の学生などを対象とした3つの実験調査の結果は、興味深いものがあります（Liu & Aaker 2008）。そこでは、ある慈善団体（がん患者を支援するNPO）に対して、提供したいボランティア時間と、寄付したい金額について考えてもらう、という実験が行なわれました。

その調査の結果では、最初にボランティアをどれくらいの時間したいかを尋ねた場合、それを尋ねなかったり、または尋ねる順番を逆にした場合（どれくらい寄付したいかを先に聞く）に比べて、寄付しようとする金額が増えるということが明らかになったのです。さらに、寄付したい金額は、ボランティア活動に費やしてもよいと考える時間から直接に結びついているわけではなく、ボランティアをすることが自分の幸福感にどれくらい関わっているかを考えることによって（つまり「媒介」して）、増えていたとされています。

ボランティア活動や寄付行為が幸福感にも関わってくるというお話は、第1章でしましたね。その上で、この研究の結果からは、ボランティアをすることによって、自分自身も幸せになることは（想像したら）わかるのだけれども、それだけの時間を費やすことはできない（あるいは、したくない）から寄付する金額を増やそう、という心理的なメカニズムがみられたようなのです。

これは、私も何となく気持ちがわかります。たとえば大災害が起きたとき、その地域の被災した人たちに何かしたいけれども、駆けつけて復興作業を手伝う時間が自分にはない。それならば募金だけでも……と思ったりします。ただ、これを時間の節約という観点からみるならば、ボランティアをする時間の幸福感も、人々はお金で代替えすることができる、と言えるのかもしれませんね。

第3章

助け合わない日本人？（1）

——利他的行動とボランティア

人間というものをどれほど利己的とみなすにしても、なおその生まれ持った性質の中には他の人のことを心に懸けずにはいられない何らかの働きがあり、他人の幸福を目にする快さ以外に何も得るものがなくとも、その人たちの幸福を自分にとってなくてはならないと感じさせる。

（アダム・スミス『道徳感情論』）

1　助けられない日本人？　助ける機会がない日本人？

海外に行くと、建物の前で、なぜこんなに無駄に大きくて重たい扉が付いているのか……と悩ましく思うことがあります。なかなか、開けられないのです。そんなとき、前を歩いていた見知らぬ人が扉を開けたまま、待っていてくれることがあります。ありがたい。目と目を合わせてサンキュー。日本人は普段他人と目線を合わせないので、文化の違いで恥ずかしさはありますが、気持ちがよいものがあります。

あなたはこの1か月のあいだに、誰かを助けたことがありますか？　あるいは逆に、誰かから助けられたことはありましたか？　月並みな言い方ですが、人は人と、助け助けられて生きています。そして「誰かから助けられる」ことは、生活の満足や幸福感、あるいはストレスや孤独感の解消による精神的な健康に対して、重要な影響を与えていることが、これまでの研究で明らかになっています。

この、周りの人から受ける助けのことは、ソーシャルサポート（社会的援助）と学術的には呼ばれています。阿比留（2020）がまとめた、高齢者の主観的幸福感についての日本の論文39件の検討によりますと、自立して生活を行なっている高齢者を対象にした研究と、医療や介護的なケアが必要な高齢者を対象にした研究の両方において、ソーシャルサポートは高齢者の主観的幸福感に影響を与えていました。

そして第1章のところですでにふれていますが、「助けること」も、その人の幸福感に好ましい影響を与えることがわかっています。助ける・助けられるという「助け合い」は、双方に幸福をもたらす相互行為であるのです。しかしながら、日本ではこの「助けること」をする人の割合が、世界的にも低いものであることが明らかになっています。

イギリスのチャリティ・エイド財団（以下「ＣＡＦ」）は、２００８年から２０１７年までの10年間にわたって、世界中の１２８の国と地域の、約１３０万の人々へインタビューをし、「助けること」を調査してきています。[9] この調査結果は「世界寄付指標」（ワールド・ギビング・インデックス）という名称ですが、金銭寄付に限ったものではありません。その調査では次の3つの質問をしています。それは、過去1か月間に、①助けを必要としている他人あるいは見知らぬ人を助けたか、②慈善団体に寄付をしたか、③何かの組織でボランティア活動に時間を費やしたか、というものです。この3つの質問の結果を踏まえ、総合的なランキングがつけられています。

そしてこの10年間の調査データから、日本は世界128か国中107位という、下から数えた方が早い順位になっているのです（次頁の表参照）。ただし項目別にみますと、ボランティアは46位、寄付は64位とそこそこ……それでもとくに高い順位ではないのですが。しかしそれよりも、見知らぬ人への助けが125位と、なんと世界ワースト1位（途中で同順が1つあるので125位が最低なのです）だったのでした。

この調査結果にショックを受けた、とは言いすぎかもしれませんが、それを踏まえて行なわれたのが、こくみん共済coop〈全労済〉による、インターネットを通じた全国15歳から79歳までの3千人の男女に対しての、「たすけあい」に関する意識調査です（2020年1月実施）。その結果では、「たすけあいがあふれる社会」に対しては共感する人が77・2%と多いものの、過去1

9 Charity Aid Foundation, "CAF World Giving Index: Ten years of giving trends"（2019年10月）。https://www.cafonline.org/docs/default-source/about-us-publications/caf_wgi_10th_edition_report_2712a_web_101019.pdf（2020年4月18日閲覧）。なおこの調査はギャロップ社が行なっています。

国	全体順位	スコア*	他人への手助け順位	寄付順位	ボランティア順位
アメリカ	1	58%	3	11	5
ミャンマー	2	58%	49	1	3
ニュージーランド	3	57%	10	9	6
オーストラリア	4	56%	11	8	12
アイルランド	5	56%	16	7	10
カナダ	6	55%	9	10	11
イギリス	7	54%	19	2	25
オランダ	8	53%	37	5	14
スリランカ	9	51%	29	19	1
インドネシア	10	50%	86	6	7
日本	**107**	**23%**	**125**	**64**	**46**

CAF「世界寄付指標」ランキング（抜粋）より筆者作成。「スコア」は，その国で見知らぬ他人への手助け，寄付，組織的なボランティアのそれぞれが行なわれている割合のすべての平均。

か月以内に「知らない人で困っている人を助けたことがある人」は14・4%のみでした。[10] 結局、CAFの国際比較調査の結果を裏付けるものとなったのでした。

ちなみに日本人も、友人や知人に対してだけでなく、見知らぬ他人を手助けすることで幸福感を感じるとする研究結果もあります（大隅・山根 2016）。であるならば、なぜ見知らぬ人を助けないのか、ますますわからなくなりますね……。

なお、こくみん共済coopの調査では、「知らない人で困っている人を助けたことがない理由」も尋ねています。その結果によれば、「そのような場面に出会わなかった」が75・2%と最多となっています。ああ、それならば、仕方がありませんね。しかし、本当にそうなのでしょうか？

10　https://prtimes.jp/main/html/rd/p/000000002.000052715.html（2020年4月18日閲覧）。

他の国に比べて、日本は極端に「困っている人に出会わない」国なのでしょうか？　なんだかそれって、不思議な感じですよね!?　日本でなぜ、見知らぬ他人を助けないのかについて、もう少し深めて考える必要がありそうです。[11]

2　利他的行動研究の見地から――助けない、ということ

人のために何かをすることを利他的行動と呼ぶとすでに紹介していますが、この利他的行動の研究が盛んになるきっかけとなったとされる事件があります。それは、１９６４年3月、アメリカ・ニューヨークで起きたキティ・ジェノヴィーズ事件です。ある女性が早朝、自分のアパートの前で暴漢に刺されて死亡してしまったという、痛ましい事件でした（事件名は彼女の名前をとったものです）。このニュースを聞いたとき多くの人が驚いたのは、亡くなった女性は30分以上にわたり大声で叫び続けたのですが、アパートの住人は誰も助けに行かず、警察に通報もしなかったことでした。誰も気づかなかったわけではありません。38人の住人は叫びに気づいたとされているにもかかわらず、なのです。

この事件から問題意識をもった心理学者のラタネとダーリーは、人々の利他的行動の研究を行な

11　なお日本のボランティア・寄付の状況については桜井（2017）もご参照ください。

いました。そして、『冷淡な傍観者：人はなぜ助けないのか』という著著の中で、人が他人を助けない理由は、単に「都会の人は冷淡だ」ということではなく、傍観者効果というものが存在するためと主張しました（Latane & Darley 1970=1977）。

傍観者効果とは、何もせず眺める、傍観する人が増えれば増えるほど、かえって助けに入る人が減ってしまうという現象をさしています。傍観者効果が起きる原因には、一般的に、次の3つがあるとされています。第1に「責任の分散」です。これは、周りに大勢の人がいるため、助けなくても自分ひとりの責任ではないとする心理的な働きです。第2に「聴衆抑制」です。これはもし助けに行っても、何でもなかったら恥をかくことになるのでは、と気にする意識です。最後に「多数の無知」です。これは誰も助けない周りの状況から、助けは必要ない場面であると勝手に解釈してしまうことです。

のりつけ雅春『しあわせアフロ田中』（小学館）第４巻第５話より。

ちなみにこの傍観者効果は、

インターネット上で一時期とても話題になりました。それは漫画、のりつけ雅春（著）『しあわせアフロ田中』第4巻の一コマで、傍観者効果を扱ったストーリーでのセリフが改変され（「コラ」とネットでは呼ばれます。コラージュの略ですね）、広く二次創作がなされたためです。元の漫画では、それはある家屋が火事になったものの、消防車がまったく来ない、皆がなぜ来ないのか、なぜ来ないのか、と言っている間にその家屋が全焼してしまう、という場面として描かれています。


「そう、もうお分かりだろう…」

「誰も!!!」

「消防車を呼んでいないのである!!!」

（のりつけ雅春『しあわせアフロ田中』第4巻第5話）


まさに傍観者効果です。「そう、もうお分かりだろう…」「誰も!!!」というセリフを生かしつつ、ネットでは、様々な場面の説明に流用（「コラ」）されていました。

それでは日本人ないしは日本では、この傍観者効果が強い社会ということなのでしょうか。そうなのかもしれませんが、その理由がよくわかりません。別の側面から検討する必要がありそうです。いずれにしても重要なことは、積極的に援助姿勢を示さない傍観者は、単に人を助ける道徳的な意識が欠如しているというわけではなく、環境的な影響を強く受けており、したがって誰でも傍観者になる可能性をもっていることが、ラタネとダーリーのこの研究によって示されたということです。

3　日本のボランティア活動の謎 ――ウチとソト

先ほどの「世界寄付指標」ですが、その調査結果からは日本はある種、特異な、例外的な国であることもわかっています。次頁の図は、同調査結果から、見知らぬ他者を助けた人の割合（縦軸）とボランティアをした人の割合（横軸）の関係を示したものです。それぞれの点が個別の国を表しています。

相関係数は0・505と、やや強い相関関係を示しています。つまり、見知らぬ他者を助けた人の割合とボランティアをした人の割合には関係性があり、それはどちらかが高いともう一方も高いはずだという可能性が高いのです。「因果関係」ではないのでどちらかが原因でどちらかが結果である、とは、この分析からは言えないことに気をつけてください。

しかし日本では例外的にそうした相関関係がみられないのです。日本は図の中でひときわ色濃い黒い点で示されています。この図の中で日本は、横軸の「ボランティア率」に対して、縦軸の「見知らぬ人を助けた率」が極端に低すぎるのです。

この調査は国レベルのデータになりますが、一方でアメリカやカナダの調査などから、ボランティア活動をしている個人は、他者を助ける行為（インフォーマルな援助と呼びます）もしている割合が高

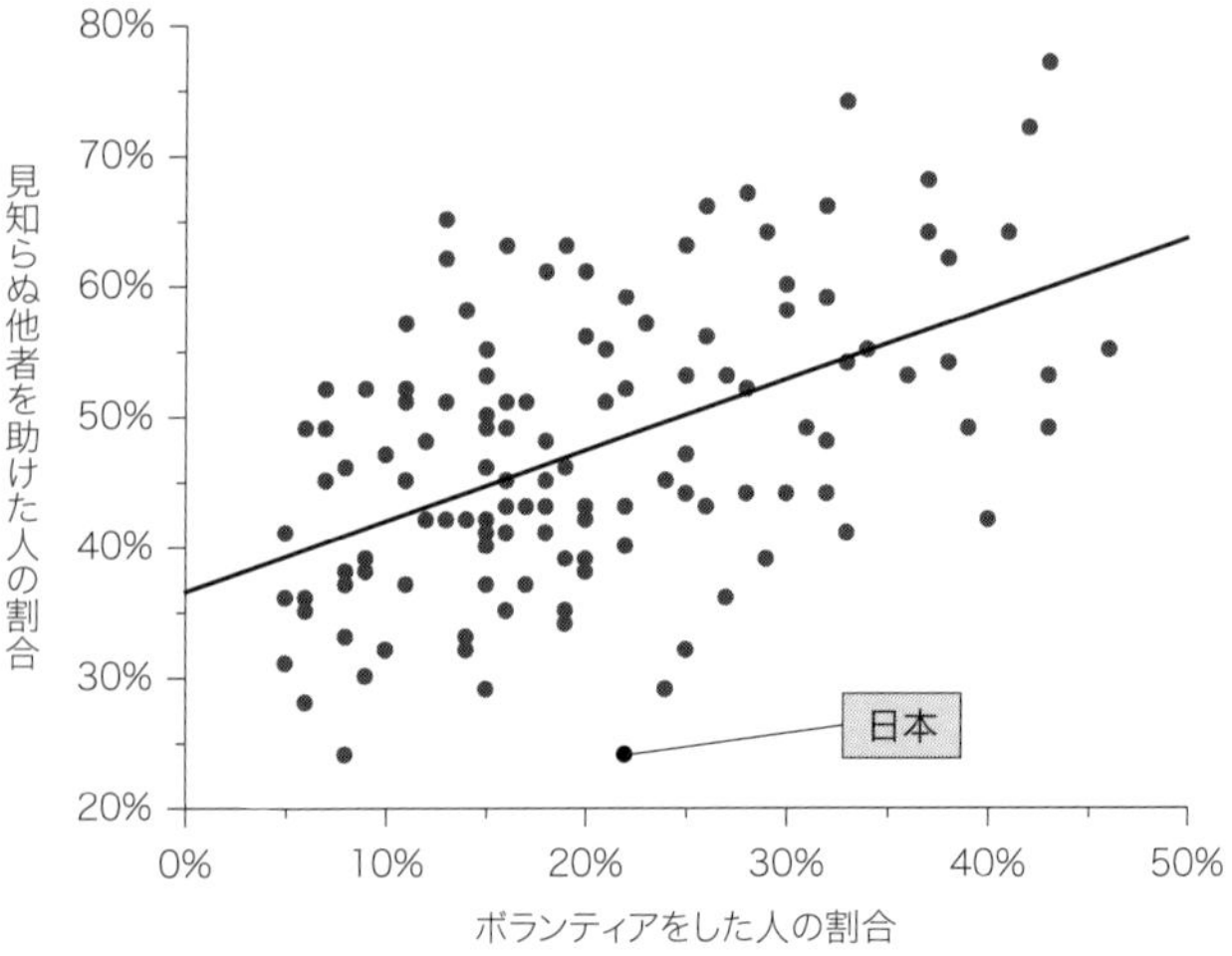

見知らぬ他者を助けた人の割合（縦軸）とボランティアをした人の割合（横軸）の関係（CAF「世界寄付指標」ランキングのデータより筆者作成）。相関係数 0.505（p 値 <.0001）, 対象は 128 か国。

いことも、明らかになっています（ただしここでの「他者を助ける行為」の相手には、見知らぬ他者だけでなく知り合いも含んでいることに注意が必要です）(Kirsch, Hume, & Jalandoni 2001; Vodarek, Lasby, & Clarke 2010)。海外では、個人としてもボランティア活動をしている人は、他者を助ける行為もしている可能性が高いと言えそうです。

日本でボランティア活動はそれなりにされているのに、なぜ見知らぬ人を助けた率だけが低いのでしょうか。ここでは、日本のボランティア活動の特徴を概観することで、その理由を探りたいと考えます。日本のボランティアの特徴をみるために参考にするのが、『社会生活基本調査』になります。これは総務省統計局が5年に一度実施しているものです。全国の10歳以上の約20万人

（層化2段抽出法で抽出）を対象に、生活時間の配分や余暇時間における主な活動の状況などを調査することで、国民の社会生活の実態を明らかにするための基礎資料を得ることが目的とされています。[12]

そこでボランティア活動についても調査されており、平成28年版（2016年版）の結果では、人口推定のうちの26・0％（2943万8千人）の人が全国でボランティア活動を行なっていたとされています。[13]

そしてこの社会生活基本調査の結果からは、日本でボランティア活動がどのような形態（組織）で行なわれているかも明らかになっています。それによりますと、ボランティア活動を何らかの団体等に加入して行なっているという人は、日本全体の人口推定のうちの18・4％（1984万6千人）で、加入しないで行なっている人の7・9％（855万4千人）に対して、倍以上となっています。

また、「団体に加入して行なっている」人が、どのような団体で活動をしているのかについては、

12 ただし、こうしたボランティア活動参加とインフォーマルな援助とには、それぞれ別の要因が影響していることが、これまでのアメリカでの研究からはわかっています（Wilson & Musick 1997; Lee & Brudney 2012）。ここでは日本のボランティア活動の特徴をみることで、日本のインフォーマルな援助の特徴をも関連させて考えようとしていますが、本当に関連させてよいかどうかは、もう少し注意深い分析が必要になると考えていただいた方がよいでしょう。

13 社会生活基本調査では、ボランティア活動を「報酬を目的としないで自分の労力、技術、時間を提供して地域社会や個人・団体の福祉増進のために行う活動」と定義しています。また、活動のための交通費など実費程度の金額の支払いを受けても報酬とみなさず、その活動はボランティア活動に含めています。なお、ボランティア団体が開催する催し物などへの単なる参加は除くとされています。

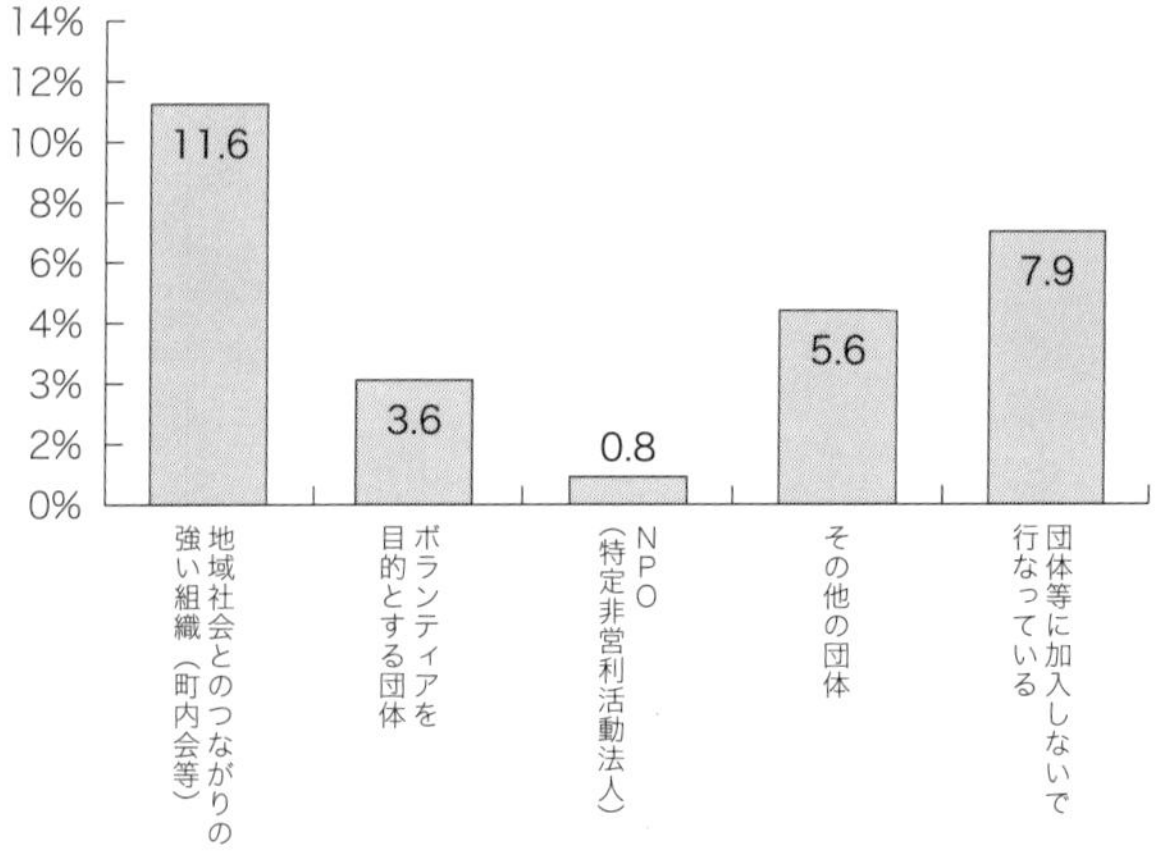

日本のボランティア行動者率（『平成28年社会生活基本調査結果』（総務省統計局）より筆者作成）。複数回答。単位は％。

次の通りとなっています。「地域社会とのつながりの強い町内会などの組織」で活動している人が全人口推定のうちの11・6％。「ボランティアを目的とするクラブ・サークル・市民団体など」で活動している人が全人口推定のうちの3・6％。「NPO（特定非営利活動法人）」で活動している人が全人口推定のうちの0・8％。そして「その他の団体」で活動している人が全人口推定のうちの5・6％となっています（図参照）。

整理しますと、日本でボランティア活動を行なっている人は、個人で行なうというよりも、団体に所属して行なっていることが多い。そしてそのもっとも多い団体の形態は町内会などの組織、ということになります。

町内会や自治会といった組織は、地域社会とのつながりの強い組織であることから、地縁組織とも呼ばれます。そうした地縁組織でのボランティアは、町内の清掃活動や、子供の通学の見守り、高齢者世帯への訪問やお祭りや運動会の運営など、地域コミュニティの環境の整備と維持、安心なまちづくり、住民間の交流などに大きな役割を果たしています。しかし、地縁組織は共益組織とも呼ばれるように、知らない誰かのための活動というよりも、近所の、同じ地域内の人同士が助け合う、「お互い様」といった、身内のための活動という性質の強いものなのです。

つまり、日本では知り合い同士の、助け合いの活動としてのボランティア活動がもっとも盛んであるという状況がある。そしてそれは、見知らぬ他者を助けた人の割合が極端に低いという「謎」を明らかにするヒントなのではないか、と私は考えているということです。

その謎を解くヒントとして、ここで注目するのが、「ウチとソト」という考え方です。日本人は、ウチとソトの区別をきっちりとつける、ということがよく言われます。これを広く知られる考え方にしたのが、社会人類学者の中根千枝です。

中根（1967）での当初の表現は、ウチとヨソ、という言い方でした。日本人が自分の属する職場、会社とか官庁、学校などを「ウチの」、相手のそれを「オタクの」などという表現を使うことにもそれが表れているとしています。またウチとソトは組織の内外といった公的な所属で分けられるものでもありません。たとえば会社の中であっても、派閥を作ってウチとソトを分けている人たちもいますし、学校でも仲良しグループがそうした性質をもつことがあります。非公式（インフォーマル）な集団でも存在するのです。

そして私たちが今考えていることに関連して、中根（1967）には、次のような指摘がみられます。

知らない人だったら、つきとばして席を獲得したその同じ人が、親しい知人——特に職場で自分より上の人——に対しては、自分がどんなに疲れていても席を譲るといった滑稽なすがたがみられるのである。（中根 1967: 47）

実際、日本人は仲間といっしょにグループでいるとき、他の人に対して実に冷たい態度をとる。（中根 1967: 47）

どうでしょうか。日本人が「見知らぬ他者を助ける」ことをしない理由のひとつが、そこにある気がしませんか？　地縁組織で盛んなボランティア活動も、町内という「ウチ」での活動であることと理解すれば、すべてつながっているように思えてきます。

ちなみに、中根が指摘したウチとソト文化は、その本のタイトルが『タテ社会の人間関係』であることから明らかなように、上下関係に厳しい日本社会の構造とも結びついたものであるとされています。とても興味深い論考なので、詳しくは同書を読んでみてください。それはさておき、この「日本のボランティア活動はウチでの活動が中心」という仮説をより深めるために、別のデータを使って考えてみたいと思います。

4　ボランティア参加者のサポートネットワーク

この章の最初に、ソーシャルサポートという概念を紹介しました。助けてくれる人とのつながりのことでしたね。このつながりを、どのようにつながっているのか構造的に考える方法が、サポートネットワーク、あるいはソーシャルサポートネットワークです。新しく「ネットワーク」という言葉が入っているのですが、これは人と人とのつながりを構造的に研究する社会ネットワーク分析との関連が強くあるからです。

このサポートネットワーク的な考えから、地縁団体でボランティア活動をする人々の特徴を捉えてみたいと思います。これは、先に仮説的に提示した「ウチ文化がどれだけあるか」ということの検証になります。使用するデータはちょっと古いのですが、2003年に行なわれたJGSSのデータになります[14]（この調査が何であるかについては、注14をご覧ください）。

14　JGSSは日本版General Social Surveys（一般社会調査）の略称で、2003年版は大阪商業大学比較地域研究所が、文部科学省から学術フロンティア推進拠点としての指定を受けて（1999～2003年度）、東京大学社会科学研究所と共同で実施した研究プロジェクトの成果になります（研究代表：谷岡一郎・仁田道夫、代表幹事：佐藤博樹・岩井紀子、事務局長：大澤美苗）。東京大学社会科学研究所附属日本社会研究情報センターSSJデータアーカイブがデータの作成と配布を行なっています。詳しくは、http://jgss.daishodai.ac.jp/introduction/int_jgss_project.html をご参照ください。データの公開と使用に感謝いたします。

	平均人数
自治会・町内会活動のみ参加	2.4
ボランティア団体のみ参加	2.5
両方参加している	2.5
両方参加していない	2.3

重要なことや悩みを相談する平均人数（ボランティア活動形態別。JGSS 2003より筆者作成）。単位は人。

ＪＧＳＳ２００３の調査結果から、「この5年間に自治会や町内会で活動した」ことがある人とない人とで、サポートネットワークにどのような違いがあるのかを分析したいと思います。また、異なった形態でボランティア活動をしている人たちと比較もしたいので、「ボランティアの会やグループに入っている」かどうかの違いも分析では考慮し、行ないたいとも思います。これは、先の社会生活基本調査での、「ボランティアを目的とするクラブ・サークル・市民団体など」でボランティア活動をしている人たちに当てはまるものです。

分析では、①自治会や町内会で活動した人（48人）、②ボランティア（団体）に参加している人（48人）、③両方に参加している人（92人）、④どちらにも参加していない人（１０２７人）を区別した上で、それぞれのタイプの人たちの、「重要なことを話したり、悩みを相談する人たち」という質問への回答の人数（最大4人まで）の平均を比べてみました。その結果が表になります。

地縁団体の活動にもボランティアグループにも「両方参加していない」という人で、相談する人数の平均が比較的少ない（2・3人）という結果になりました。しかしこの結果は、統計的な検定を行なった結果では有意にはなっておらず、したがって、意味のある差とは考えられないと言えます。[15] つまり、地縁団体での活動をしている人も、していない人も、サポートネットワークの「規模」にあまり違いはみられない、と言うことができます。

そのサポートネットワークの構造について、別の観点からも分析してみたいと思います。今度はこのJGSSデータを使って、「相談できる人たち」が、お互いに知り合いかどうかをみてみましょう。もしも互いに知り合い同士であれば、そのサポートネットワークは、閉鎖性が高い人間関係である可能性が高いと言えます。要するに、ウチかソトかで表現するならば、ウチの関係性を強くもっている人たちと考えられるかと思います。結果は上の表の通りです。

	平均知り合い数
自治会・町内会活動のみ参加	2.4
ボランティア団体のみ参加	1.8
両方参加している	2.4
両方参加していない	1.9

重要なことや悩みを相談する人がお互いに知り合いである数（ボランティア活動形態別。JGSS 2003 より筆者作成）。単位は組。

「知り合いである数」とは、回答者が悩み等を相談できる人（最大4人）の中で、お互いに知り合いである関係がひと組あれば1、ふた組ならば2と数えます。ですから、Aさん、Bさん、Cさん、Dさんと4人相談できる人があげられたときには、もしAさんとBさんが互いに知り合いならば1組目。Bさん、Cさんも知り合い同士ならば2組目、そしてAさんとCさんもであれば3組目、と数えます。

こちらの分析結果では明確な相違がみられました。表をご覧ください。

15　一元配置分散分析（Wilcoxon/Kruskal-Walls の検定）の結果になります。

自治会・町内会活動に参加している人は、平均で2・4組の相談できる人同士が知り合いであったのに対して、参加していない人は1・9組で、さらにボランティア団体にだけ参加している人も1・8組と比較的低い平均値になっていました。なおこの数値は統計的な検定でも有意であるという結果が得られており、意味がある差であると考えられます。[16] また、自治会・町内会活動とボランティア団体の両方に参加している人は2・4組と、自治会・町内会のみに参加している人とほぼ同じ数値でした。このことから自治会・町内会活動に参加している人は、そうでない人に比べ、相談できる人数（サポートネットワークの規模）には違いがないにもかかわらず、お互い知り合い同士の、より閉じた構造の「ウチ」での相談できる関係を、より強くもっているということが言えるでしょう。

この結果は、前述の「日本では地縁組織でボランティア活動をしている人の割合が高い」というデータと合わせて考えたとき、日本のボランティア活動は身内での活動という性質が強いことを、よりいっそう実感させるものではないでしょうか。知り合い同士の中でボランティア活動をしている人が多いのではないか、ということです。これに対して、「ソト」の見知らぬ人には冷淡……とまでは言わないにしても、ボランティア活動や手助けをしようと考える人が少ないのが、日本の特徴なのだと言えるのではないでしょうか。

松井・中里・石井（1998）の研究は、少し古い調査にはなりますが、この「仮説」を裏づけるも

16　一元配置分散分析（Wilcoxon/Kruskal-Wallsの検定）の結果です。カイ2乗が9・9141、p値（Prob>ChiSq）は0・0193でした。

のだと言えます。その論文では、アメリカ、中国、韓国、トルコ、そして日本の中学生・高校生5134人を対象に、利他的行動への態度の違いについて比較調査をしています。結果、利他主義的な態度は国によってかなり異なることが明らかになりました。そしてその中で、中国、韓国、日本といった東アジアの国々の若者には共通して、知人に対する援助意識は強いが、他人に対する援助意識は弱い傾向がみられたのです。利他的行動、すなわち誰かの助けとなることをする行為について、まさにウチとソトを分ける考え方が、中高生のあいだでもみられていたのです。

ただし気をつけてほしいのは、このことは、町内会などの地縁組織でボランティア活動することが悪い、ということを意味するのではない点です。先に述べました通り、町内会や自治会などの地縁組織での活動は、その地域コミュニティの環境の整備や維持、人々の交流など、多くの重要な役割をもっています。そこで活動する人が多いこと。そして、知り合いが多い中で行なうことは、その地域での人と人とのつながりが多く存在しているという意味で、地域の安全や活性化にはよい影響があるとも考えられます。なお、こうした人と人のつながりは「ソーシャル・キャピタル」とも呼ばれます（この概念については第5章などでおいおい、改めて説明していきます）。

それから、統計上の議論なので、地縁組織でボランティア活動する人が、全員が全員、そうした傾向をもっているわけではないことにも注意が必要です。実際、私は引っ越して5年目に町内会の役員をしたことがあります。そのときは地域に知り合いもほとんどいませんでしたが、その経験はコミュニティの人たちと知り合うとてもよい機会となりました（それからはちょいちょい、地域のお祭りの手伝いをしています)。

また、組織に所属せずにボランティアを行なっている人たちの姿も、十分に明らかにできませんでした。その割合は地縁組織で活動する人に次いで大きいものですし、ひょっとしたらその人たちは、日本の身内中心のボランティア活動を変えていく存在になるのかもしれません。ただし『社会生活基本調査』では、前回2011年の調査結果と比べて、2016年にも個人でボランティアをする人の割合はとくに増えてはいないので、ボランティアの「個人化」が日本で進展していると言えるかは、わかりません。

話を戻します。日本のボランティア活動がウチに対するものである傾向が強い、という仮説について、ある程度確からしいのではないか、ということをここまで説明してきました。そのことは、日本人が見知らぬ他者を助けることに消極的な理由を、一定説明するものかもしれません。つまり、ウチとソトの壁が高く、身内でのボランティア活動が盛んであるがゆえに、ソトの見知らぬ他人を助けることに目が向かない可能性が考えられるのではないでしょうか(次頁の図参照)。つまり、「助けを求める」見知らぬ他者がいなかったのではなく、気づけない人が多くいる、という可能性です。

私もふりかえれば、思い当たる節が大いにあります。仕事で疲れた帰り道。通勤電車の中で席に座れてやれやれと一息つき、ついついスマホやタブレットでSNSやネットサーフィン、読書に夢中になって、ふと顔を上げてみたら、目の前にはお年寄りや妊婦の方が立っておられた……なんてことがありました。

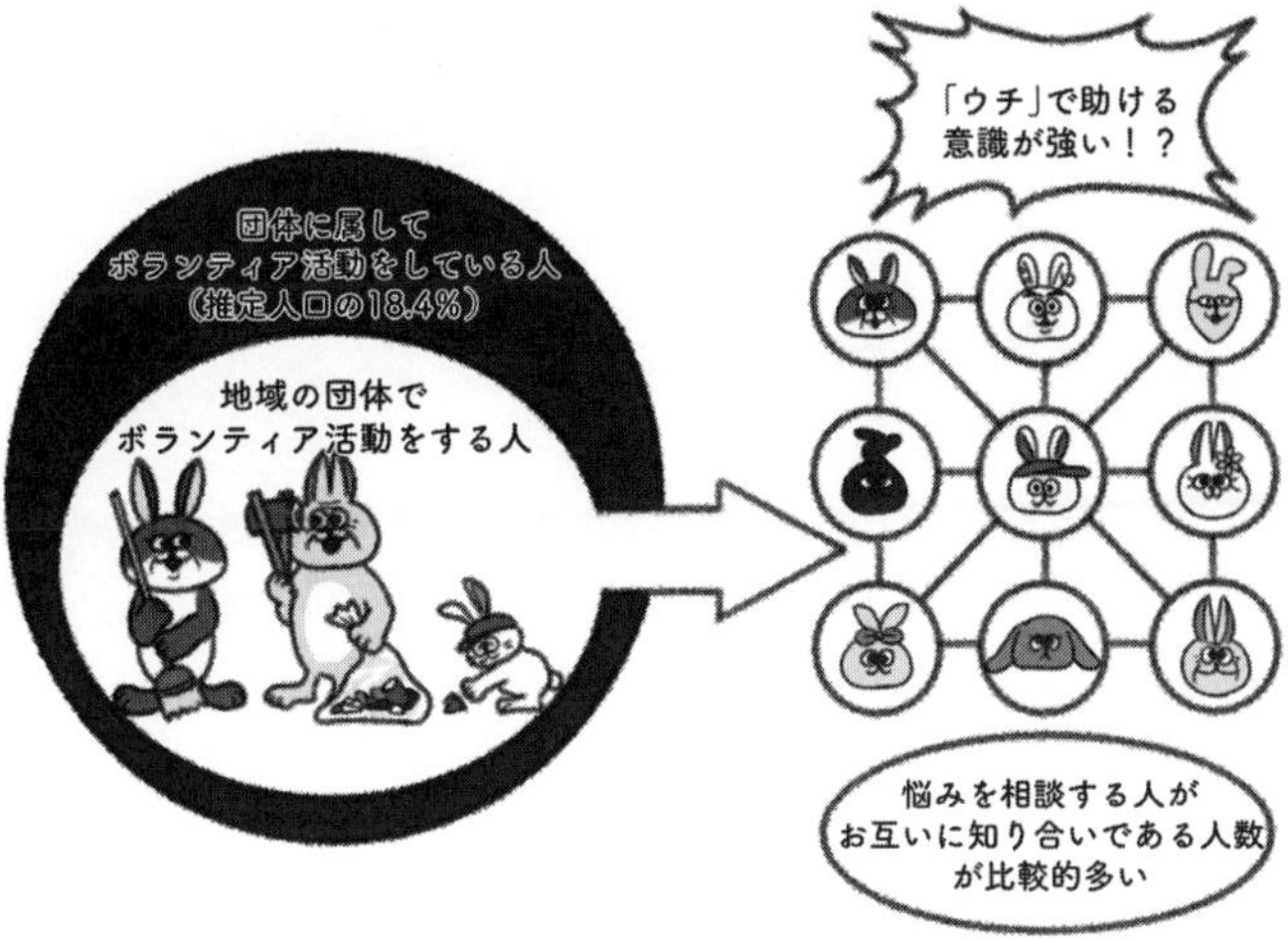

日本人のボランティア活動の特徴……「ウチ」の活動？

ウチでは気をつかいすぎるぐらいにつかうのに、ソトでは気をつかえない日本人。「旅の恥はかき捨て」なんてことわざもありますね。その意味を悪く捉えると、誰も知らないから傍若無人にふるまってもよいだろう、という感じになるでしょう。このような落差が、ボランティア活動はそこそこ行なっているのに、困っている見知らぬ他者に気づけない原因なのではないか。といった仮定が導かれたというのが、今回のまとめになります。

次章は「助けられる」側の話について、理解を深めたいと思います。助けられることは幸福感を高めるだけでなく、一種の「居心地の悪さ」を感じること。そしてそのために、助けを求めない、求められない人がいるのではないか、という話です。そこから改めて、先に紹介したこくみん共済ｃｏｏｐ〈全労済〉の調査で「知らない人で困っている人を助けたことがない理由」において、「そのような場面に出会わなかった」と多くの人が答えた理由を、ひも解いていきたいと考えます。

コラム

ヒト以外からのソーシャルサポートはあるの？

今や家族の一員になったとも言えるペット。一般社団法人ペットフード協会の調査では、2019年に全国でペットとして飼われている犬の数は879万7千頭、猫が977万8千頭で、合計1857万5千頭になるそうです。日本の15歳未満人口が1519万3千人なので、[17] ニンゲンの子供よりも多いことになります（少子化ですね）。また、近年は犬よりも猫を飼う人が増える傾向です。高齢化した社会では猫の方が、散歩もしなくてもよいし、手間がかからないからではと言われています。

こうしたペットとの生活は、幸福感にどのような影響を与えるのでしょうか。加藤（2011）は、介護保険制度を利用し支援や介護を必要とする高齢者7名を対象に、ペットの飼育をめぐる「語り」を分析しています。7名の高齢者からは共通して、ペットへの愛着や情緒的結びつきが語られました。「家族（の一員）」、あるいは「子供」という表現がみられたとしています。人はペットからも情緒的なソーシャルサポートを受け取っているんですね。

しかしこれは、一般的にもよく語られる、ごくありふれた「モデル・ストーリー」のひとつであるとも加藤は述べています。聞き取りからは一方で、それぞれの個人としての「固有性」が強くみられる語りも示されました。興味深いのは、高齢者がしばしば自身や家族のこれまでの生活の老い・病い・死に対する不安など、人生に関する一端とな

17　総務省統計局人口推計。令和元年（2019年）11月確定値、令和2年（2020年）4月概算値。2020年4月20日公表。

るライフストーリーを語ったという点です。そのため同研究では、ペット飼育をめぐる語りは、ライフストーリーを再構築する重要な役割を担っているのではないかとしています。このことは第1章で紹介した、ベックが第二の近代化が進んだ社会で諸個人が生活史の日曜大工となる、と述べたこととオーバーラップします。

カレー沢薫『きみにかわれるまえに』（日本文芸社）はペット飼育が飼い主のライフストーリーへ与える影響を考えるための最適な漫画です。たとえばある高齢の登場人物は死の間際に，自分が猫の世話に集中できたのは家族が自分を世話してくれていたからであること，そして，猫を世話することで，自分も家族に対して変に意固地にならずに，素直に頼ることができていたことに気づきます。

「私は（病気になってから）親しい人とも会いたくなかった。（今のようになったのは）ミーちゃんのおかげ。」

このように、Cさんは、ペットの猫に関する内容と、自身の病いに関するものとが、複雑に関連づけられた語りを示した。特に、「猫がいるから、今の自分になれた」「もし、猫がいなくなったら、昔の自分に戻ってしまいそう」など、猫の存在と、今の自分のあり方との関係が、密接に関連づけられて語られた。（加藤 2011: 25）

また別の研究で、金児（2006）は、ペットを飼っている人とそうでない人の主観的幸福感、および孤独感を比較分析したところ、女性においては、ペットの飼い主はそうでない人よりも幸福感が低く、また孤独感も高かったとしています。欧米の研究ではペットは孤独感を減らし、幸福感を高めるものという研究結果が一貫してみられているので、これは日本特有の結果なのかもしれません。またその理由について、金児（2006）は、ペットを飼うことやペットに対する強い愛着が、ときに飼い主の社会的交流を妨げている可能性があり、それが幸福感を妨げている要因となっているのかもしれないとしています。周囲の他者との深い情緒的かかわり合いを重視する日本人的な幸福感が、望ましくない影響をいっそう深めているのかもしれないとも考えられます。

また、ペットを何らかの理由で失った場合、その飼い主は大きな悲しみにくれることがよくあります。家族の一員として愛着をもって一緒に暮らしていた人も多く、その場合に悲嘆（グリーフ）は大きく、精神的にも、身体的にも何らかの不調をきたすことがあります。これをペット・ロス、あるいはペット・ロス症候群と呼んでいます。日本ではこの飼い主のペット・ロスからの回復を助ける社会的資源が少ないとされています。「獣医療ソーシャルワーカー」と呼ばれる、ペットと人間の共生を支える専門家の配置が日本でもっと必要ではないか、と訴えている人もいます。

孤独を癒す、家族の一員としてみられがちなペットですが、ペットとの幸福な生活のためには、様々な社会的なしくみが必要なのかもしれません。

第4章 助け合わない日本人？（2）——被援助要請とウチ・ソト文化

観音講のことについて根ほり葉ほりきいていくと、「つまり嫁の悪口を言う講よの」と一人がまぜかえすようにいった。しかしすぐそれを訂正するように別の一人が、年よりは愚痴の多いもので、つい嫁の悪口がいいたくなる。そこでこうした所ではなしあうのだが、そうすれば面と向って嫁に辛くあたらなくてもすむという。

ところが、その悪口をみんなが村中へまき散らしたらたまったもんではないかときくと、そういうことはせん。わしらも嫁であった時があるが、姑が自分の悪口をいったのを他人から告げ口されたことはないという。つまりこの講は年よりだけの泣きごとの講だというのである。

（宮本常一『忘れられた日本人』）

1 助けを求められない人たち——援助要請行動の難しさ

本書の第2章でもふれた大山眞人（著）『親を棄てる子どもたち』の第5章に次のようなエピソー

ドがあります。

著者が「見返り美人」とニックネームをつけた高齢女性の香川さんは、一人暮らしながら気品のある姿で、著者が開催するコミュニティサロン「幸福亭ぐるり」の常連になります。その香川さんに、あるときから、おかしな行動が目立つようになります。認知症の初期症状が現れたのです。周りの人たちはおかしいなと思いつつも、余計なことをして香川さんの心を傷つけることはよくないだろう、とみてみぬふりをします。

サロン「幸福亭ぐるり」の様子（提供：幸福亭ぐるり）。

そして香川さんは、だんだんと自分でも「おかしな行動」を自覚し出します。しかし家族に頼れない、頼りたくない香川さんは、比較的頭がはっきりしているときに、サロンで他のメンバーに、自分はこの頃おかしくなってしまっている、しかしここ（サロン）には来たいと思っている、よろしくお願いします、とヘルプを出すのです。認知症をカミングアウトした上で、周囲に助けを求めたのです。

香川さんは最終的には、施設に入居することになるのですが、それまで周りの人たちは香川さんのサロンまでの行き帰りをサポートします。私はこの香川さんの姿に、なんて強い女性なんだろうと思いました。一人で生きていくしなやかさ、したたかさを身につけておられる、とあこがれの思いをもちました。

私自身、ときどき、誰かから助けの手を出してもらえても、迷惑をかけたくないと思い、その手を握ってよいか戸惑ってしまうことがあります。ましてや、認知症をカミングアウトして助けを求めることなど、できるかどうかわかりません。しかし、助けが必要な場面なのに、ぎりぎりまでヘルプを出さないとその間にもっとひどいことになり、周りにもっと迷惑をかける、というのは、香川さんのエピソードからもわかります。要は、助けられる覚悟が必要なのです。わかってはいるのですけれど、なかなか難しいのです。

人は助けてもらうことで幸福感を感じる。ソーシャルサポートは重要なのだという話を前章の冒頭でしました。しかし、人は助けてもらうとき、ありがたみと同時に申し訳なさも感じることが、社会心理学の研究から明らかになっています。この申し訳なさについて、「心理的負債」という言い方をします。負債とは借金のことですね。つまり、助けを受けるときに、借りができてしまった、借りを作りたくない、と感じることがあるわけです。助けを求める、という行為は人によっては、心理的な「コスト」がかかる行為なのです。

助けを求める行為は、社会心理学などでは援助要請行動と呼ばれています。この援助要請行動という概念のより学術的な定義としては、「個人が問題の解決の必要があり、もし他者が時間、労力、ある種の資源を費やしてくれるのなら問題が解決、軽減するようなもので、その必要のある個人がその他者に対して直接的に援助を要請する行動」（DePaulo 1983）というものがあります。

援助要請ができる人、できない人の違いは何なのでしょうか。ひとつには、個人のパーソナリティ（性格）、とりわけ、自尊心（自尊感情とも言います）が影響しているのではないかという研究がみられます。自尊心とは、「自己に対する肯定的または否定的態度」（Rosenberg 1965）などと説明されるもので、人間の行動に様々に影響を与えるのではないかと考えられています。自尊心は【参考】に載せたような項目を尋ねることで、その高低を測定できると考えられています。

【参考：自尊心を測定する「ローゼンバーグ自尊感情尺度」】

1　私は、自分自身にだいたい満足している。
2　時々、自分はまったくダメだと思うことがある。
3　私にはけっこう長所があると感じている。
4　私は、他の大半の人と同じくらいに物事がこなせる。
5　私には誇れるものが大してないと感じる。
6　時々、自分は役に立たないと強く感じることがある。
7　自分は少なくとも他の人と同じくらい価値のある人間だと感じている。
8　自分のことをもう少し尊敬できたらいいと思う。
9　よく、私は落ちこぼれだと思ってしまう。

10　私は、自分のことを前向きに考えている。

（Mimura, C., & Griffiths, P., 2007, *A Japanese version of the Rosenberg Self-Esteem Scale: Translation and equivalence assessment*. J Psychosomatic Res, 62: 589-594 の訳）

この自尊心と援助要請行動とのあいだにどのような関係があるかについては、長く研究がされてきています。そこではおおまかに、自尊心が高い方がより援助要請をしやすいという「脆弱性仮説」（Morris & Rosen 1973）と、自尊心が低い方が援助要請をしやすいとする「一貫性仮説」（Tessler & Schwartz 1972）があります。脇本（2008）はこの自尊心の高低と援助要請の関係について、東京都内の大学生・大学院生48名を対象に、1週間のあいだ、毎日就寝前に自尊心、対人ストレス、援助要請の回数、援助要請志向性（援助を要請する認知的な構え）を回答してもらうことによって調査をしています。

その結果は、自尊心が安定して「低い」場合には、援助を求めようとも思わないし、実際求めた回数も低かったとのことでした。自尊心が安定して低いとは、常に「諦め」の状態であるということです。このため、誰かに助けを求めることを最初から放棄してしまうのです。

では、自尊心が高ければ援助要請行動をとるのかというと、そう簡単なことでもなかったのです。たとえ自尊心が高くても、その自尊心が不安定なものだと、むしろ高いほど援助を求めなくなる、ということが明らかになっています。

不安定とは、常に自尊心が高いわけではなく、日によって、あるいは状況によって揺らぎがある、ということです。そうした揺らぎがある場合には、自分の自尊心を損ねる、否定的なことに対して敏感になります（自尊心脅威、あるいは自我脅威と言います）。助けを求めることもそうした自尊心脅威となり得るので、結局のところ自尊心の高さはかえってあだになってしまう、ということでした。つまり先の「一貫性仮説」と「傷つきやすさ仮説」は、どちらもみられたということで、両立していたのです。

このような自尊心の理論に基づくならば、「助けを求める」には、自分は助けてもらえるだけの価値が（他人にとって）ある、という自己認識が安定して必要で、自分の存在など他人には路傍の石みたいなものだろうと思っていたり、その確信が不安定な人間にはハードルが高い行動、ということになるのではないでしょうか。

2　援助を受ける居心地の悪さ　――コミュニティのウチとソトでの違い

「家族しか頼れない個人化した社会」という話を第2章でしました。実際、2017年に行なわれたISSP国際比較調査の結果によれば、「自分ではできない家事や庭仕事」を誰に最初に頼むか、という質問に対して、日本人の84％は「身近な家族や親戚」という回答でした。[18]

また、「落ち込んだ時の話し相手」については、身近な家族や親戚が45％で親しい友人が38％なのですが、50歳代以上の中高年男性では、友人に頼る人は2割台にとどまっていました。また「頼れる人はいない」という回答も、50歳代以上男性で7％前後と他の年代や女性よりも高く、男性中高年の「頼れない」問題は深刻と言えます（私も他人ごとではないです）。

身近な家族や親戚にしか頼れない状況に関連して、援助要請行動の研究では、前にふれました「ウチとソト」で、「心理的負債」の感じ方に違いがあることがわかっています。

西川・高木（1990）は大学生５００人を対象に、大学生活で困りごとが起きてそれを助けてもらう場面を想定した実験を行なっています。実験では、援助者が友人よりも知人である場合、助けてもらった人は知人の援助者をいっそう高く評価しましたが、しかし同時に、その知人には好ましくない感情をいっそう強く抱くという結果になりました。ありがた迷惑、という感じでしょうか。

また、永井（2010）が大学生５９６人に対して行なった調査の結果では、専門家へ援助を要請する意図には、友人からのソーシャルサポートが「ない」ことが影響していました。つまり、たとえ専門家であっても、ソトの人に頼るのはウチの人からの援助が足りないときにお願いする、という

18　国際比較調査グループＩＳＳＰ（International Social Survey Programme）では、世界約50の国・地域の調査機関が、毎年テーマを設定して共通の質問で世論調査を行なっています。日本ではＮＨＫが参加しています。ここで記載する調査結果はＩＳＳＰ２０１７のデータ（https://search.gesis.org/research_data/ZA6980）および村田（2018）のレポートに基づきます。

傾向がみられたと言えるかと思います。

　なぜソトの人から援助を受けることが、これほどの居心地の悪さ（心理的負債）を感じることにつながるのでしょうか。文化人類学者のデビッド・スレイターは、自身が東日本大震災の被災地でボランティア活動を行なった経験を踏まえて、次のようなエピソードを披露しています（スレイター 2013）。

　彼が、60歳前後と思われるある被災男性の家をボランティア9名で訪れたときのこと。家の中は津波の被害で泥とがれきだらけで、いろいろなものが散乱しているにもかかわらず、その家の男性は「何の助けもいらないよ。大体うまくいっているんだから」とそっけなく答えます。ボランティアたちは男性の了承を得たものとして、がれきの片付けを行ないます。しかしあいかわらず愛想のない男性の姿に、一部のボランティアは苛立ちながらも、活動を続けました。ボランティアたちが立ち去るとき、家の男性は「明日も来るのか？」と尋ねます。わからない、と著者が答えると、男性は汚れたカップとショットグラスが入った袋をボランティアに寄越したのでした。

　ボランティアたちの反応は様々で、アメリカから来た女性は、お礼の品をもらうために来ているのではない、と腑に落ちない様子。素敵だと思う、と言った人もいたのですが、東京から来た若い男性ボランティアは困惑と皮肉のこもった口調で、「ほんと、なんて親切なんだ。1日泥を掘って、ショットグラス1個か」と言い捨てます。

　しかしそうした一見、愛想が悪いだけにみえた被災男性の姿は、実は被災地コミュニティの住

映画『ペイ・フォワード』の一場面。主人公の少年は，自分の周りの決して幸せとは言えない人々のために，ある考えを思いつく。それは，受けた好意を他人に贈る“ペイ・フォワード”という行動でした（注 19 の「恩送り」も参照）。

民が、尊厳を失わずにボランティアをどう受け入れるか、葛藤した末の姿ではなかったのか、という問いが同書では投げかけられます。そしてスレイター（2013）は、マルセル・モースの贈与の観点から、その背景と男性の心情（主観的なロジック）を読み解きます（Mauss 1925=2014）。

モースは、世界の様々な民族の風習を検討し、その結果、コミュニティでは、「返礼のない贈与はマジありえない！」ものなのだ、という結論に達します。贈り物を贈り贈り返し、贈り合う、という関係性こそが「コミュニティ」であるとモースは述べたのです。そしてこのような関係性を互酬性（reciprocity）と呼んでいます。読んで字のごとく、お互いに報酬を与え合う、助け合いをする関係ということですね。

しかしこれは、言い換えれば、コミュニティでは贈り物をされたら、受け取らなければならないし、さらに返礼もしなければならないという暗黙のルールがある、ということです。それができない場合、「借り」をつくることになるのですね。贈与者は受け手に対し、精神的優位をつくることができるのです。

贈与者と受け手が同じコミュニティの住人であれば、いつかその借りを返すことができます。あるいは、貸しを作った方も、同じコミュニティの中でしょっちゅう顔を合わすことで、「貸しは無くならないぞ！」と暗黙のプレッシャーを与えることができます。たとえ直接顔を合わせなくても、「あいつは借りを作ったまま放っておくような、けしからん奴だ」という評判がそのコミュニティの中でたつでしょう。逆に、貸しを作った方は、「気前の良い奴だ」というよい評判を得ることになります。

このように、コミュニティの中で贈り物にお返しをしないということは、大変に気持ちが悪くなることなのです。先ほど論じた「心理的負債」は、決して心理的な問題だけではなく、社会的な（あるいは人間関係的な）問題にも通じるんですね。もしもそれに気づかなければ、コミュニティの一員としては認識されないか、愚か者のレッテルを貼られるでしょう。

大事なことは、こうした互酬性の規範に基づく贈与は、必ずしもその送り主に直接返礼をするわけではない点です。コミュニティでは、誰かから受けた恩を、別の誰かに返す、ということも頻繁に発生します。さらにそれは、ある程度の時間を経過したのちに、ということもあります。わかりやすい例は、地域の祭礼行事、すなわちお祭りの準備と運営などでしょう。日本の各地には今でも、伝統的なお祭りが様々にありますね。そうした地域に住む人は、子供のときは、そのお祭りをただ楽しむだけかもしれません。しかし、ある一定の年齢になると、年長者からそのお祭りの準備や運営の仕方を教えてもらいながら育ちます。そして、年月を経てから今度は自分が年下に教える、ということになります。コミュニティでは贈与は回り回る、すなわち、互酬性は循環するのです（次頁の図参照）。

しかしもしも、コミュニティの「ソト」の人から贈与を受けた場合にはどうしたらいいのでしょうか。先ほどの、ボランティアを受け入れた被災者の男性の立場は、まさにそういう状況でありました。コミュニティのソトの人ということは、貸しを返す機会がないということです。また、その贈り物（ボランティア活動）に見合ったお返しは、どのようなものがふさわしいのかも想像がつきません。もちろん、大変な災害によって被災をした直後で、すぐに返礼として渡せる物もたいしてありませんでした。困った被災男性の苦肉の策が、「ショットグラス1個」だったのです。[19]

なお、互酬性の強いコミュニティでは、お返しできないことへの心理的負債は、ソトの人だけではなく、ウチの人にも感じることになります。その結果、ウチの人にも頼れない、という状況が起きることもあります。

『生き心地の良い町』で著者の岡氏は、徳島県の海部町という自殺率の低い町を調査し、その特徴を分析しています。そしてその理由（要因）と考えられるひとつに、「風通しのよいコミュニティ」があげられています（岡 2013）。

19　しかし災害ボランティアに関して言えば、そのソトからの「贈与」がまったく循環しないわけではありません。ボランティアへの直接の返礼がかなわない、しかし感謝している人たちは、別の地域で災害が起こったときに、今度は自分たちがする番だ、と恩返しボランティアに駆けつけるということがあります（菅 2015）。これを「恩送り」という言い方をしたりもします。

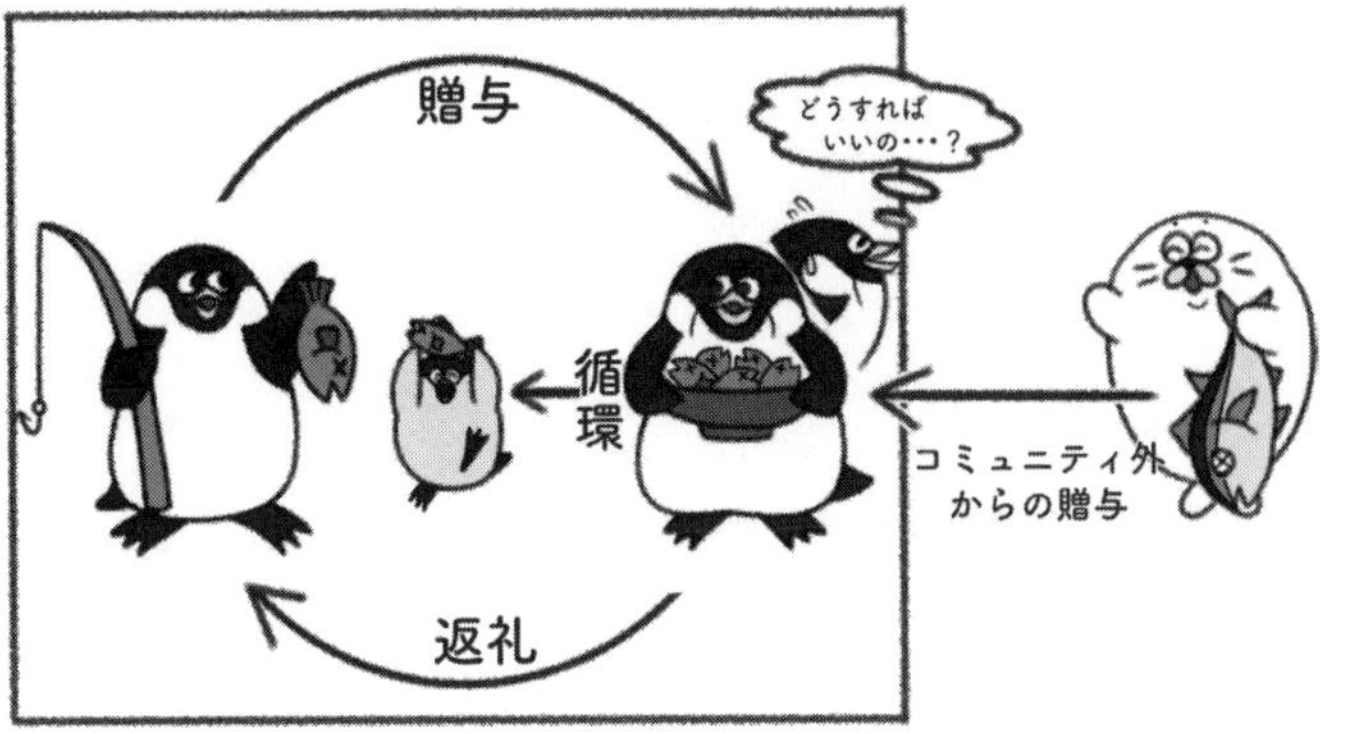

コミュニティ内の贈与循環。

著者は、海部町の地域コミュニティには権力関係が薄く、たとえば年長者だからといって無条件にエライわけではないとしています（日本人のウチとソト意識が、上下関係の厳しさと結びついていると分析した中根1967の認識とも関連しますね）。そのため住民は皆、好きなことを言えるし、人の目もあまり気にしない。そうしたコミュニティでは逆にヘルプも出しやすく、問題がかえって地域で解決されるのだとしています。

これと対比的なのが、同書の著者が調査した自殺多発地域のX県A町です。そこでの地域コミュニティは「濃密」であり、住民も「困ったときは周りの人が助けてくれる」という認識をもっています。しかし逆に言えば、「本当に困ったときしか、助けを求めるのは申し訳ない」とも考えているのです。つまり、日々の互酬性の関係の中で、お返しを考えてしまうと余計に心理的負債感が強くなり、かえってなかなか、助けを求められない状況にあったと言えます。

関係性が永続的に続くような固定した人間関係では、助ける・助けられるというプラスの互酬性は、裏返せば、迷惑をかける・かけられるという、マイナスの関係性も積み重なっていくのではないでしょうか。このような「濃密なコミュニティ」で暮らす大変さについては、次章で改めて検討したいと思います。

3　援助を受けることによる被支配の可能性

ボランティア活動を贈与の観点から論じているのが、社会学者の仁平典宏です。仁平は、日本のボランティア活動の歴史を論じた『「ボランティア」の誕生と終焉』の中で、その分析のために「贈与のパラドックス」という概念を提示しました（仁平 2011）。贈与のパラドックスとは、ボランティアがどのような意味でなされたものか（「一方的に他者に与える行為」なのか、それとも「支え合い」なのか）が、与える側でも受け取る側でも曖昧で、多義的であること。そしてそれが、返礼（反対贈与）を期待するものなのかどうかも不安定であるので、ボランティア支援の受け手（被贈与側）やその社会から「何かを奪う」ことになってしまう、という逆説的な状況（パラドックス）を生んでしまう、ということをさしています。

ここで重要なのは、〈贈与〉は、被贈与者や社会から何かを奪う形（贈与の一撃！）で反対贈与を獲得していると観察されがちなことである。（中略）近代的な権力は、善意を装い贈与するふりをして、決定的な負債を与えていく存在として概念化されてきた。〈贈与〉は、贈与どころか、相手や社会にとってマイナスの帰結を生み出す。つまり反贈与的なものになるというわけだ。この意味論形式を、本書では〈贈与のパラドックス〉と呼びたい。（仁平 2011: 13）

コミュニティの外からの助けには返礼ができない。仁平にならえばこれは、ボランティアが「被贈与者や社会から何かを奪う形で反対贈与を獲得している」と指摘できます。これについて、フランスの社会学者ピエール・ブルデューの言い方を借りれば、コミュニティの外からの助けは、象徴的支配の状態を作り出す可能性があると言えます。ブルデューは、次のように言います。

人は与えるために所有するが、与えることによっても所有するのだ。返礼されない贈与は負債、持続的な債務になることもある。感謝、人格的忠誠または威信といった唯一の承認された権力は、人が他人に贈与することで確保する権力である。（Bourdieu 1980=1988: 208）

このような権力による支配を象徴的支配とブルデューは呼んでいます。「貸し」の返済が不可能に近い助けは、支配につながる可能性がある、とするのです。

象徴的支配について厳しい議論があるのが、先進国から途上国へ数日、短ければ半日だけ、孤児

責任あるツーリズム・パートナーシップ発行『孤児院訪問を超えて』表紙。

院などでボランティアを行なうような「海外ボランティア・ツアー」についてです。お手軽なツアーで（時には営利業者のパックツアーで）現地の子供たちとふれあって、仲良くなって、みんな貧しくても笑顔が素敵でこっちが元気をもらった！と満足して帰ってくることができます。しかしそれは、先進国が途上国を援助するという、いわゆる南北問題的な構造を、ボランティアが現地で感謝を受けることによって、再強化しているだけではないのか。すなわち、先進国の象徴的支配の手先となっているだけで、その構造を変革していないのではないかという批判があります。

「責任あるボランティア・ツーリズム」を訴える世界的なネットワーク団体「責任あるツーリズム・パートナーシップ」では、『孤児院訪問を超えて』と題する資料をネット上で公開し、海外ボランティア活動で孤児院の見学とボランティア活動に代わる、オルタナティブな（代替的な）方法を提案しています。[20] そこでは、ボランティアが来るためだけの「見せ物小屋」となっている孤児院が、途上

20 https://responsibletourismpartnership.org/wp-content/uploads/2019/10/Beyond-Orphanage-Visits-2019.pdf?fbclid=IwAR3QD-Lez5qxnGsbK1Rizb1HdfgFZgqZlyM2092sOu5XYDQTP8hu3aZeE2g（2020年5月4日閲覧）。

国には存在していることが指摘されています。また、ツアー受け入れの利益を得るために、親から無理やり引き離された子供がいる可能性にも言及されています。そのため、孤児院へ訪問しボランティア活動を（どうしても）行なうのであれば、政府が管理をしている非営利の孤児院のみを活動の対象とすることや、長期的なボランティア活動のみを行なうことなどが推奨されています。

別の話になりますが、このような象徴的支配の問題を、障害者という援助される側の立場から看破し、強い言葉で批判した詩があります。それが花田えくぼさんの「ボランティア拒否宣言」です。

1960年代、アメリカで黒人の権利を求める公民権運動が盛んになると、障害をもつ人たちによる自身の権利を求める運動も盛り上がりました。これは自立生活運動とも呼ばれ、1970年代以降に日本でも広がります。その趣旨は、どんな重度の障害をもっていても、介助などの支援を得た上で自己選択、自己決定に基づいて、地域で生活することをめざす社会運動でした。そこで目的とされたのは、制度的に介助サービスを保障することであったり、道路や建物をバリアフリー化することであったり、障害者への差別や偏見をなくすことであったりしました。

その中で、重度の障害のある人が自らボランティアを募集し、自身の生活介助をコントロールすることも行なわれるようになりました。そうした生活の姿を、自身もボランティアとして関わりながら、ノンフィクションとして渡辺一史がまとめた『こんな夜更けにバナナかよ』は、映画化もされ、俳優の大泉洋が実在の重度障害者の主人公（鹿野氏）を演じて話題となりました。

ボランティアが忙しくなって来れなくなると、なんで、と正直思ってしまう。皆しょってる人生は違う。正直ボランティアなんてより、国がそもそも保障しない事にははらがたつ。(『こんな夜更けにバナナかよ』16頁)

同書は、または広く障害者の自立生活運動は、自立とは何であるかを社会に問いかけているように私は思います。自分で何もかもできる(と考える)ことが自立なのか。それができない者は、自立できないのか。そうではなく、たとえ人の助けを借りても、自分で自分の生活を管理するという「自律」(autonomy)できることが、自立した生活なのではないか。そういった問いであるように思います。

話が大きくずれましたが、「ボランティア拒否宣言」という詩は、そうした自立生活運動を背景として生まれました。ボランティアに頼り生活をしている重度の障害者にとって、ボランティアの助けは命綱です。しかし、そのボランティアを「私の敵」、「ボランティアの犬達」と厳しい言葉で表現し、そしてそれを「拒否する」と宣言するのです。

花田さんはなぜボランティアを拒否するのか。それは、ボランティアが様々に、自分の「誇り」を傷つけていることに気づいたからです。「狼」であるはずの自分が、ボランティアに「尻尾を振っていた」ことに気づいたからです。まさに、象徴的支配されていたことへの気づきであり、それを拒否したのです。

【ボランティア拒否宣言（花田えくぼ）】

それを言ったらオシマイと言う前に　一体私に何が始まっていたと言うの
何時だってオシマイの　向こうにしかハジマリは無い
その向こう側に　私は車椅子を漕《こ》ぎ出すのだ

ボランティアこそ　私の敵　私はボランティアの犬達を　拒否する

ボランティアの犬達は　私を優しく自滅させる
ボランティアの犬達は　私を巧《たくみ》に甘えさせる
ボランティアの犬達は　アテにならぬものを頼らせる
ボランティアの犬達は　残された僅《わず》かな筋力を弱らせる
ボランティアの犬達は　私をアクセサリーにして街を歩く
ボランティアの犬達は　車椅子の蔭で出来上がっている
ボランティアの犬達は　私を優しい青年達の結婚式を飾る哀れな道具にする
ボランティアの犬達は　私を夏休みの宿題にする
ボランティアの犬達は　彼らの子供達に観察日記を書かせる

ボランティアの犬達は　私の我がままと頑《かたく》なを確かな権利であると主張させる
ボランティアの犬達は　ごう慢と無知をかけがえのない個性であると信じ込ませる
ボランティアの犬達は　非常識と非協調をたくましい行動だと煽りたてる
ボランティアの犬達は　文化住宅に解放区を作り自立の旗を掲げてたむろする
ボランティアの犬達は　私と社会の間に溝を掘り幻想の中に孤立させる

私はその犬達に尻尾を振った
私は彼らの巧みな優しさに飼い慣らされた
汚い手で顎《あご》をさすられた
私はもう彼らをいい気持ちにさせて上げない
今度その手が伸びてきたら
私は　きっとその手に噛みついてやる

ごめんね　私の心のかわいそうな狼　少しの間　私はお前を忘れていた
誇り高い狼の顔で　オシマイの向こう側に　車椅子を漕ぎ出すのだ

（おおさか行動する障害者応援センター：http://www12.ocn.ne.jp/~flatkita/index01.html　機関紙『すたこらさん』

1986年10月号から引用）

このように「助ける」・「助けられる」という役割が固定した、非対称的な関係というのは、不健全なものになりがちです。そしてそれは、コミュニティの「ウチとソト」という概念的な補助線を引いて考えたとき、はなからソトからの支援を断る、という発想になりがちなのです。文化人類学者のマーシャル・サーリンズは、コミュニティの外部の人とは助け合うよりもむしろだまし合う、「否定的互酬性」と呼ばれる行為が起きやすいとも考えました（Sahlins 1974=1984）。

自分がいつ、どうやってその助けをお返しできるかわからない。それでは心理的負債が永遠に続くことになります。ソトの人は何を考えているかわからない。ひょっとしたら支配されることにもつながるかもしれない。だったら、最初からその支援を断ってしまった方が楽だし、合理的でもあるのです。「ウチとソト」の意識が強い日本文化では、ソトの人に助けられることに過剰な遠慮をしてしまうのは、こうした状況によるのかもしれない、と考えます。

4　助けを求めない文化的なふるまい　――ハビトゥスと階層性

この章で説明したことを振り返ってみましょう。人に助けを求める「援助要請」には、心苦しく思う「心理的負債」も付いてくることをまず確認しました。そしてそれが、コミュニティの中であれば返礼できるのだけれど、コミュニティのソトの人にはそれができないため、より苦しく感じてしまうという互酬性の原理と、象徴的支配について考えました。

これらのことから、また前章でみたボランティアの状況なども勘案して考えますと、ウチとソトの壁が厚い日本文化においては、ソトの人から助けられることも、そして助けることも、強い「居心地の悪さ」を感じることなのではないでしょうか。そのために多くの日本人は、意識的にか無意識にか、見知らぬ人には助けを求めなかったり、あるいは逆に助けを求める人をみてみぬ振りをすることを、習慣づけてしまっている可能性があります。

象徴的支配の概念を提起したブルデューは、「人びとが様々な状況に直面したときに、彼等がそれらの状況に適切に対処していくための心的・身的な性向の体系」(Bourdieu 1977)を、ハビトゥス(habitus)と呼びました。それは過去の経験が統合されて持続的に現在と未来の実践、および表象を生成する原理として作用するとされます。

> 生存のための諸条件のうちで或る特殊な集合(クラス)に結びついた様々な条件付けがハビトゥスを生産する。ハビトゥスとは、持続性を持ち移調が可能な心的諸傾向のシステムであり、構造化する構造として、つまり実践と表象の算出・組織の原理として機能する素性をもった構造化された構造である(Bourdieu 1980=1988: 83)

過去の経験から、人々はその社会の文化でふさわしいと考えられている振る舞いを獲得し、そして習慣化されたものとしてのハビトゥスを、生活の場面場面で遂行するのです。

このハビトゥスの考え方を参考にするならば、困っても他人に助けを求めないこと、あるいは逆に、困っている人に「気づかない」ことが、日本の人々のあいだでは文化的な習慣としてデフォルト（標準）になってしまっているのではないでしょうか。

なお余談ですが、ハビトゥスを説明する中でクラス（階級）にふれていることから明らかですが、ブルデューはハビトゥスを社会階層と結びついたものと考えました。社会階層とは職業や収入、学歴などとの関連で、社会への権威や影響（「威信」と言います）が同じ人々の、社会的な位置付けを示すものです。社会学ではこの社会階層は社会を分析する上での、ひとつの重要な観点となっています。

日本におけるボランティア活動の特徴にも、社会階層と関連性があることを鈴木（1987）が見出しています。同研究では、「ひとり暮しの老人や身体の不自由な人など、手助けを必要とする人たちのお世話を、あるていど続けて、すること（職業以外に）」には、社会階層的に上位層と下位層で高く、中位層で低くなるという「Ｋパターン」がみられることを明らかにしました（次頁の図参照）。

さらに鈴木（1987）はこのＫパターンの中身には、階層上位に偏ってみられる「ボランティア活動部分」と、階層下位に偏ってみられる「相互扶助的行為部分」とが含まれていることも指摘しました。階層の高い低いで、ボランティアの質が異なるということですね。本書の議論に沿って説明すれば、「ウチ」の活動に偏っているのが階層下位で、「ソト」への活動は階層上位にみられたとい

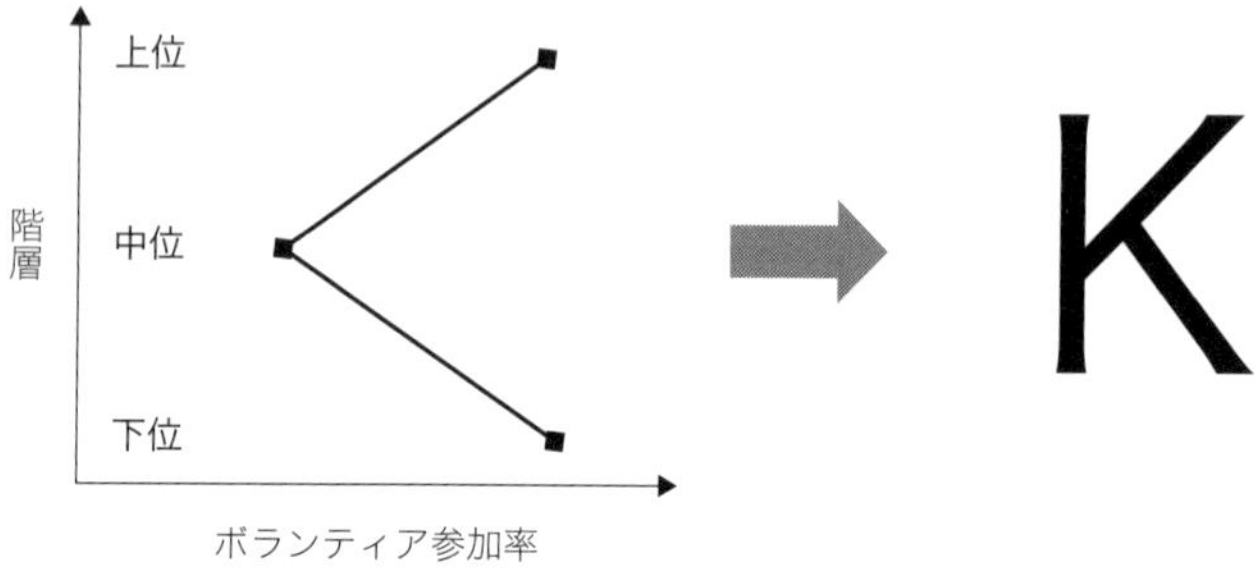

日本のボランティアのKパターン（鈴木 1987 をもとに筆者作成）。

うことになります。

このような特徴がボランティア全般に広くみられる現象かどうかの確認となる研究が、その後多くの研究者によってなされています。その1つに桜井（2018）の災害ボランティアの分析がありますす。『社会生活基本調査』をもとにした単純な二次的分析ですが、その結果、災害ボランティアは、より所得の高い人々によって担われている可能性がみて取れました。遠く離れた被災地に訪れ活動する人々は、より資源と余裕がある人々とも言えますが、ソトの意識がある階層と言えるのかもしれませんね。なぜなら、鈴木（1987）は、階層上位にみられた「ボランティア活動部分」を、（やや極端な表現としながら）エリート的、キリスト教的、輸入的、理念本位的、倫理主義的、無償・奉仕的ではないかとしているからです。

本章でふれた災害ボランティアにぶっきらぼうな対応をした被災男性の例も、こうした階層性の観点を含めて眺めると、また違った景色にみえてきます。日常的な助け合いという、互酬性の輪のソトから来た人たちに対する単純な拒絶、というよりも、異なる文化をもった高い階層の人々からの象徴的支配への抵抗、という側面が、意味合いとしてより強く浮かび上がってきますね。俗な言い方をすれば、ボランティアがウエメセ（上から目線）であることに気づき、その懐疑がソトからの援助を拒むことにつながっているとも言えるのではないかと思います。

ここまでの話から、2つのことが言えると思います。ひとつには、助ける側の人は、ウエメセ（象徴的支配）にならないように気をつけなければならない、ということ。そして、助けられる側の人には助けを求められない（求めることが心理的負担となる）状況があるので、それを社会として、あるいはコミュニティとして解消する必要があること、です。なぜなら助けを求められない人には、個人では「返礼」がなかなかできない人が多いからです（被災地の男性の話を思い出してください）。

それでは、ソトの人、あるいは他者から手助けを気軽に受けられるコミュニティにするには、どうしたらいいのでしょうか。この本では、「解決編」を、最終章でまとめて提示していますが、そのうちの第1節がここでの問いに対する答えとなっているので、気になる人は先にそちらをお読みください。

そして次章ですが、「地域コミュニティとは何か」について考えていきたいと思います。地域コミュニティは衰退しているのか、地元で暮らすということは幸せなのか、などについて深めていきます。

コラム

ゼミでの失敗と助けられる・助ける役割の逆転について

私のゼミ（ゼミナール。専門的な少人数の演習授業）では毎年のように被災地を訪れ、そのコミュニティに対して学生たちが調査をするだけでなく、何かボランティア活動を行なっています（訪問できる被災地が毎年ある、というのも今の日本の厳しい自然災害の状況を示していますね）。第10章で説明するような、危機的な状況となったコミュニティの復興にも貢献しながら、それを学ばせていただくためです。こうした、地域に貢献しながら学ぶ学習のあり方をサービス・ラーニングと呼んだりします。

ある年、ある地震被災地の仮設住宅団地を訪問したときのことでした。そのときは仮設住宅の住民の人たちに、学生たちがたこ焼きをふるまってパーティをする計画だったのですが、なんと当日、搭乗を予定していた飛行機が飛ぶことができず、大半の学生たちの到着が大幅に遅れることになったのです。

さいわい私と、荷物係の男性学生3名は車で到着していたのですが、私以外は料理をまったくしたことがない者ばかり。私としてはもう諦めの境地だったのですが、みるにみかねてか仮設住宅の方たちがお手伝いしてくださいました。ある方は家にたこ焼き器があるからと持ってきてくださり、ある方は材料を切り（学生たちはキャベツの千切りもできませんでした）、ある方は次々に焼いてくださりました。

気がつけばパーティの主役は住民たち。遅れて到着した本隊の学生たちは、もう次々に出来上がるたこ焼きを食べる係になっていました。……笑いごとではなくて、私はそのときは恐縮しきりだったのですが。最後には残った材料

これは喜んでいただいた（と考えていますが……）ときの被災地訪問の様子。学生たちが企画し，「うたごえ喫茶」を仮設住宅団地の談話室で行ないました。

で、ある被災者の女性がパエリアを作ってくださいました。その美味しかったこと！　実はその方は、元料理人だったのです。被災者イコール何もできない人たち、という学生たちが事前にもっていたかもしれないイメージが、打ち砕かれた場面でした。

私としてはひたすら申し訳ない気持ちでしたが、このことを別の方にお話ししたときに、その方から「被災者の方たちにとっては、誰かの役に立つ貴重な機会となったのではないでしょうか」とおっしゃっていただきました。半分はなぐさめだと思いますが、仮設住宅の方たちが、学生たちに料理をふるまうことで、「あの学生たちは何しに来たんだろうね」と思いつつも、そんな機会になっていたのであればありがたいな、と考えました。

第5章

地域コミュニティの幸せ ――地元で暮らすということ

「『優勝したら、川崎の外の大人が守ってくれるよ』って言った人がいて、そんなわけないと思っていたけど、実際、そうなった」

「それまで、まともな大人と話す機会がなかったんで。川崎の大人に相談しても、『やっちゃえばいいじゃん』みたいなことしか言わないから」

「昔は大人が嫌いでしたもん。先生に相談しても無視だし。警察に被害届出しに行ったら、その後、ヤクザに絡まれて。『お前、うたった（密告した）ろ？ そこ（警察と暴力団）つながってねぇわけねぇじゃん』って。東京の音楽業界の人たちと知り合って、『あ、これが本当の大人なんだ』とわかった」

（磯部涼『ルポ川崎』）

1 地域コミュニティは衰退しているのか ――コミュニティ喪失論・存続論・解放論

2019年に公開された映画『ミッドサマー』は、ある宗教的な伝統をもった、架空のスウェーデンの閉鎖的な村が舞台のホラー作品です。旅行で訪れたアメリカ人の若者たちは、最初は歓待を受けて、ひとなつっこい、伝統を守りながら素朴に暮らす村の人たちとその生活に惹かれます。しかしそのうちにだんだんとアヤシイことが起きていくのでした。

かつては地域での助け合いがあったし、隣近所、気に掛け合っていたものだ。それが今では……

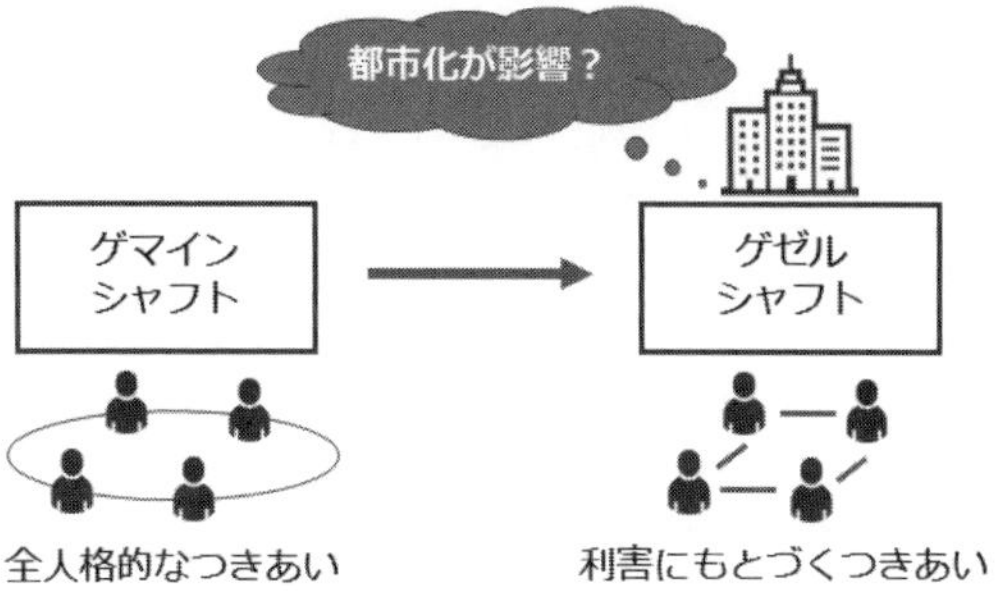

ゲマインシャフトとゲゼルシャフト（筆者作成）。

というような話を、聞いたことがありませんか？　このような、地域コミュニティの衰退についての主張は、社会学ではなんと百年以上前からみられていたようです。いったいどれくらい昔が「かつて」なのか……という感じですね（笑）　ですから、「昔はよかった」というような言説は、あまり真に受けない方がよいのではないかと私は考えています。ちなみに、第1章でも引用した詩人・劇作家のゲーテは、18～19世紀のドイツの人ですが、「最近の若いもんはダメだ」とグチっていたと、『ゲーテとの対話』という本に記録されてしまっています。「最近の若者は～」もはるか昔から言われていたのですね（「最近」とはいったい……という感じです）。

　コミュニティの衰退についての古典として有名な議論は、ドイツの社会学者フェルディナント・テンニースの「ゲマインシャフト」と「ゲゼルシャフト」というふたつの社会関係の形態を用いての説明です（Tönnies 1887=1957）。

ゲマインシャフトはイメージとしては、映画『ミッドサマー』の村です（やや極端な例ですが）。具体的には、家族や民族、ムラ的な地域の共同体のことで、そこでは人々は感情を共有し、全人格的に関わり合うとされます。隣の家の冷蔵庫の中身まで知っている、みんな鼻を垂らしていた頃から知り合い、という世界ですね。

これに対してゲゼルシャフトでは、何らかの目的があって人と人とがつながり合う社会関係のことです。人々は利害や打算で付き合う人を選ぶ（選択意思）ために、機能的なコミュニティ（何かを皆でするためのコミュニティ）として形成されます。このゲゼルシャフトは近代的な社会関係の類型であり、都市化によって社会はゲゼルシャフト的なコミュニティへと移行するとテンニースは考えました。

「都市化」がコミュニティを衰退させている、という主張は社会学で昔から多くみられるものです。都市では人口が大きくなり、密度も高く、そして多様性も高まります。そのため都市社会学者のルイス・ワースは、人々は親密で個人的なつながりよりも、表面的で非人格的な関わりをもつようになると考えました。そして都市では、互いに無関心で孤独な人が増え、原子化（個人化）と流動的な大衆が形成されるとしました。これは「生活様式としてのアーバニズム」と呼ばれています（Wirth 1938=1978）。

このような、近代社会の進展によってコミュニティは喪失している、という考え方に対して、いや、都市の中でもコミュニティは持続しているのだ、と主張する論者もいました。代表的なのがウィリアム・ホワイトや、ハーバート・ガンズといった、都市においてフィールドワークを行なった社会学者たちです。

ホワイトは『ストリート・コーナー・ソサエティ』という、アメリカ・ボストン市、ノースエンド地区のイタリア系住民（移民）のスラム街を調査した結果をまとめた本の中で、一見スラム街は恐ろしい混乱した塊のようにもみえるが、内部の者の眼には「すぐれて組織的で統合された社会システム」と映ると述べました（Whyte 1943=2000）。いわば、犯罪も多く、危険な地域のように思われているスラムにおいても、秩序だった社会システム、つまりコミュニティが存在していることをホワイトは主張したのでした。

1930年代のボストン市ノースエンド地区（Wikimedia Commons）。

ガンズも同じく、ボストンの別の地区のイタリア系住民街をフィールドワークし、都市は農村部と比べて第一次紐帯《ちゅうたい》（親しく強いつながりのこと）に違いはなく、コミュニティは存続していると述べました（Gans 1962）。このガンズの論文は「都市の村人たち」というタイトルだったことからもわかるように、都市でも村のようにコミュニティは存在している、という主張だったのですね。

また、ジャーナリストであり都市運動家でもあったジェイコブズは、『アメリカ大都市の死と生』の中で、雑多で猥雑なカオスにみえる大都市の下町のようなところでも、つぶさにみれば秩序があり、活気に満ちあふれたところであることを、ニューヨークのダウンタウンの観察から明らかにしました（Jacobs 1961=2010）。俗な言い方をすれば、下町の人情的な世界というやつですね（ここで、映画『フーテンの寅さん』の世界……と例示しても、若い人には通じなさそうですね）。

そしてその観察から彼女は、「理路整然と計画された都市よりも、自然発生的な街並みの方がコミュニティは活発になる」という結論を導き出しました。なんとなく、感覚的にも理解できるところです。家々が綺麗に立ち並ぶ、整然とした街並みよりも、ごみごみしていて迷路みたいな街並みの方が活き活きと人が生活していそうです。空から女の子も降ってきそうですしね（5秒で受け止めろ！）。ジェイコブズのこの主張は、学術的な著作ではなかったにもかかわらず、社会学だけでなく、都市計画論や地理学などといった、幅広い学術的な領域に影響を与えました。

近代化した社会で、とくに都市では、コミュニティは喪失したのか。それとも存続しているのか。そうした二項対立的な議論に対し、いや、喪失もしているが存続もしている。コミュニティはむしろ、新しい形になったのだ、と主張した人たちがいました。これをバリー・ウェルマンはコミュニティ解放論と呼びました。コミュニティ解放論では、「第一次的紐帯は密に編まれた単一の連帯へと束ねられているのではなく、まばらに編まれ、空間的に分散し、枝分かれした構造をもつようになっている」とされます（Wellman 1979=2006: 166）（図参照）。

ちょっと何言っているかわからない？　以下で、より丁寧にこのコミュニティ解放論をみていきますので、とりあえずはフーンと思っておいてもらったら大丈夫です。

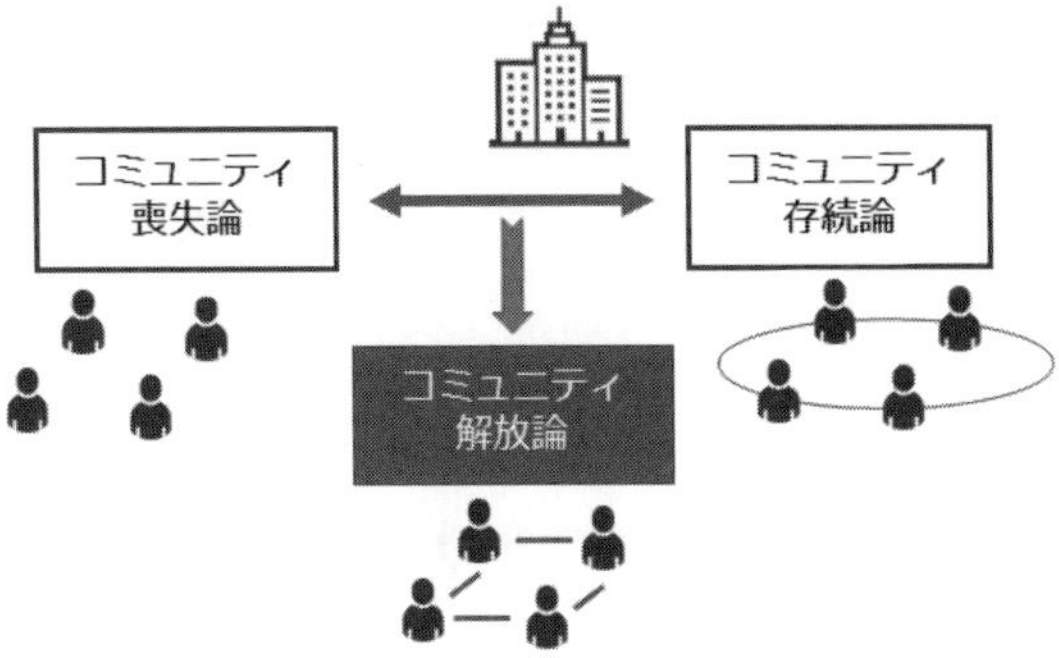

都市部のコミュニティに関する議論（筆者作成）。

ウェルマンはコミュニティ解放論の代表的論者でもあり、その研究の紹介を後段でしたいと思うのですが、ウェルマンがコミュニティ解放論の一例としてあげた、フィッシャーが提起した下位文化論もまた有名なので、先にそちらを紹介しておきましょう。

クロード・フィッシャーは、論文「アーバニズムの下位文化理論に向かって」（Fischer 1975=2012）の中で、農村部より人口の多い都市では、下位文化（subculture;「サブカルチャー」とカタカナ英語で表現されることも多いですね）が生まれると提起しました。フィッシャーは、都市での生活は公的領域と私的領域に二分されるとしています。そして公的領域では人々は無関心ですが、一方で私生活では固有の文化的なネットワークを形成し、生活しているとしています。これが下位文化の理論です。

「下位」という日本語訳が誤解させますが、下にあるというよりも、都市全体の文化とは別に（サブ）各集団がもっている文化、という感じでしょうか。下位文化とは、職業や出身や趣味などの、比較的同様な関心や価値観、共通した習慣や生活様式をもった人々によって形成される、親密な社会集団をさしています（Fischer 1984=1996; Fischer 1995）。なぜなら都市は、他の地域からの移住者が多く、またその人口の多さと構造的な複雑さから独特な関心をもった人々が集まり、組織が作られやすいからです。そのため都市規模が大きくなればなるほど、下位文化の多様性は増大すると考えられています。

赤枝（2011）はこの下位文化論に基づき、２００３年時点のデータを用いて、日本の都市の「同類結合」、つまり、似たような人たちがどれだけネットワークを形成しているかを分析しました。その結果、年齢、学歴、職業に基づく同類結合は促進されていなかったのに対して、「趣味・娯楽」に関する同類結合は促進されていたとしています。日本では余暇活動や趣味や特技を通じた（サブ）カルチャーでのつながりが、都市化を通じて特徴的になっていたということですね。

余談ですが、この下位文化論でいつも思い出すのが、ある友人が「東京は歳を感じさせない街だ。楽しいことも多いし、毎日刺激があって……いつの間にか歳をとっている」という旨の話をしていたことです。人口が極端に多い東京のような大都市では、文化が多様に存在しており、またそれぞれのコミュニティも発達しています。ニッチ（狭い）でエッジの効いた（先鋭的な）関心や趣味でも、必ず同じ思考・嗜好の人がいて、すぐにつながることができるのです。そしてそれが仕事としても成り立つ可能性が高い。
だからこそ一昔前は、若者は東京をめざしたものでした。それは音楽とか演劇とか、自分がやりたいことで食べていくのであれば、大都会でなければ無理だったからですね。今の若者は、どうなのでしょうか。インターネットでつながってできることも増えたことなどから、ひょっとしたらそこまではないのかもしれません。実際、「地元好き」な若者が増えていると言われていて、「花の都 東京」への憧れがあまりない、ともされています。この点を次節からは、もう少し掘り下げたいと思います。

マキヒロチ『吉祥寺だけが住みたい街ですか?』(講談社)第1巻第4話より。東京が下位文化の集まりであることを実感させられる漫画です。

　私が授業でこの話をしたとき、大学のサークルも下位文化ですね、という感想をいただきました。たしかに大学には複数のサークルがあり、そこでコミュニティが生まれています。また大学にとどまらず、それが周辺地域の文化にも影響を与え、いわゆる「学生街」

が形成されたりもしますね。[21]

下位文化の多様性はそのまま、都市の多様なコミュニティにもつながると言えるでしょう。たとえばLGBTと呼ばれる性（セクシュアリティ）の多様性からも、都市ではコミュニティが育まれることにもなります。このことは第8章で詳しくご紹介します。

2 コミュニティの解放と地域暮らしの幸福 ――地元で暮らすということ

私がカナダのトロント市に約1年間滞在していたときの出来事です。あるとき、バスでとある地区を通ったとき、大きな感慨を覚えたことがありました。イースト・ヨークという地区です。そこは、トロントの商業的な中心部から少し外れた、ごくありふれた住宅街です。にもかかわらず、私がそれほどの感慨を覚えた背景には、コミュニティ研究ではエポック・メイキングとなったと言える、非常に画期的な研究の舞台となった地区だからでした。それがウェルマンの「コミュニティ解放」に関する研究です。

トロント大学の社会学者バリー・ウェルマンは、1969年からこのイースト・ヨークにおける親しい紐帯（つながり）に関する調査をチームで行ないました。都市化によって、人々のつなが

21 しかし大学の郊外移転や、学生の変化（自宅生の増加やサークル加入率の低下など）によって、学生街も廃れてきているところが多い気がします。きちんと調べたわけではないので確証はないのですが。

りがどう変化しているのかを明らかにすることで、前述のコミュニティ喪失論、コミュニティ持続論、コミュニティ解放論という3つのコミュニティ論のどれが一番、現代の都市の人々のつながりを的確に表現しているのかを分析したのです（余談で恐縮ですが、このときウェルマンは「郊外の住宅地」と表現しています。しかし現在では、トロント市が拡大していることから、イースト・ヨーク地区は都心に近いエリアと言えると思います）（Wellman 1979=2006）。

調査の結果、ほとんどの人（98％）は1つ以上の親密なつながりをもっており、さらに大多数（61％）は、5つかそれ以上の親密なつながりをもっていることが明らかにされました。これは、コミュニティ持続論を支持し、喪失論を否定する結果と言えます。実際、つながり全体のほぼ半分が親類、とくに直接的な家族関係（子供や親、兄弟姉妹）が強く、親密なつながりとしてみられました。

とりわけ、親子関係は強くサポートに関係していました。親子間では50％に何らかの緊急時のサポートがみられましたが、それ以外の親密なつながりでは26％だけでした。「遠くの親戚より近くの他人」ということわざもありますが、ウェルマンの研究結果は、物理的に援助を入手できるかどうか（車や電話）が重要になっているというもので、近隣に住んでいるだけでは親しい関係にはならないというものでした。多くの親密な友人・親族は、トロント大都市圏内には暮らしていましたが、近所に住む人で親密な関係の人はわずか13％でした。この結果からウェルマンは、近隣関係の代わりに、友人関係が重要な親密な人間関係になったのだとしています。

また、同じ職場の同僚関係は、親密度は比較的弱かったのですが、対面的に接触する頻度が高いために、日常的なサポート源としては重要な役割を果たしていました。職場に限らずですが、頻繁に接触する人ほど、日常的な、簡単な助けを求める先となっていました。この点では、「遠くの親戚より近くの他人」だったわけです。

結論として、イースト・ヨーク地区では、互いに援助的で親密な関係の助け合う（近隣地域の）ネットワークはみられなかったとしています。しかしその代わりに、親密で強い紐帯は分散し、広く存在していました。このような状況はコミュニティ存続論を一部支持しながら、解放論が一番当てはまるものでした。位置付けも、居住地域も異なる（あるいは職場で交流する）多種多様な人々との間に連結が存在し、それはまた様々な頻度の電話や対面による接触によって維持されていたのでした。

まとめると、都市に暮らす人々は、複雑に組み合わさってパッケージ化された「関係の束」の中で生きており、個人はそのネットワークの「結節点」として存在していることがわかったのです。親しい人とは、たとえ物理的な距離は離れていても、電話等で連絡を取り合って重要な助けとなっていました。また、ふとした困りごとがあると、頻繁に会う職場の人に相談することもある。そういう、人間関係の使い分けがみられたわけですね。そしてそこでは、人々はいくつもの社会圏（social circles）を連結する役割を果たしている、とウェルマンのこの研究では結論づけられています。「みろ、人がアミ（網）のようだ！」とウェルマンは言ったのですね（言ってない）。

このように社会圏が重層化している現在の地域社会においては、人間関係が気軽である反面、ワースが「生活様式としてのアーバニズム」で指摘したように、価値観や規範をつくりにくい側面があるのかもしれません。しかしソンとリンの研究結果によれば、人々は個人的なつながりの中で、価値・生活水準や福祉などを保持する行動と、それを新たに獲得する行動をとっていることが明らかになっています（Son & Lin 2008）。その研究結果からは、都市で暮らす人々は現在では、近隣にとどまらない、多様な人間関係の中で価値観を形成している可能性があることが想定できると言えます。

こうした、「ネットワークの結節点」として生きる都市の人々、という現状は、どれだけ日本にも当てはまるのでしょうか。またそれは、大都市だけに限られるもので、中規模・小規模の市や町や村に住む人々には当てはまらないのでしょうか。そして、そうした生き方は、主観的な幸せとどのように関わってくるのでしょうか。

社会学者の轡田竜蔵は、『地方暮らしの幸福と若者』の中で、広島県内の2地域に住む20〜30代の若者の生活と、意識の違いについて検討しています（轡田 2017）。その2地域とは、ひとつは広島市の郊外に位置し、広島都市圏内に含まれる府中町。同書ではそこを地方中枢拠点都市圏と呼んでいます。もうひとつは広島県北部に位置し、中国山地の中で狭い中心市街地と広大な農山村地域（中には小さな市街地も存在するが）を有する三次《みよし》市。同書ではそこを条件不利地域圏と呼んでいます。

この2つの地域での調査分析結果で興味深いのは、若者住民の「地域満足度」には大きな隔たりがあった（条件不利地域の三次市の方が、明らかに満足度が低い）にもかかわらず、「生活満足度」、「人生満足度」、「幸福度」の格差はほとんどなかったという点です。これはなぜかというと、条件不利地域圏の若者でも必ずしも友人づきあいが居住地域にとどまっているわけではないため、と轡田は説明しています。
とくにUターン（一度地域の外に出て何年か暮らし、戻ってきた人）の若者の友人づきあいは、地域を超えて広がっていました。主観的な社会階層（自分が経済的などで恵まれているかどうかの認識）などによっても幸福度に違いがありましたが、地元外での生活経験があり、活動の範囲が居住地域を超えて広がっている者は、生活や人生の自己評価が高い傾向にあったとしています。そしてそれは、地方中枢拠点都市圏か条件不利地域圏かという地域の違いを超えて、満足度に強く影響を与えていた（地域の違いが相殺されていた）ことが明らかになっています。

つまり、若者は、住んでいるところが都市部であろうと農村部であろうと、居住地域を超えた親密なネットワークを形成し、そこで幸福感を得ていたのです。コミュニティ解放論が、現代の日本の、都市部に限らず農村部でも適用される考え方であることが示されていたと言えます。

そして、Uターン層を含め、若者の交友関係には特徴的ないくつかのバリエーションがみられたとしています。それは次頁の図に示したような類型化になります。横軸には「地元つながり志向」

1980～90年代の新潟を舞台に，ある若い女性による酒蔵復活の奮闘を描く『夏子の酒』（尾瀬あきら，講談社）。昔は主人公・夏子の努力と情熱の物語と理解していましたが，改めて読み返して，彼女がUターン者であることも重要な成功要素であったのかもしれないと思い至りました。

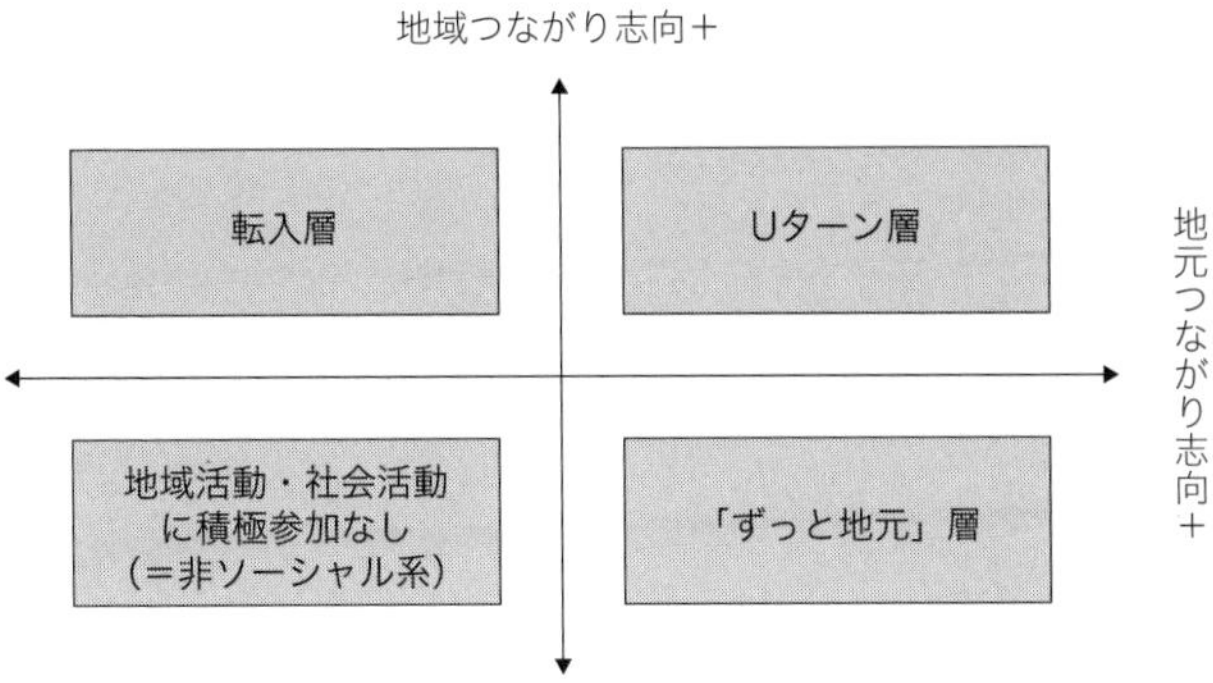

交友関係の志向性と居住歴（轡田 2017: 297）。

とあり、これは地域内で昔からある同級生のような友人関係をさしています。そして縦軸には「地域つながり志向」とあります。これは地域の、ときには地域を超えた多様な人々との交流をさしています。その縦横の2軸に区切られた4つの象限にそれぞれ、「Uターン層」、「『ずっと地元』層」、「転入層」、「地域活動・社会活動に積極参加なし（非ソーシャル系）」というようなカテゴリー名が付けられています。

非ソーシャル系にもっとも多い人々が含まれているのですが、それはさておき、「『ずっと地元』層」であっても、必ずしも生活満足度や幸福度が高いわけではない、ということを注意しておく必要があります。逆に、地元出身でない方が、生活満足度や幸福度は平均的には高かったとされています。

なぜこのような結果になったのでしょうか。轡田は「『ずっと地元』層」は、地元の友人関係は充実しているが、その他の社会関係に乏しく、そのことがネガティブな自己評価につながっているのではないかと指摘しています。つまり、第2章で述べた「広い友達づきあい」の価値が、地方で暮らす若者の幸福感には大きく影響をしていた、と言えるでしょう。

また、同調査結果からは、田舎（三次市）であっても、必ずしも隣近所と助け合う意識は強くなかったとしています。そしてその意識を高めるのは、子供がいることと、低所得であることが影響していたとしています（このことは第3章の第4節でふれた「Kパターン」と関連するかと思います）。

3　地元の息苦しさ

轡田（2017）の「ずっと地元」層があまり幸せと感じていない、という調査結果は、少し意外に思う人もいるかもしれません。なぜなら、最近の若者は地元志向が強い、というのはいわば「定説」でもあったからです。たしかに、そうした傾向はこれまで顕著にみられていました。株式会社マイナビが「マイナビ大学生Uターン・地元就職に関する調査」を始めた2011年のとき、大学生の63・3％は、地元での就職を希望していました。[22] 地元で進学をしていた人に限っては、80・2％と高い割合でした。社会学者の阿部真大は2013年に発行した著書『地方にこもる若者たち』の中で、地方都市で暮らす若者たちの姿を多面的に分析し、それを「ほどほどパラダイス」と表現

22　株式会社マイナビウェブサイト、https://saponet.mynavi.jp/release/student/u-turn/2021apr05/（ニュースリリースページ。2020年6月3日閲覧）。

しました（阿部 2013）。家族と友人の小さなコミュニティの中で充足し、遊び場もショッピングモール。そうした生活に「ほどほど」満足をし、暮らしていると考察をしたのです。

しかしそれらのデータや言説は、「ずっと地元」層の生活の状況とその満足／不満足について、適切に捉え損ねている可能性があることを轡田（2017）の研究は示唆していると言えます。また、若者全体の志向も徐々に変わってきている可能性があります。先の株式会社マイナビの調査結果も、地元就職希望率は調査開始年より現在まで、ずっと落ち続けているのです。最新の2020年4月調査の結果では、その割合は48・7％となっています。とくに、東北、四国、中国地方でその低下傾向は強まっています。

もちろんそれには、望む仕事に就くことができないためという理由もあると思います。しかし、地元とはありがたいものですが、同時に、息苦しいものでもあるのです。

「ずっと地元」層の若者の、厳しい生活とそこでの思いを克明に記述した好例となる研究が、社会学者打越正行の『ヤンキーと地元』です（打越 2019）。打越は10年にわたって、沖縄で生まれ育ち、働く男性の若者を調査しました。その若者たちは、建設業や風俗経営、ときに違法就労にも就いていました。高校や大学を卒業して安定した職を得る人々ではなく、周辺的な存在としています。周辺的とは、中心的ではない、隅に追いやられた、社会では注目や重要視されない人々である、ということですね。しかし打越は、その若者たちも、普通の若者であると強調します。

彼がとった調査手法は、エスノグラフィといって、フィールドワークを長期に行ない、人々の日常的な姿や言葉を詳細に記録するというものです。もともとは文化人類学で取り組まれていたもので、異文化の社会や、その人々の分析に使われました。そのためエスノグラフィは民族誌と訳されたりしています。

若者たちと打ち解けて日常の姿を知るために、当時大学院生だった著者は建設業で働き始めます。中卒の10代の「先輩」のパシリ（つかい走り）もしながら、徐々に仲良くなり、インタビューもできるようになるのです。その調査で捉えた若者の生活とは、先輩からの理不尽な扱いをなんとか「やり過ごす」中で、自分も恋人や妻には暴力を振るうことが日常的な世界でした。先輩後輩つながりで仕事を得る一方で、仕事の後は先輩の付き合いでキャバクラやギャンブル。休日に先輩から突然呼び出されても、すぐに駆けつけなければいけない（そうしないと、後で何をされるかわからない）。「仕事ないし、沖縄嫌い、人も嫌い」と吐き捨てるように言った者もいました。

打越は、若者の地元には「沖縄の共同体が生んだ相互扶助的なもう一つのコミュニティのあり方」があると思い込んでおり、あまりにも「過酷」な地元の姿は予想外だった、とあるインタビューで答えています。[23] そして、過酷な生活の背景には賃金の低さや、単純労働でキャリアが積めないことなどをあげています。しかしそれでも若者たちが地元にとどまる理由として、学校でもなじめず、家族からも暴力を振るわれるなどで居場所がなかった若者が、しんどい思いをしながらなんとかかつ

23　「沖縄の若者たちの「地元」、先入観なく見続けた10年の成果　打越正行さん『ヤンキーと地元』（好書好日ウェブサイト）、https://book.asahi.com/article/12371855（２０２０年５月12日閲覧）。

くってきた自分のコミュニティ、という思いがあることを指摘しています。

同書の中で、ある男性の、沖縄県の外（ナイチャー）に期間工として働きに出た経験が語られる場面は象徴的です。それはパソコンの組み立て工場だったのですが、働く場所は関西の、人里離れたところでした。仕事が終わった後に近くで遊べるところは、外国人女性が働くパブかパチンコ屋しかありません。しかし他に娯楽はなく、結局その男性もついつい行ってしまい、沖縄に帰るときにもまとまった金額は残らなかったのでした。男性は「結局、上のヤツが持っていくのがわかった」と語ります。地元の外に出ても、より厳しい、先のみえない生活しか待っていない状況が、その語りからは示されるのです。

このように打越（2019）は沖縄の若者男性の地元暮らしの姿を描きましたが、同じく沖縄の、厳しい生活環境の中にいる若者女性たちに寄り添ったエスノグラフィとして、教育学者上間陽子の『裸足で逃げる：沖縄の夜の街の少女たち』があります（上間 2017）。こちらは打越（2019）と対になるような内容で、「街の女の子たちが、家族や恋人や知らない男たちから暴力を受けながら育ち、そこからひとり逃げて、自分の居場所をつくりあげていくまでの物語」（19頁）です。

上間は、調査の途中で、心身の危険にさらされた女性たちに直接介入します。あとがきでは、あるインタビュー対象となった女性が泣き出す場面が出てきます。その女性の壮絶な経験の語りをまとめたインタビュー記録を、上間が読み上げ、本人に内容確認をしてもらったときのことです。集団性的暴行、妊娠、中絶……。インタビューでは「自分にとってはこんなことはたいした問題ではないのだ」というふうに語っていた女性は、まだ17歳でした。

しかし、あなたはもっと傷ついてよいのだ。記録の確認によって、そうした認識がもたらされたのでしょう。この場面は、上間が単純な調査者ではなく、若者女性たちの生活と日々の苦しさに寄り添った支援者でもあったことが、明示される箇所となっています。

打越（2019）でもそうですが、長期のフィールドワークでは、調査対象者（インフォーマントと言います）と深い関係になることもあります。そのときに調査者がどのような対応・立ち位置をとるのか、というのは難しい問題です。客観的なデータこそが科学的、という立場に立てば、不必要に調査対象者とそのコミュニティに関わるべきではありません。しかしフィールドワークの訳が参与調査であるように、そこでは調査者自身も関係性を構築することで、調査が実施できる側面があります。

その中で、上間（2017）のように、みてみぬふりをできぬ場面に遭遇することもあるわけです。調査者と調査対象者の会話や、相互のやりとりが、新たな「事実」（物語世界、と言い換えることも社会学的にはできると思います）をつくることもあります。このことは、社会学的な調査が捉える「事実」とはどのようなものであるのか、という問いにもつながります。

社会科学における客観性とは何なのでしょうか。それは、調査対象者と距離をとればよいということなのでしょうか。それよりも（場合によっては）重要なことが、考えられるかもしれません。

社会学者の岸政彦は、「カテゴリー化の暴力」という言い方で、調査対象者の語りを調査者が勝手に解釈することを、厳に戒めています（岸 2018）。本書の第1章で、事実とは概念によって照らし出されたものであるという、パーソンズによるサーチライトの例え話を紹介しました。しかし事実を概念に合わせて解釈することは、絶対にしてはならない。そのときはわれわれ（調査者）の理論や解釈を変更するべきなのだ、と岸は述べているのです。

したがって、すべての調査は何らかの翻訳や解釈、あるいはカテゴリー化を含む。そして、調査者がマジョリティで、被調査者がマイノリティの場合はとくに、その翻訳やカテゴリー化が、直接・間接の暴力を含むことがありうるし、あるいは場合によっては、それは暴力そのものでありうるのである。（岸 2018: 108）

私は、外部者によるコミュニティへの支援についても、同じように言えると思っています。ちょっと余談的な話が長くなりましたので、この先は最終章の第3節で説明したいと思います。

4　ソーシャル・キャピタルの負の側面

このような若者たちが置かれている厳しい地元コミュニティの姿について、理論的に、ソーシャル・キャピタルの負の側面という観点から考えてみたいと思います。ソーシャル・キャピタルとは、パットナムが示した概念として有名です。彼は、イタリアの地方分権が、うまくいっている地方とそうでない地方の差は何から生まれているかを調べ、その結果、「信頼、規範、ネットワークといった社会組織の特徴」(Putnam 1993=2001: 206-207)が重要であることを主張しました。そしてそれを、ソーシャル・キャピタルと名付けたのです。このうちの「規範」とは、人と人との互酬性の規範をさすことが多いようです。

なぜキャピタル（資本）というメタファー（比喩的な言い方）が使われているかというと、「資源」とは異なって、投資的に使うことで減らずに増えるし、その蓄積自体にも価値があるという意味が含まれているからですね。人と人との関係性の資本であることから、日本語では「社会関係資本」と訳されています。

このソーシャル・キャピタルについては世界中で様々な研究がなされ、現在では政治・経済・社会の諸側面に有用であるとされています。たとえば、信頼、規範、ネットワークが強くあるコミュニティでは、経済的に発展するとか、犯罪が防止されるとか、教育も成果が上がるとか、被災地の復興も早い、というような具合にです。[24]

しかしながら、このソーシャル・キャピタルには、負の側面（ダウンサイドやダークサイドとも言います）

24　ソーシャル・キャピタルの構造には結束型（bonding social capital）と橋渡し型（bridging social capital）の2種類があって、それぞれ「持ち味」が異なるとされています。結束型とは内向き（のネットワーク）で、排他的なアイデンティティと同質的なグループを強化する傾向にあるとされます。一方、橋渡し型は開かれたネットワークであり、外向きの視点で、様々な社会の谷間を橋渡しするものとされています(Putnam 2000: 22)。本書でふれているグラノヴェターの「弱いつながりの強さ」は橋渡し型と分類することができるでしょう。

があることも指摘されています。ポルテスとランドルトは、ソーシャル・キャピタルを「ネットワークやそのほかの社会構造の成因を通じて利益を維持する能力」と定義し、そこには否定的なソーシャル・キャピタルが存在することも論じているのです（Portes & Landolt 1996）。

ここでまたちょっと概念のことで余談的な話になるのですが、ソーシャル・キャピタルを「信頼、規範、ネットワーク」と定義することには、とくに社会学においては、疑問も呈されています。ここまで読んできてもらった方にはおわかりかもしれませんが、信頼、規範（互酬性）、ネットワークの3つを一緒くたにして考えて社会を分析するというのは、あまりにも乱暴すぎるとも言えるのです。そこで、最後のネットワークにのみ注目して分析を行なうことで、ソーシャル・キャピタルを捉えようとすることが社会学では多いのです。

第2章で紹介したグラノヴェターの「弱いつながりの強さ」概念が、そのネットワークとしてのソーシャル・キャピタルを考える端緒となっています。より厳密な定義として、社会学者のナン・リンが示したものは代表的です。それは、「目的を持った行動によってアクセス、ならびに／あるいは動員される社会構造に埋め込まれた資源」（Lin 2001=2008）であり、そしてそこでは、個人や集団が資源の維持や獲得を目的として用いられる資源として、ソーシャル・キャピタルは考えられています。先のポルテスとランドルトのソーシャル・キャピタル概念も、これに沿ったものと言えます。

話を戻しましょう。ポルテスとランドルトは、ゲットーと呼ばれるマイノリティや貧困者が多く居住する地域では、ソーシャル・キャピタルは豊富に存在していると言えますが、しかしその蓄積によって、彼らが貧困を克服するのを可能にすることはめったにないと述べています（20頁）。なぜなら、ソーシャル・キャピタルには負の側面があるからだとしています。そうしたソーシャル・キャピタルの負の側面として、次の4点をあげています。それらは、①外部者を排除してしまうこと（閉鎖的になる）、②個人の自由を制限してしまうこと、③集団のメンバーから過度の要求が来ること（個人が押しつぶされるほどの周囲からの要望）、④規範の水準の押し下げ（皆が楽な方に、悪い方に流されてしまう現象）、の4点です。

・外部者の排除
・個人の自由の制限
・集団のメンバーからの過度な要求
・規範の水準の押し下げ

負のソーシャル・キャピタル（Portes & Landolt 1996より筆者作成）。

こうした負のソーシャル・キャピタルは、マフィアのコミュニティなど、特別なコミュニティの分析に使われたりもしますが、決して例外ではなく、様々なコミュニティで存在し得るものです。たとえば高校生や大学生の頃に、試験の前に友達から誘われてカラオケなど、遊びに行ってしまった経験はないでしょうか。「あの先生の試験なら適当に答えておけば大丈夫」、「みんな勉強していないのにお前だけやるの？」などと言われたら、断るのが難しいかもしれません。これはまさに負のソーシャル・キャピタルの4つめの「規範水準の押し下げ」に当たるでしょう。また、大学の授業で、「友達だよね」と授業での出席の代返を依頼されたり（私の授業では絶対許しません！）、朝早くから頑張って出席して記録したノートを、何人もの友達からテスト前に「コピーとらせて！」と要求されるなどは、3番目の過度の要求に当たるでしょう。

そして、このようなソーシャル・キャピタルの負の側面が強く現れたコミュニティが、まさに打越や上間が分析した沖縄の若者たちの「どこにも行けない感覚」を生んでいる状況であったとも言えるのではないでしょうか。前の、広島の若者の分析にも、同じことが言えます。郊外や農村部のUターンの若者たちが、幅広い人間関係から満足を得ていた姿、すなわち「負」ではない有意義なソーシャル・キャピタルを得ていた姿は、「ずっと地元」の若者が不満をもちながら暮らしていたのとは、まったく対照的なわけです。

このようなソーシャル・キャピタルの両面性は、日本語での「絆」の意味を思い出させます。大きな災害が起きたりすると、しばしばマスメディアに登場するこの言葉は、もともとは「馬などをつなぎとめるための綱」のことをさしていたそうです。今ではもっぱらよい意味で使われますが、元来は個人を縛り付けるもの、という意味もあったということになります。絆は同時に、「しがらみ」なわけです。

余談ですが、絆はしがらみであるという考えは、仏教の教えでもあると、松本市の玄向寺副住職の荻須真尚氏に教えていただきました。仏教では絆は断ち切るもの。代わりに、自分が動いて「縁」を作ることで、よい結果を招くことができる、と。まるで、閉鎖的なコミュニティでの負のソーシャル・キャピタ

ル（＝絆）と、幅広いネットワーク（＝縁）からの効用の対比を教示しているようで、驚きました。

なお、ソーシャル・キャピタル概念を提起したパットナムは、『われらの子ども』という著書の中で、格差が広がるアメリカの地域社会で、様々な人種、階層の子供・若者にインタビュー調査を行なっています（Putnam 2015=2017）。そして、かつては子供の育ちを助け、教育を達成できるネットワークが地域コミュニティには存在していたのだけれど、今では、ミドルクラス（中流）の家庭の子は相変わらずだが、貧困世帯の子供たちは、家族・家族外の「大人」からの支援がまったく受けられず、より良い教育を受ける機会を奪われ、より良い仕事にも就けないでいる現状を明らかにしています。低所得世帯の子供たちは、お金がかかることや生活が不安定なことから、課外活動（部活動など）の機会さえも奪われていることが、同書では指摘されています。

『われらの子ども』が辛いのは、ミドルクラスの家庭も、仕事に子育てに、必死に頑張っているところです。誰も悪くはないことが理解できるのです。ただ、格差と断絶は徐々に広がっている。そして、ミドルクラスも気を抜くと転落すると思っている。だからこそ、他の家の子供にまで目を向ける余裕がないということなのでしょう。個人化した先進国ではリスクが高まっていて、実際には個人の力で学歴や職業を得ている人などほとんどいないにもかかわらず、「これからは個人の時代」などと脅迫的に、自己責任が強調されるようになっている社会のありようが、背景にあるわけです。

『われらの子ども』には、学校や仕事などで「フォーマル」に（期限付きで）子供に関わる大人よりも、地域などで「インフォーマル」に関わる大人の方が、子供の育ちや機会の提供にとって重要ということや、また、隣人が若者の助けになるケースは、貧困層でも富裕層でもほとんどないということなど、本書の別の箇所でもふれている、日本の現状にも当てはまる話が載っています。子供や若者を支えるネットワークをどう構築していくか。これについては「働くこと」を例に、第9章でも考えていきます。

また、私は、この本についての読書会に参加させていただいたことがあります。それは大阪の厳しい状況の子供たちを支援するNPOが主催したもので、様々な方と意見交換できる、貴重な機会でした（分厚い本なので、がんばって読む機会ができてありがたかったというのもあります）。NPOの方々は、この本の内容はそのまま、日本の厳しい状況の子供たちにも当てはまる、というご意見でした。そして現場では、まさにパットナムが重視したインフォーマルな立場で、幼稚園のときから知っている「ヤンチャ」な中学生に関わっている、という話がありました。

厳しいコミュニティの中での子供たちの生活をどう支えていくか。次章では、居場所を切り口に、そのことについても考えていきたいと思います。

コラム　大学生と地域への愛着、幸福

今回は、地元が必ずしも幸せな暮らしを生まない、という話でした。ところで、「地域への愛着」というものが、地域活動への関与を増やすという心理的な機序（メカニズム）があることが、いくつかの研究では指摘されています（添田・大山・大野 2007; 大山・添田・大野 2007）。これまでにも何度か述べてきていることですが、地域でのボランタリーな活動への参加は、その人の幸福感を高めます。だとしたら、地域へ愛着をもつ人は、間接的に、幸福感を高めるのかもしれません。

「地域愛着」（place attachment;「場所愛着」と訳されたりもします）は、様々な測られ方をしています。ここでは大学生を対象に行なわれた研究で用いられた測定指標を紹介しましょう（添田・大山・大野 2007）。その研究で大学生の地域愛着は、次の４つの次元で捉えることが可能であるとされています。

【添田・大山・大野（2007）の場所愛着評定尺度】

① 〈肯定〉……大学に通うためだけではない場所／この地域の用がないところにも興味がある／卒業してからも遊びに来たい

② 〈所属〉……この地域の一員であると感じる／将来この地域が生活しやすくなれば良いと思う／地域の人は

「同じ仲間」／地域の人たちと親しく付き合っていきたい
③〈郷土〉……長い間離れると寂しい／別の場所から戻ってくるとほっとする／「あなたの地域」と言われるとピンとくる／第二の故郷だと思う
④〈関与〉……新聞やテレビでこの地域が出ていたら気になる／この地域を知っている人がいるとうれしい

これら4つの地域愛着の次元のうち、大学生は大学生のキャンパス周辺地域について、「関与」と「肯定」の地域愛着は形成されやすく、「所属」や「郷土」は形成されにくい、という傾向があることが研究の結果から示されています。

私はこの指標を用いて、京都で世界遺産の寺社仏閣所有者の協力を得て取り組む、「大学コンソーシアム京都『世界遺産ＰＢＬ科目』」授業の受講学生を対象に調査を行なったことがあります。ＰＢＬとはProblem Based Learning（課題に基づいた学習）、あるいはProject Based Learning（プロジェクトに基づいた学習）の略であり、単なる知識の獲得だけではなく問題解決能力を育成することや、実践的な学習による学生の学習意欲向上、満足度の高まりが期待される授業方法です（Major & Palmer 2001）。

そしてその調査の結果、授業で取り組んだ世界遺産周辺の地域、および京都市について、「関与」と「肯定」に含まれる地域愛着の質問項目を、多くの受講学生が肯定的に回答しました。大学の授業によっても、大学生が地域愛着（の一部）を育てることができる可能性が認められたと言えるでしょう。

しかし、調査結果では、「所属」や「郷土」はそれほど高くは認められませんでした。以前に行なわれてきた先行研究からは、地域で利用する施設や店の人や周辺地域住民との付き合い、および周辺地域に居住する親しい人との付き合いが、学生は抱きにくい「郷土」や「所属」といった地域愛着に強い影響を与えることが明らかになっています。

このことより、大学生がより深い地域愛着を育むには、地域の人との親しい関係構築がカギを握ると言えそうです。人と人とのつながりは、やはり重要そうですね。

第6章 居場所を考える——子供・若者を締め出す地域コミュニティ

おしゃべりが熱をおびると、彼らはビールのことなどすっかり忘れているようだった。小休止のあいだにほんの少し口に含むが、小休止なんてあんまりないのさ。そういう人たちが、ぼくにリラックスのしかたを教えてくれた、というか、少なくとも教えようとしたんだ。

（レイ・オルデンバーグ『サードプレイス』）

1 「居場所」の価値

社会学者のレイ・オルデンバーグは、著書『サードプレイス』の中で、前章で説明した「コミュニティ解放」をある種、否定的に論じています。彼は「コミュニティ解放」を肯定的に捉える風潮は、ネットワーカーと呼ばれる人たちや、ネットワーキングと呼ばれる行為をもてはやすことであり、それは地元の噂話や偏見から解放され、自由に友達を選べることだと考えられているからとしています。オルデンバーグは、「隣りの職場のマヌケは隣りの家に住むマヌケよりなぜかはるかに優れている」

という、挑発的な言い回しもしています（Oldenburg 1999=2013: 418）。

さらに、コミュニティが解放された、ネットワーク型の「個人コミュニティ」がもてはやされる理由として、オルデンバーグは、次の2つをあげています。第1に、生活細分化のただ中で、発展可能なコミュニティ形態の神話をもち続けられるからだとしています（「つながり」って素晴らしい！もっと広くつながろう！）。そして第2に、ネットワーキングは、出世第一主義にとって有益な側面ももっているからだとしています。異業種交流会なんてイベントもありますが、ネットワーキングによって、仕事での成功をもたらす期待がされているということでしょう。

そして、こうしたネットワーカー的な発想には、子供を排除する傾向がみられるのではないか、とオルデンバーグは指摘します。なぜなら子供をもち、子供の世話をしなければならない人には、そうしたネットワークの場に参加することは不可能に近いからです。

これは、私も実感しているところです。子供が小さいうちはどうしても、仕事の後ご飯を食べさせてお風呂に入れて、寝かしつける必要があります。しかしNPOが主催する興味深い講演会や勉強会、市民活動的なネットワーキングの集まりはすべて、平日の夜か土日に行なわれます。これでは、市民活動なのに市民は行けないよね!?　と思ってしまうのです。[25]

25　2020年のコロナウイルス禍の中では、Zoomといったオンライン動画会議ツールでの催しも増え、自宅からの参加も可能になりました。しかし、「在宅勤務なのに家庭に関与せず、夜も個室でZoom飲み会をしているお父さん」という批判的な記事を読んでしまったので、なかなかそれにも参加できずにいました。

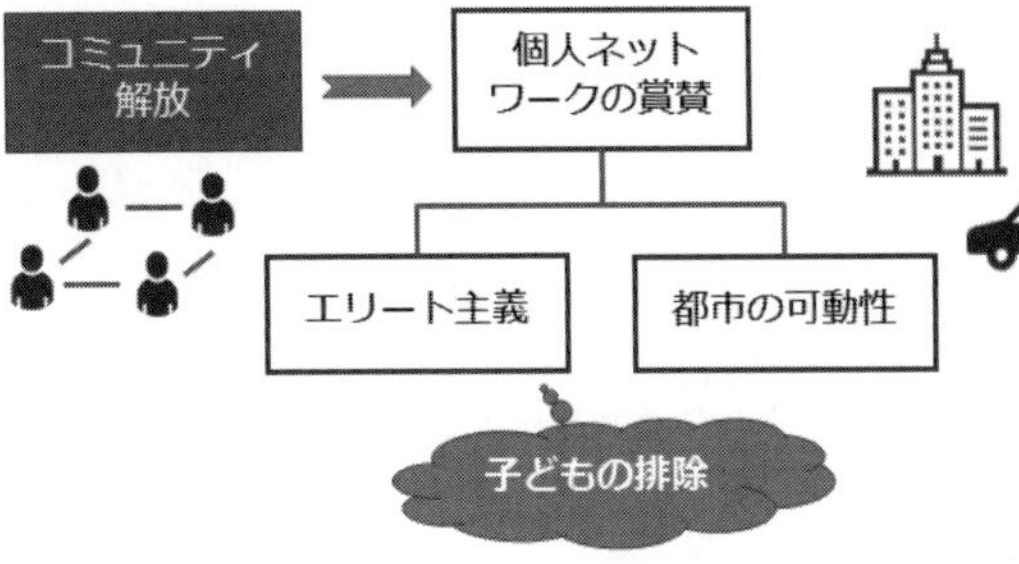

個人ネットワーク（ネットワーキング）の問題点（筆者作成）。

オルデンバーグはこうした点から、ネットワーク型の個人コミュニティは家庭から解放されている人のための、はなはだしいエリート主義に基づくものだと主張するのです。

さらに都市自体も、こうした人々の頻繁な移動といった「可動性」（モビリティ、とカタカナで表現したりもします）を前提としてつくられているとしています（図参照）。

しかし、子供もそうですが、子供をもつ親、高齢者、障害のある人など、物理的なアクセスに苦労をする人にとっては、やはり身近な場所で、親密に人とつながることのできるコミュニティがあるのは重要なことです。それは言い方を変えれば、「居場所」の存在の重要性とも言うことができると思います。ただし、その居場所とは、前章でふれた「負のソーシャル・キャピタル」が存在するものであっては、生活の満足や幸福につながるものとはなりません。

一般社団法人「ひきこもりUX会議」が、ひきこもり等の生きづらさを抱えた当事者・経験者1686人に対して行なった調査である、『ひきこもり・生きづらさについての実態調査2019』（2020年3月発行）の結果では、「どのような変化によって生きづらい状況が軽減または改善しましたか」という問いに対して、就職したときや経済的に安定したとき、あるいは、こころやからだの不調や病気が改善したときよりも、「安心できる居場所がみつかったとき」という答えがもっとも多かったとされています。[26]

また、この調査では、「当事者会や居場所、フリースペースなどに参加したいと思いますか」とも尋ねています。その結果、参加したい人は58・1%でした。くわえて、参加したいという人にその理由を聞くと、「同じような経験をした人と出会える、話せる」という回答がもっとも多く、58・6%でした。それは、「当事者どうしのため安心できる」という回答（18・0%）よりも圧倒的に高い割合でした。多くの人が消極的理由からではなく、より積極的な意義をそこへの参加に見出していることがわかります。

「同じような経験をした人と話す」ことで、その経験による悩みや苦しみといった、肩の荷が下ろせたり、これからどうしたらよいかという参考を得ることができるのです。このような取り組みを、ピア・カウンセリング、または、ピア・サポートと呼んでいます。「ピア」とは同僚、仲間などとも訳されますが、同じ立場の人という意味ですね。また、同じ立場の人同士が集まって話し合う会のことを、自助グループ（セルフヘルプグループ）とも呼びます。たとえば、アルコール依存症を治療中であったり、回復した人たちの集まりは「断酒会」と呼ばれ、全国に存在しています。お

26　http://blog.livedoor.jp/uxkaigi/%E5%AE%9F%E6%85%8B%E8%AA%BF%E6%9F%BB2019/Report2019_A.pdf（2020年5月2日閲覧）。ただし、この回答も複数回答のうちの45・4%なので、絶対的に多かったとは言いがたいかもしれません。

互いに支え合って、再びアルコールを飲まないことを継続していこうとしている会なんですね。

居場所の話に戻りましょう。そもそも居場所には、他者との関係のありようによって、2種類の意味（2種類の居場所）があることを複数の研究が指摘しています（藤竹 2000; 中島・廣出・小長井 2007; 石本 2010; 原田・滝脇 2014）。それは、「個人的居場所」と「社会的居場所」です。おおまかには、前者が1人でいる居場所であり、後者が他の人と一緒にいる居場所と区別することができます。

そして、それらの2つの居場所はそれぞれ、個人の心理に与える影響が異なっていることが指摘されています。原田・滝脇（2014）の研究では、個人的居場所とは、「一人になることで情緒を安定させたり自己受容したりすることにより、自己の存在を確認し、自分らしさを取り戻せることで、自己にまとまりを与える体験ができる場」であるとしています（128頁）。また社会的居場所とは、「他者から得られる自己対象に触れることにより、自己の存在や自分らしさを確認できることで自己にまとまりを与える体験ができる場」としています（同上）。なお社会的居場所は、ありのままでいられるという感覚とともに、自分が必要とされ役に立っていると思える感覚とも関連していると されています（石本 2010）。

こうした説明と、また、先の『ひきこもり・生きづらさについての実態調査2019』の結果も踏まえて考えますと、個人的居場所もときに人には必要ですが、生きづらさの解消のためには、最終的には社会的居場所がより重要な役割を果たすことが示唆されている、と言えるかと思います。人と話せて、安心でき、自分の存在や役割を確認できる場の重要性、ということですね。

2　サードプレイス

居場所についての話をするときに、紹介しておきたいのが「サードプレイス」という概念です。すでに第1節のところでふれたのですが、この概念を提起したのがアメリカの社会学者オルデンバーグです。彼は先ほども紹介した著書『サードプレイス』の中で、生活上欠かせないファーストプレイス（第1の居場所）である自宅、セカンドプレイス（第2の居場所）である職場や学校にくわえて、「サードプレイス」（第3の居場所）が都市居住者には必要なのだと主張します。そしてサードプレイスは、〝ゆとり、活気、コミュニティ〟があり、そこを「憩いと交流の場」として毎日のように利用するような場だと説明をしています（Oldenburg 1999=2013）。

この本、実は原著では、タイトルがまったく異なっています。それは直訳すれば、『とびきり素晴らしい場所：コミュニティの中心にあるカフェ、コーヒーショップ、書店、バー、美容院、その他のたまり場』というものです。この原題がまさに、サードプレイスとはどのような場であるかの、具体的な例になっているんですね。

このようなサードプレイスについて、日本でそれがどのように存在をしているのか、いくつか研究がなされています（畠山ほか 2015; 小林・山田 2014）。その中で興味深いのは、大きく2つのタイプのサードプレイスがあるとされていることです。

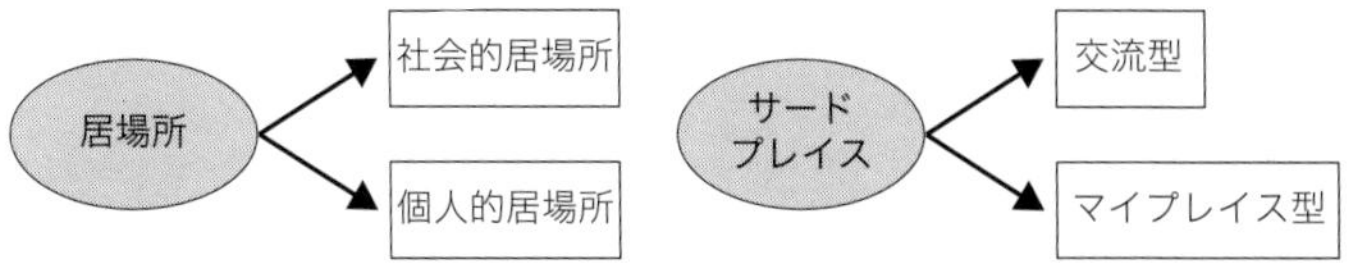

居場所のタイプとサードプレイスのタイプ（筆者作成）。

それは1つめには、オルデンバーグが提唱したサードプレイスそのもので、人と人とが交流する場としてのサードプレイスです。これは「交流型」とか、「コミュニティ型」のサードプレイスと呼ばれています。これに対して、もう1つのサードプレイスのタイプとして、「マイプレイス型」や「プライベート型」と呼ばれるものがあることが指摘されています。このタイプは、他人を気にせず個人で居心地よく過ごしたり、個人の作業に没頭する場としてのサードプレイスであるとされています。また、この2つのタイプのサードプレイスは、必ずしも別々の場として存在しているわけではなく、同じ場でそれぞれのタイプを楽しむ人が共存していることもあるようです。

ここで、先に紹介した居場所の研究の話を思い出してほしいのですが、居場所の種類には社会的居場所と個人的居場所がある、ということでした。一方でサードプレイスの種類には、交流型とマイプレイス型がある。なんだか、似ている気がしませんか（図参照）。

私のゼミ（ゼミナール）ではかつて、サードプレイスについて研究して、卒業論文でまとめた人たちがいました。ある学生は喫茶店について調べていました。個人経営のカフェとチェーン店のそれとで、人と人との交流がどのように異なるかを、フィールドワークをして調べたのです。調査店舗も訪問回数もそれほど多くないので、あくまで参考程度の結果にはなりますが、その方が報告した内容は興味深いものでした。結果として、個人経営の場合は、マスターを中心にした、あるいは媒介とした来客同士のコミュニケーションが生まれるが、チェーン店ではそれが生まれない、というものでした。

もちろん、席の配置（客の目線がお互いに合わなかったり、そもそも壁で仕切られていたりする）の影響もあるとは思いますが、たしかにチェーン店だと店長もバイトだったりして、シフト制で入っているから、お客との顔なじみは生まれにくいですし、カウンターで注文してセルフサービスで席に運んでしまったら、あとは店員と声を交わすことはありませんものね。このことから、交流の場としてのサードプレイスには、いつでも居て交流を促す「コーディネーター」の存在が重要だということがわかります。それは喫茶店だとマスターなのですね。マスターの個性によって、その交流のあり方も変わってきそうな気がします。コーディネーターは個性が重要なのかもしれません。

私もよく行く喫茶店がいくつかあります。そう言うと優雅な趣味のように聞こえるかもしれませんが、家でも、また、シーンとした研究室でも仕事ができないめんどくさい性分のために、コーヒーを頼んでＭａｃを開き、長時間居座る、嫌な客なのです。「仕事のしやすさ」を基準に選んでいるので、交流は期待していない（というかむしろ拒んでいる）のですが、それでも長く通っているとマスターや店員さんと仲良くなります。チェーン店では店員さんは定期的に入れ替わってしまうので、それはたしかに寂しく感じますね。

こうした喫茶店のサードプレイス性を意識して、コミュニティを作り、育てようと意図して開設される喫茶店があります。それらは「コミュニティ・カフェ」と呼ばれたり、自らを呼んでいたりします。どのような人たちを結び付けようとしているのかによって、多様なあり方が存在しています。また、飲食の提供以外にも、子育てや介護相談などの相談事業が行なわれていたり、音楽会や、料理などの各種教室、フリーマーケットといったイベントが開催されていたり、掲示板などを通じた地域情報の交換の機能をもつところもあるとされています（田所 2017）。

長野県松本市の上土商店街にある，大正時代の建物を活用したコミュニティ・カフェ「カフェあげつち」。近所の人たちが毎日利用しているほか，松本大学の学生たちも様々な企画に関わり，頻繁に訪れています。

別の学生の卒論の話になるのですが、銭湯のサードプレイスを研究した学生もいました。先ほどの喫茶店の研究と似たような感じですが、銭湯とスーパー銭湯でのお客同士の交流の違いについて、サードプレイスの観点から研究したのです（女子学生でしたので、女性風呂のケースになります）。銭湯の場合は喫茶店のマスターのように、コーディネーターとなる存在はいませんね。結果、昔ながらの銭湯では常連さんの強いつながり（交流型）はみられたものの、それ以外の個人客は一人（マイプレイス型）で楽しんでいた状況だったそうです。一方、スーパー銭湯は見知らぬ人同士でも、ゆるいつながりでの交流がみられたということでした。

このスーパー銭湯の状況は私も意外でした。もっとお互いに我関せずな感じで、全員がマイプレイス型でいるかと思っていたからです。大阪での調査だったので、大阪の人はやっぱり知らない人でも話しかけるのかな？　などと学生と議論したりしました。

『昭和の店に惹かれる理由』を執筆した文筆家の井川直子は同著で、東京の居酒屋やバーを紹介しているのですが、大阪の読者から「ありえへん」と言われたことをエッセイに書いています（井川 2017）。『昭和の店に惹かれる理由』では、カウンターで他人に干渉せず、静かに一人楽しむ客の姿を描いています。それが、大阪の人からしたら、「しゃべらへんのにカウンターに座るなんて意味がわからない」、ということだったと述べています。

そこから井川氏は全国の地方の呑み屋を廻った話をするのですが、そこで氏は地域地域で愛される呑み屋が存在していて、地域の数だけ多様な呑み屋文化が成り立っていることに気づきます。そして、東京では、カウンターには他人同士の関係しかないが、そうした「正しさ」はひとつのあり方にすぎないことに気づかれた、としています。この話からも、サードプレイスでのマイプレイス型と交流型のあり方には、地域性が出るのかもしれないなと思います。

ところで、銭湯のサードプレイスを研究した学生の卒論は、そのことを私がＳＮＳで書いたことから、市民の方々の前で学生が直接に報告する機会を得ました。集まってくださった方々とお話しする中で、なぜ昔ながらの銭湯は「廃れて」きたのかということが話題になりました。もちろん各家庭に内風呂が普及したからというのもあるのですが、コミュニティやサードプレイスの観点からは、昔ながらの常連同士の、言い換えればメンバーシップ型な「濃い」コミュニティは、銭湯ではなくスポーツジムに移っているのではないかという話がありました。それも、高齢者のコミュニティがジムではできているということでした。お話しした方の中には、ジム仲間の友達で、ディナーや旅行にも行くという人もいました。

そして一方で、非日常的な空間でお風呂に浸かりリラックスする、という魅力はスーパー銭湯に取って代わられているのではないかとも思います。最近は閉店する銭湯を買い取り、レトロな雰囲気そのままでリニューアルし、活気を取り戻しているところもあります。それは銭湯の強み弱みを理解して強化・改善したと言えるかと思います。ちなみに、銭湯を頻繁に利用している人は幸福度も高い、という研究結果もあるようですよ（早坂ほか 2020）。なかなか興味深いですね。

ところで、その卒論を書いた学生の方は、最初、「私はサウナが大好きなので卒論ではサウナの研究がしたいです」と言っていました。いわゆる「サウナー」だったのですね。しかしサウナの研究か……と悩みました。私のゼミは「コミュニティ・ディベロップメント（コミュニティづくり）」をテーマにしていたので、割と幅広い対象を社会学的に研究できるゼミなのですが、サウナで、コミュニティに関連する話でと考えて、銭湯のサードプレイス研究にたどり着いた経緯があります（注32もご参照ください）。

その学生が卒論で参考にした本の1つで、フィンランドのサウナでの人と人との交流について書いた『公衆サウナの国フィンランド：街と人をあたためる、古くて新しいサードプレイス』（こばやしあやな著、学芸出版社、2018年）という本があるのですが、日本のサウナは、その中で会話はしないですよね。なんでだろう。皆、修行僧みたいな顔で入っていますよね。

3 子供の居場所はどこにあるのか ――家庭でもなく学校でもなく

サードプレイスを提唱したオルデンバーグは、都市のサードプレイスは子供を締め出している、あるいは、子供のサードプレイスがなくなっていることを批判しました。多くの都市には、実際には、子供が遊ぶことのできる公園があるかもしれません。しかしオルデンバーグは、「子供専用」に作られている場所は、逆に、大人の周囲にいてほしくない子供を締め出すためでもあるのだ、としています。そしてそうして子供専用に作られた場は多くの場合、失敗しているとも述べています。たとえば1970年代ドイツでの子供の遊び場に関する調査では、ニュータウンで生活する子供は自分の地域を「疎外され厳格に管理され窮屈」と考えていました。そして、建築現場、水たまり、回り道で子供たちはより大きな満足感を得ていたとしています。

そして今、ニュータウンで生活するティーンエイジャーたちの居場所は、郊外のショッピングセンターになってしまっているとオルデンバーグは述べています。そしてそこでは、子供は「消費者」として教育されるのだと、皮肉的に書いています。

ショッピングモールは、現代のアメリカの多くの家庭にかけているぬくもりと建造物を提供するといわれている（Oldenburg 1999=2013: 444）

ショッピングモールは、消費主義と高度に管理された環境を、与えられるがままに受け入れるための基礎訓練の場なのだ（Oldenburg 1999=2013: 445）

これは、都市での子供たちの遊び場・溜まり場が、すべてお金がかかるようになってしまっていることの指摘でもあります。たとえばボウリング場や、日本で言えばカラオケなどでしょう。しかもアメリカでは学校で部活動などもありませんから、放課後に何かスポーツをしようと思ったら、スイミングクラブなど、お金を払って通うしかありません。

日本の場合、部活動も学校の延長なので、「第3の居場所」にならない場合もあり、また強制的な参加の義務付けが子供の自由を奪っているなど問題視もされています。逆に部活動をしないと学校での居場所がなくなるといったことや、指導をする教師の負担も問題になっていますね。しかし、では単純に部活動をなくせばよいかというと、そう簡単な話でもありません。前章の最後で、『われらの子ども』というアメリカの子供の教育格差を描いた本を紹介しました。そこでは、低所得の子供は、課外活動を含めたあらゆる「機会」から疎外されていました。そこには先述のように、お金がなければ居場所をもてない、現代の先進国の子供を取り巻く環境も影響しています。部活動が

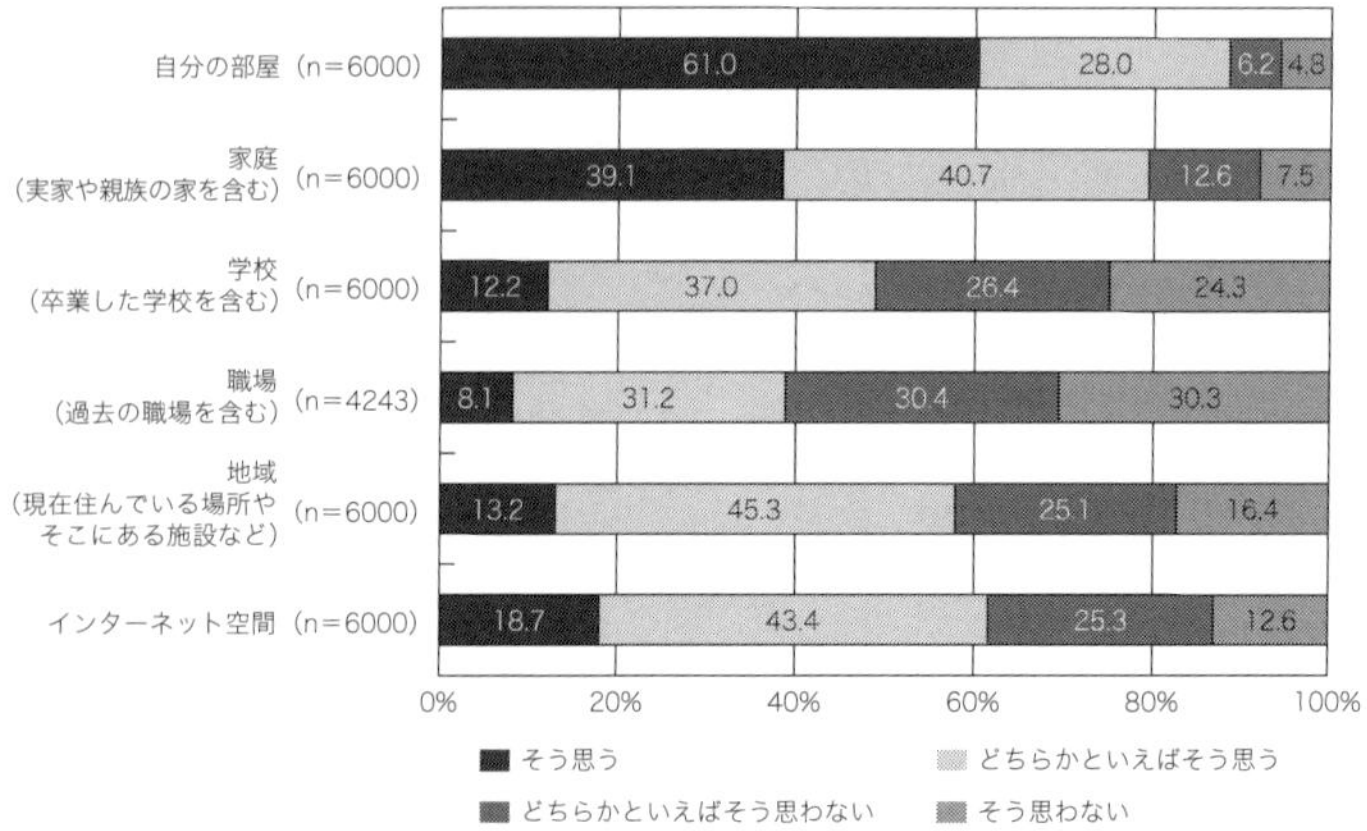

居場所の有無（「子供・若者の意識に関する調査（平成28年度）」結果。『平成29年版子供・若者白書（概要）』より引用）。注：①「職場（過去の職場を含む）」は就業経験者のみ回答。②グラフでは，「そう思う」，「どちらかといえばそう思う」それぞれの回答率について，小数点以下第2位を四捨五入しているため，両者を合わせた回答数の回答率とは合わない場合がある。

ない社会では、生活が厳しい家の子は放課後にどこにも行けない、何もスポーツなどの経験をもてない、ということにもなりかねないのです。

それでは現在の日本で、子供の居場所はどこにあるのでしょうか。２０１７年12月に内閣府が行なった「子供・若者の意識に関する調査（平成28年度）」では、「居場所の有無」について尋ねています（図参照）。15歳から29歳までの6千人が対象となっています。

その結果、もっとも多くの子供・若者が居場所であると思うと答えた場所は、「自分の部屋」でした。その割合は、「そう思う」と「どちらかといえばそう思う」の回答を合わせると、89％にも及びました。続いて多かったのが「家庭」で、上記のような肯定的な意見の合計は79・8％でした。これらは先に述べた居場所のタイプで言えば、「個人的居場所」の性格が強いと言えるでしょう。

自室、家庭に続いて、居場所と考えている人の割合が多かった場所は、学校や職場……ではなく、なんと「インターネット空間」でした（62・1％が肯定的に回答）。地域に居場所があると回答した人も職場や学校よりは多く、58・5％が肯定的回答でしたが、それでもインターネット空間よりは低い割合だったのです。現在の子供・若者にとっては、サードプレイスとしての社会的な居場所となり得るのはインターネット空間である可能性が高いのです。

なぜインターネットなのでしょう。アメリカの社会学者のボイドは著書『つながりっぱなしの日常を生きる』の中で、166人のティーンエイジャー（十代の少年少女）へのインタビューに基づき、若者がネットの世界にこもるのは、親世代によるストリートやショッピングモールからの排除によるものだと指摘します（Boyd 2014=2014）。これは先に紹介したオルデンバークと同じ主張ですね。「自由な週末なんてもう長いことない」（144頁）、「（直接会うという）選択肢がなかったら、オンラインに行くだけよ」（137頁）というのが、少年少女たちの正直な気持ちだったのです。「直接的な対人関係を避けている」というような、時々マスメディアがつくりあげる現代の若者像とは異なるのです。

インターネット空間で、人々はどのようにコミュニティを形成しているのでしょうか。このことは次章のテーマとなるので、ここではとりあえず、おいておきましょう。

なお自宅は主に「個人的居場所」として機能する場、として存在していますが、中島・倉田（2004）

「ベランダ」の一場面（衿沢世衣子『ベランダは難攻不落のラ・フランス』イースト・プレス，第８話）。

の調査では、家に自分の部屋があったとしても、高次元の隔離・逃避要求（いやな思いをしたり、ストレスをためたりしたとき）には対応しきれていないことが明らかにされています。子供にとってのサードプレイスが、個人的居場所としても、必要な場合があることにも留意しておく必要があるでしょう。

衿沢世衣子の短編集漫画『ベランダは難攻不落のラ・フランス』に収められている「ベランダ」では、子供がちょっと生きづらさを抱えたとき必要とする、そうした居場所の感覚が適切に表現されています。

主人公の一人暮らしの女性の家に、子供が突然やってきて、度々顔を出すようになります。女性は子供のプライベートにふれず、名前も知らないため「テキサス」とあだ名で呼びます（初めて出会ったとき子供が着ていたTシャツに書いてあった単語でした）。あるとき、その女性が子供の生活をただすと、子供は「別の国じゃなくなっちゃった」とつぶやいて、出て行ってしまいます。女性はそのとき気づくのです。学校でも、家でもない場所が必要なときがあるということに。

先の『子供・若者の意識に関する調査（平成28年度）』のデータに戻りますが、子供・若者が居場所であると感じている場の数の平均は3・7で、居場所の数が3つ以上あると回答した者は、全体の約75％を占めていました。また、居場所の数が多い人ほど、生活に充実感を感じている割合も高いことがわかっています。

しかし、暮らし向きが「低い」と回答した子供・若者では、その15・4％が居場所がゼロ、つまり、まったくないと答えているのです。そして、暮らし向きが低い人ほど、家族・親族、学校で出会った友人、職場の人、地域の人、すべてにおいて、「何でも悩みを相談できる人がいる」の割合がより低いという結果になっていたのです。このことは、生活上困難を抱えている子供・若者ほど、居場所がないことを示していると言えるでしょう。

再び、前章の終わりで紹介した『われらの子ども』を思い出してください。それは、低所得の子供・若者が大人からの助けを得られない状況が、アメリカ各地でみられているという調査内容を掲載しているものでした。そしてそれは、日本でも同様にみられることでもあるというＮＰＯの方の言葉も紹介しました。助けが必要な子供ほど、助けを得られるつながりも居場所もない、という現状なのです。

4 「子ども食堂」は子供の居場所になり得るか

インターネット上での俗語ですが、「家族ガチャ」という表現があります。家族は選べません。それをソーシャルゲームの「ガチャ」と呼ばれる抽選方式のアイテムの購入・取得にたとえているのです。家族が「当たり」（ソシャゲだとSSR＝スペシャルスーパーレアとかUR＝ウルトラレアと言います）だった子供は幸せに暮らせるが、「外れ」（同じくR＝レアとかN＝ノーマルとか言います）たら子供は、家にも居場所がなく、どうすればいいのか。このことは第2章でもふれました。家族しか頼れず、それが逆にリスクにもなっている、現在の日本社会の構図です。

こうした状況に対して一石を投じているのが、日本全国で草の根から広がっている「子ども食堂」の取り組みではないかと考えます。

日本で現在、子供に対し、親以外の人との共食の場を提供しているコミュニティ活動が、「子ども食堂」であると言えるでしょう。NPO法人「全国こども食堂支援センター・むすびえ」によると2019年6月26日のプレスリリースによれば、全国の子ども食堂の数は少なくとも3718か所にも及ぶとしています。[27] 子ども食堂とは、「地域の大人が子どもに無料や安価で食事を提供す

27 NPO法人「全国こども食堂支援センター・むすびえ」ウェブサイト、https://musubie.org/news/993/（2020年5月15日閲覧）。なお調査日および調査方法は不明。

る、民間発の取り組み」で、「貧困家庭や孤食の子どもに食事を提供し、安心して過ごせる場所」として始まったとされています。しかし、「地域のすべての子どもや親、地域の大人など、対象を限定しない食堂」も増えており、そうした場所およびその取り組みをさす用語となっています。[28] 実際、埼玉県で2017年に実施された調査結果によれば、県内の76団体の子ども食堂のうち、80・3%は対象者を限定せず、子供は「誰でも」と回答していました。[29] くわえて、69・7%の団体は大人も「誰でも」対象としていました。もはや「子ども食堂」と呼べるのかどうかも謎です！

また、子ども食堂は様々な人たちが開設しています。それは、小児科医、ソーシャルワーカーといった専門的に子供に関わる職業の人や、民生児童委員、健康推進員といった、今まで地域の子供の健康に関わってきたボランティア的な地域住民の人たちだけでなく、今まで福祉活動に関わりがなかったお蕎麦屋さん、お寺の副住職、大学生、などといった人たちも始めているのです。2017年に、農水省が実施したアンケート調査結果（全国274の子ども食堂を対象）では、運営形態として任意団体、NPO法人、一個人としての運営が多いことがわかります[30]（次頁の図参照）。任

28　朝日新聞 2016年7月2日朝刊記事「子ども食堂、300カ所超す　貧困・孤食、広がる地域の支援」、https://www.asahi.com/articles/DA3S12438125.html（2020年5月15日閲覧）。

29　埼玉県ウェブサイト「子ども食堂について～調査結果の概要～」、http://www.pref.saitama.lg.jp/a0607/shoushi/kodomoshokudou.html（2018年3月1日閲覧）。調査は5月から8月にかけて実施。

30　https://www.maff.go.jp/j/syokuiku/syukeikekka.pdf（2020年5月15日閲覧）。2017年10月17日から11月15日の1か月間で調査実施。広報の上、回答専用ウェブサイトによるインターネット調査。

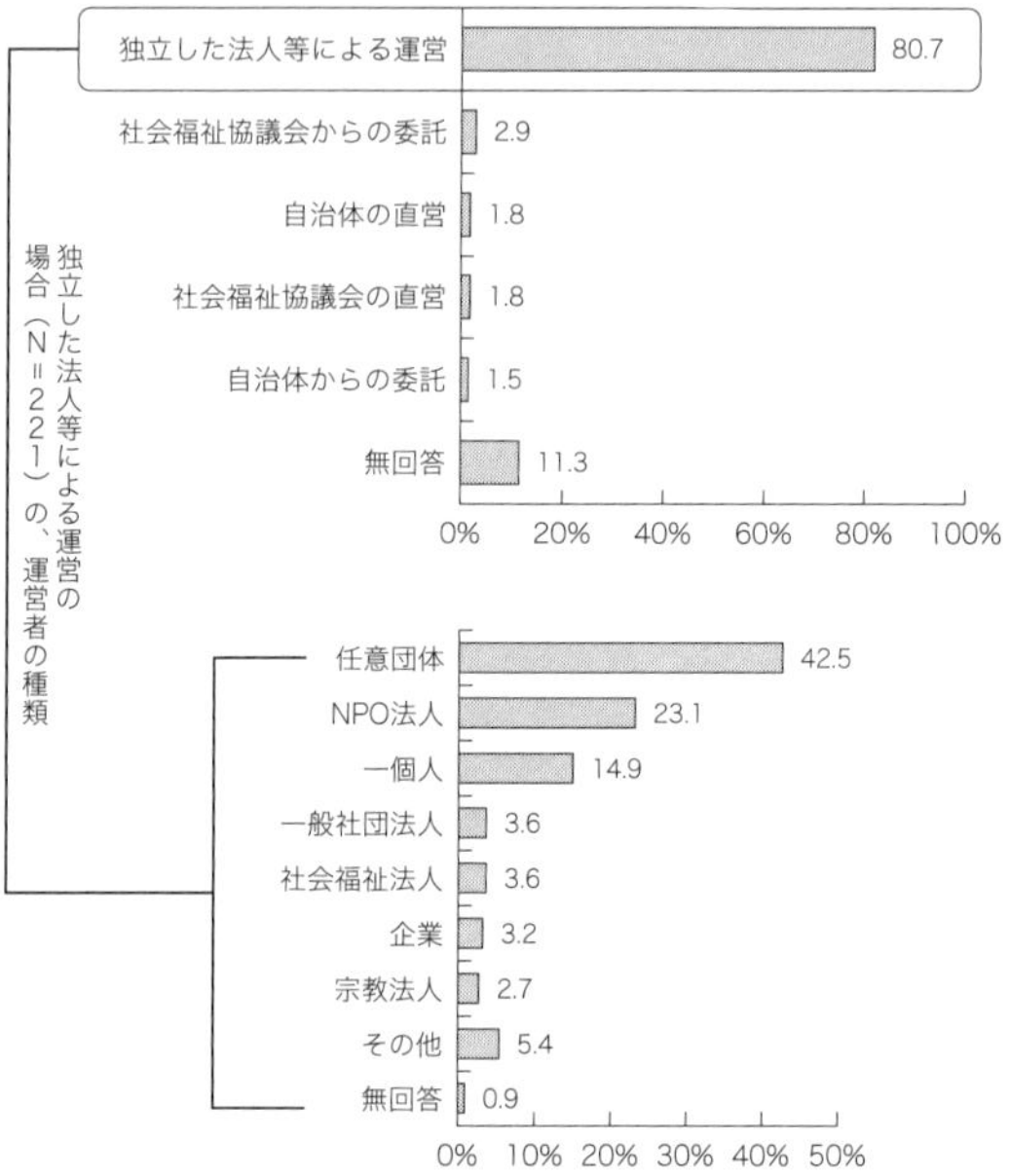

子ども食堂の運営形態（農林水産省による2017年実施の調査結果報告書，4頁）。複数回答可。

意団体とは法人格をもたない団体のことなので、より地域コミュニティに密着した団体（地縁組織）や草の根のボランタリーな活動として行なわれているところが多いことを示しているかと思います。

また農水省のこの調査からは、多くの子ども食堂が居場所づくりを重視していることが明らかとなっています。「主な活動目的として意識していること」という質問への回答（上位3つまで回答）で、「とても意識している」と答えた割合は、高い順に、「多様な子供たちの地域での居場所づくり」（78・8％）、「生活困窮家庭の子供の地域での居場所づくり」（60・6％）、「生活困窮家庭の子供への食事支援」(55・5%)、となっていました。

子ども食堂は、子供の居場所となり得ているのでしょうか。沖縄でひとつのヒントになる調査結果があります。沖縄の貧困問題が深刻なこともあり、内閣府沖縄振興局は「沖縄子供の貧困緊急対策事業」を行なってきており、その実施状況をアンケート調査の結果からまとめています。[31] その2018年度のアンケート結果で、子ども食堂などの居場所を利用する子の67・1%が、「この居場所に来て良かったと思うか」の質問に「そう思う」と回答していました。「どちらかといえばそう思う」(17・8%)を合わせると、肯定的な回答は9割弱を占めていたことになります。さらに同じ質問に対する保護者の回答は、「そう思う」と「どちらかといえばそう思う」を合わせた肯定的回答が9割以上となっていました。非常に高い割合で、子供自身、保護者ともに、居場所に通ってよかったと考えていることがわかるのです。

では、何が「よかった」のでしょうか。子供の回答では、居場所に来てから友達ができた、という人が83・4%いました。また、生活環境や学習の意欲や理解が改善したという回答結果もみられました。ここまでにみてきたように、社会的居場所、あるいは交流型のサードプレイスの存在が、子供たちの友人同士や大人とのつながりをつくり、前向きなソーシャル・キャピタルとして、生活や学習面でよい影響を与えていることがみて取れるかと思います。

31 内閣府ウェブサイト「沖縄の子供の貧困対策に向けた取組」、https://www8.cao.go.jp/okinawa/3/kodomo-hinkon/okinawakodomo.html(2020年5月16日閲覧)。

余談ですが、私のゼミの学生が、あるとき、卒論の相談で次のように話しました。自分は、子供が誰かとご飯を一緒に食べることの意義を研究したい。そのために、誰かと一緒にご飯を食べる、という「共食」をキーワードに先行研究を検索しているが、出てくるのは親との食事を取り扱った論文ばかりで、他人との食事の研究がなくて困っている……とのことでした。

それに対して私は、先行研究がないということは、研究したらあなたの卒論が日本で初めての研究になるかもしれないよ、とお伝えしました。学生の顔が明るくなったのでよかったのですが、日本では、子供が食事を一緒にとる相手、イコール家族（のみ）と、学術的にも考えられてきたのだなと感じた出来事でした。[32]

5 居場所と社会的スティグマ

しかし子ども食堂にも課題はあります。先の沖縄での内閣府の調査結果からは、子ども食堂などの居場所に来る頻度が高いほど、子供が「来て良かったと思う」割合は高いことがわかっています。

32 余談の余談ですが、共食、サウナー、といったように、ゼミで学生は、若者らしく最先端の社会的な話題を卒業論文のテーマに選びがちです（女子力とアイドル、というのもありましたね）。しかしその場合には、参考にできる先行研究がみつからないということが、往々にしてよくあります。そのときに、英語が得意な方には海外の研究をご紹介したりしますが、そうでない方には、少し視点を工夫して、従来の理論や概念を取り入れて卒論にしてもらったりします。いずれにしても、指導するこちらもチャレンジングで、エキサイティングな調査研究になることが多いです。

しかしながら子ども食堂は、先ほど農水省調査の結果でふれたように、個人や地縁団体やNPOなどの、ボランタリーな人々によって支えられている活動です。そのために開催頻度は、それほど高くはないのです。

先に紹介した埼玉県の調査結果でも、農水省の調査結果でも、もっとも多い開催頻度は、「月1回」程度で、どちらの調査でも4割程度の開催団体がそう回答しています。週5回以上実施できているという団体はどちらの調査でも数パーセント（埼玉県調査は6・6％、農水省調査は3・3％）だけでした。子供の居場所づくりのためには開催頻度を高めるのが望ましいところですが、運営的には人も資金も限界があり、「できる範囲で」行なっているところが多いのが現状のようです。

くわえて大きな課題として、そもそもどうやったら子供たちに子ども食堂に来てもらえるか、ということが、多くのところの悩みとしてあるようです。農水省調査では、「運営にあたり感じている課題」を尋ねていますが、その結果もっとも割合的に多くのところが選択したのは、「来てほしい家庭の子供や親に来てもらうことが難しい」という回答でした（42・3％。上位3つまで回答する方式）。

なぜ、来てくれないのでしょう。別の調査になりますが、小1から中3までの保護者3420人を対象に実施されたインターネット調査の結果からは、保護者は子ども食堂に対して、ポジティブ・ネガティブの両方のイメージを認識していることがわかっています（黒谷ほか2019）。

その調査結果において、子ども食堂を利用しない主な理由としては、「必要がない」、「家の近くに子ども食堂がない」、「家で食事をしたい」というものでした。しかし少数意見としては、「生活に困っていると思われたくない」、「家庭事情を詮索されそう」、「恥ずかしい」という理由もありました。また、中高所得世帯では、子ども食堂にかわいそうというイメージをもつ者が多かったことが報告されています。

このように、特定の人たちやその行動様式について、ネガティブな、よくないイメージが社会的につけられてしまうことを、社会的スティグマ、または単にスティグマと呼びます。この概念を提起したゴッフマンは、スティグマとはある社会における「好ましくない違い」だと述べています（Goffman 1974=2001）。

ただし、ゴッフマンは、スティグマは属性の違いから生まれるのではなくて、文化的な、人と人との関係性の中で生まれるものだと指摘します。「相互作用時における役割であって、具体的な個々人ではない」のです（邦訳226頁）。

そのためスティグマは、「他者から決めつけられたアイデンティティ」をつくることになります。つまり子ども食堂の例で言えば、利用していない人が利用している人に対して、「かわいそうな家庭（の子供）」、「生活に困っている家庭（の子供）」という社会的なアイデンティティを押し付ける場になってしまうのです。こうした押し付けをレッテル貼り、とか、ラベリングなどと呼びます。

こうした社会的スティグマから逃れ、子ども食堂を利用しやすくするにはどうしたらいいのでしょうか。まずひとつには、完全に「非公開」の場としてしまう方法があります。つまり、時間や場所を一般には知らせず、利用者となった人だけがわかるようにすることでプライバシーが保たれ、

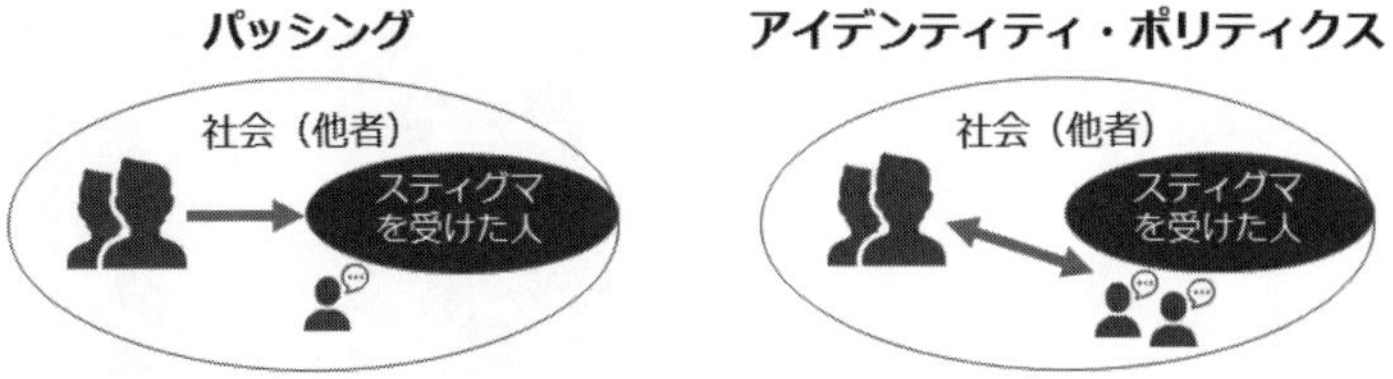

スティグマを払拭するためのコミュニケーション戦略（筆者作成）。

来る子供が恥ずかしい思いをすることがないようにすることです（ゴッフマンの言うところの、スティグマを隠す「パッシング」の戦略になります）。それによって、専門性が高い支援も可能になりますが、課題として利用者を確保することがさらに難しくなることと、限られた人だけのコミュニティになってしまうことがボトル・ネックになるかと思います。

逆に、「誰でも来られる場」として実施することで、貧困や生活に困難を抱えた「かわいそう」な子供だけが行く場ではない、というスタンスをアピールし、スティグマの払しょくに努めることも、ひとつの方向性としてあるかと思います。これは実際に、多くの子ども食堂でされている試みとなっています。つまり、子ども食堂側が（通う子供の）アイデンティティを自らつくりあげることで、世の中の偏見とのあいだで新しいコミュニケーションを生んでいく戦略です。これは「アイデンティティ・ポリティクス」と呼ばれる、社会的にスティグマを押し付けられた側が、自らのアイデンティティを社会に向け訴え、そのイメージや取り扱いの変容を求めていく運動にも位置付けられるかと思います（図参照）。

厳密には子ども食堂とは言えないかもしれませんが、以前に私のゼミで、地域の小学生向けに開催された「おにぎりパーティ」をお手伝いした経験は、このことを具体的に例示するものかと思います。これは、元々は地域の児童主任委員さんが子供の貧困問題に関心があり、なにかできないか、というところからその市の社会福祉協議会が企画に協力し、実現に至りました。当日は１１５人もの小学生が参加しての大規模イベントとなりました。小学校の体育館をお借りして、学生と子供たちが遊び、一緒にお米をとぎ、そして一緒におにぎりを作りました。

おにぎりパーティの様子。

ただ、イベントは1回限りであったので、何か地域にとってよい意味はあったのかなと私は心配していました。しかし、主催者の民生児童主任委員さんが、前から気になっていたご家庭の子供の連絡先を受付で聞くことができた、これで電話ができる、と喜んでおられました。誰でも参加できる食事のイベントで、楽しく大学生と遊ぶ機会として広く子供たちを集めたからこそ、気兼ねなくそうした「気がかり」な子供も来てくれたのではないかと思いました。

また、このイベントが地域団体の方と、社会福祉協議会と、そして大学のゼミとで連携して実施できたことも重要な意味をもっていると思います。それぞれが得意なところ（資源）をもち寄って、子供たちが喜ぶ場を提供できたのです。これは最終章で紹介する「アセットベースド・コミュニティ・ディベロップメント」という、地域の資源をつなぎ合わせることで、地域の活性化や問題改善のための新しい取り組みを行なう、といった方法で実施することができた好例だと考えています。

コラム　中学・高校生の居場所

本文では中学・高校生（ティーンエイジャー）の居場所について、あまりふれることができませんでした。ここでは「中学生への学習支援活動」の例から、それを考えてみたいと思います。

国が、2010年から中学生勉強会等の学習支援を「生活保護自立支援事業」の対象としたことから、中学生を中心的な対象とした学習支援活動が全国的に拡がりました。さらに2015年度より新設された生活困窮者自立支援制度の中で、「生活困窮者の子どもの学習支援事業」が位置付けられ、全国的に生活保護世帯の子供を含む生活困窮世帯の子供に対する学習支援や居場所づくり、養育に関する保護者への助言活動が行なわれるようになりました。

私のゼミでも、ある市の社会協議会が行なっている学習支援活動に関わっています。大学生が勉強を教え、また夕ご飯も一緒に食べます。ある学生は活動の成果について、資料もみせていただきながら、卒業論文としてまとめさせていただきました。その結果、学習支援に来ている中学生の生徒たちは、学習の意欲や成績が上がっており、学習面での成果が読み取れました。しかし、生活習慣（食べ物の好き嫌いや買い食いなど）については、なかなか改善は難しかったようです。「しつけ」は短期間の関わりでは難しいということのようです。

また学習支援を卒業したあとのOB・OGを集めた座談会の分析では、「最初は行きたくなかった」という声もありましたが、「おもしろい奴が多かった」など、学習支援の場が居場所としても機能していたことが理解できました。またボランティアで来ていた大学生との関わりも楽しく、また将来を考える上で有意義であったことが示唆されていました。

中学生の進路指導の支援において、親や教師以外からのサポートが有効であるとする研究があります（竹内・池島2012)。中学生などの子供と支援者との関係性について、「タテ軸に位置する親や教師」や「ヨコ軸に位置する友人」の中間に位置する〝間〟の関係性を、「ナナメの関係」と呼ぶことがあります。大学生はまさにそうしたナナメの関係のお兄さん、お姉さんであり、学習支援の場がそうした関係を築くことにもつながっていたと言えます。

私が勤める大学の施設で，地域の中学生を招き，ボードゲームを使った多世代交流会をしたときの様子。第７章のコラムもご参照ください。

しかし、OB・OGの聞き取りでは、「今（高校）はつまらない」という声もあり、すでに中退していた子もいました。居場所となる場の継続、あるいは新たな居場所への接続が課題としてみられました。

こうした居場所としての重要性をかえりみるならば、学習支援の場は単にテストの点を上げて高校受験に合格することを目標や成果としても、その子の将来を見据えた成長や学びの支援にはならない、ということを示唆していると思います。

私も思い返せば、中学・高校時代はいろいろと悩み、学校が辛く感じた時期もありました。そんなとき、中学校では、図書室がひとつの逃げ場であり、サードプレイスでした。まだ若い女性の司書の先生が、他の生徒たちも一緒に、いろいろと話を聞いたりしてくれたのでした。

高校では出席日数が危なくなった時期もありました。高校生になると行動範囲は広がりましたが、サードプレイスと呼べる場所はみつけられなかった気がします。図書室は卒業間際に、受験勉強とそれが終わってから読書のためによく顔を出すようになり、司書の先生と仲よくなりましたが、遅かったですね。家にこもっていることも多かったですが、部活が終わった後、ゲームセンターに寄ったり、友達の家に泊まったりしたことが、一時的な救いになっていたように思います。今の高校生はどうなのでしょう。家と学校以外で人とのつながりを感じる場があればよいのですが。

第7章 インターネットとコミュニティ

私がこの本を書こうとしたのは、サイバースペースが政治的自由に対して持つ潜在的な重要性と、バーチャル・コミュニティが個人に対してもコミュニティに対しても、私たちの実生活上の経験を変えるものだということを、少しでも多くの人たちに知ってもらいたかったからである。

（ハワード・ラインゴールド『バーチャル・コミュニティ』）

1 オンライン・コミュニティの出現――若者はデジタル・ネイティブなのか

あるオンラインゲームの開始が、話題になりました。五感を全部シミュレートし、脳に直接インプットすることで、きわめてリアルな世界が、眼前に広がるのです。しかし、開始と同時にログイン（ネット接続）した世界中の1万人の人たちは突然、ゲームの中に「閉じ込め」られました。難易度が高いゲームをクリアするまでログアウト不可能。また、ゲームオーバーは本当の〝死〟を意味するという、絶体絶命な状況。そのゲームの舞台「アインクラッド」でキリトとアスナは、多くの人と出会い、成長し、ゴールに近づき、そしてゲームに秘められた謎を解いていくのです……。

これは、2009年に出版されたライトノベル『ソードアート・オンライン』のあらすじです。同書はアニメ化やコミック化もされたベストセラー小説です。『ネバーエンディングストーリー』のように、「本の世界へ入る」ストーリーのファンタジー小説がかつてあったように、オンラインゲームの中に入り込む（あるいは「転生」する）ストーリーのライトノベルが、今や数多くみられるようになりました。『ソードアート・オンライン』はそのはしりのひとつとも言えるものです。

1993年に、「バーチャル・コミュニティ」という言葉が初めて使われたとされる、同名の本が出版されたとき、著者のラインゴールドが題材に取り扱ったメディアは、インターネット前夜の、「WELL（Whole Earth 'Lectronic Link）」と呼ばれる、パソコン通信の電子会議システムでした。

それから30年近くが経ち、いまやインターネットは世界中に普及するとともに、利用者は一般の人々となりました。そうしたインターネットの普及にともなう利用者の「大衆化」による、オンライン・コミュニティの隆盛と変容を、ネット・メディア研究が専門の平井は「都市化」にたとえて、その考察を行なっています（平井 2017）。

その主な観点は下位文化論です。これは、以前の章で説明しましたが、職業や出身や趣味などの、比較的同様な関心や価値観、共通した習慣や生活様式をもった人々によって形成される、親密な社会集団が、都市化によって生まれるという理論です。つまり、人々の関心や価値観などによって、様々なコミュニティがオンライン上に生まれており、それはインターネット世界におけるサブカルチャー（下位文化）の集まりであるとしたのですね。

そして、インターネットにおける「新参者たち」は、ブログ、SNS、動画（投稿）、ソーシャルゲーム、女性向けの掲示板、料理レシピなどのサービスを通じて交流し、コミュニティを形成し、旧来のオンライン・コミュニティとともにインターネット空間で共存している、と述べられています。このように現在、オンラインでのコミュニティは多様なものとなっていますが、それは人々の幸せ・不幸せにどのように影響を与えているのでしょうか。本章ではそれを考えてみたいと思います。

ところで、「今の若い人は小さい頃からネットにふれているから、オンラインでの交流や情報の収集に長けているだろう」と思われがちです。いわゆるデジタル・ネイティブという考え方です。しかしこれは誤解であることを、前章で紹介した『つながりっぱなしの日常を生きる』の中で、著者のボイドは紹介しています。ボイドが調査で出会ったティーンには、そうでない子もたくさんいたのでした。

「若者はデジタル・ネイティブ」は神話であるというのは、私も大学で学生と接している中で、実感しているところでもあります。たとえば2020年の春、新型コロナウイルス感染が拡大している最中に、私は授業アンケートで新型コロナウイルスの情報源、ならびにそのうちで信頼している情報源（いずれも複数回答）を受講生231名に尋ねました。[33] その結果、インターネットとテ

33　2020年4月2～10日にオンラインの調査フォームを使い、2年生以上が履修する2つの授業の受講生を対象に実施。

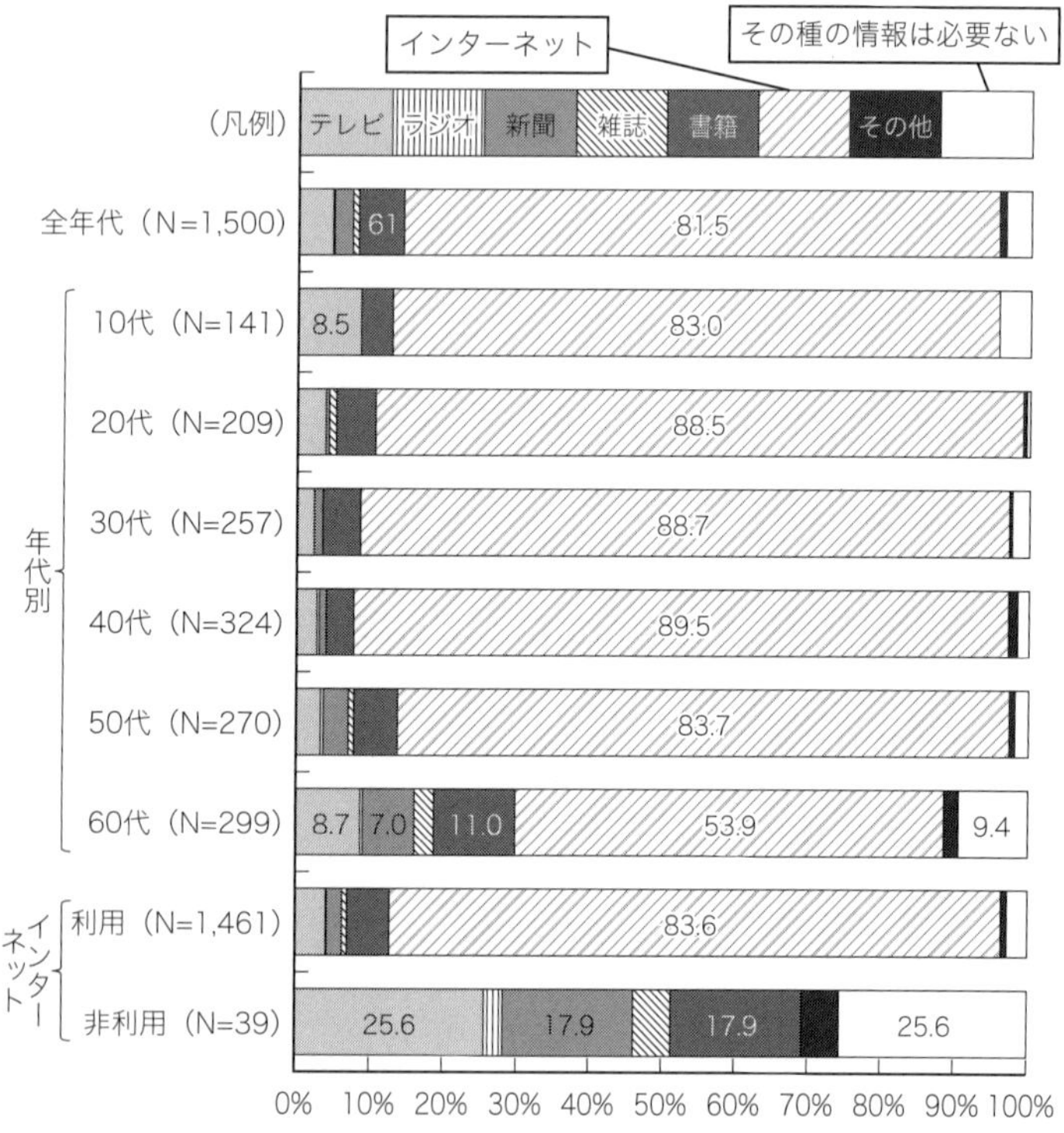

「仕事や調べものに役立つ情報を得る（もっとも利用するメディア）」（総務省情報通信政策研究所『平成30年度情報通信メディアの利用時間と情報行動に関する調査 報告書』2019年，78頁）。

レビを情報源としている学生が圧倒的に多く（それぞれ92・6％と86・1％）、またネットの方がテレビよりも多かったのですが、それにもかかわらず、信頼しているのはテレビの方が相当高く（59・3％）、ネットはあまり信用されていませんでした（25・1％）。

実は、こうした傾向は、全年齢層に共通するものであることがわかっています。総務省が２０１９年に出し

		テレビ	新聞	インターネット	雑誌
全年代	全年代（N=1,500）	63.7%	68.6%	32.2%	16.8%
年代別	10代（N=141）	69.5%	63.1%	34.8%	20.6%
	20代（N=209）	55.5%	54.1%	35.4%	23.0%
	30代（N=257）	65.8%	72.0%	33.9%	22.6%
	40代（N=324）	62.3%	69.1%	31.5%	17.3%
	50代（N=270）	66.7%	75.9%	33.0%	11.5%
	60代（N=299）	63.9%	71.2%	27.4%	10.0%
インターネット	利用（N=1,461）	63.8%	68.7%	32.7%	17.0%
	非利用（N=39）	61.5%	64.1%	12.8%	10.3%

各メディアの信頼度（総務省情報通信政策研究所『平成 30 年度情報通信メディアの利用時間と情報行動に関する調査 報告書』2019 年，84 頁）。上記の図の割合はいずれも「非常に信頼できる」と「ある程度信頼できる」と回答した割合の合計。

ている『平成30年度情報通信メディアの利用時間と情報行動に関する調査 報告書』によりますと、50代までは80％以上の人がインターネットを仕事や情報収集にもっとも利用すると答えているのですが、信頼度は30％から35％程度にとどまっています（前頁および本頁の図参照）。

「ネットを信頼していない」というこの結果は、ネット情報について学生は十分に注意点を熟知しているという、いわばネット・リテラシーが高いという理解もできます。リテラシーとは基礎的な教養や知識、批判的な観点をもつことです。

私が大学生の頃は、メディア・リテラシーという授業も受けるなどして、映像メディア・活字メディアは簡単に印象操作ができるし、意図的に嘘を流す可能性もある、ということを様々に教わったものでした。インターネットはたしかに玉石混交の情報が掲載されており、デマも頻繁に流れるのですが、しかし情報源やその確かさを自分で確認できることや、他の人と意見交換が容易にでき、多面的に判断できるなどの利点もあり、テレビ情報に少なくとも劣るものではないとも考えられます。

実際、2020年の、新型コロナウイルスの感染が拡大していた時期、テレビに登場している「専門家」の発言に対して、多くの現役の医師・研究者からSNSを通じて、その言動の不確かさ、不用意さを指摘するといったこともありました。しかしそれでも、私の授業受講生への調査では、「現在の感染防止のための対応状況」を尋ねた回答で、「必要な情報は取れて、対応方法を理解できていると思う」と答えた学生（90名）において、テレビへの信頼はネットよりもはるかに高いものでした。ネットを信頼していたのは30・0％（27名）のみだったのに対して、テレビを信用していた人は66・7％（60名）だったのです。[34]

ボイドは、新しいテクノロジーはいつも恐れられ、テクノロジーばかりが悪者になる、と述べています（Boyd 2014=2014）。ボイドは、若者も大人も、新しいテクノロジーへのリテラシーが必要と

34　ただし学生へのアンケートでは、ネットを信頼していない人の中で情報や意見の根拠を「調べる」人と「調べない」人の割合は、58％対42％だったのに対して、ネットを信頼している人の中ではその割合は76％対24％でした。つまり、信頼している人ほど検索したり、同じニュースをサイト比較したりしており、無条件に信頼しているわけではないようです。逆に信頼していない人は、信頼していないから調べる、という人もいるでしょうし、またそもそも信頼していないからそれを深く調べたりしない、という人もいるのでしょう。個別の意見の中で、ネット（SNS）は能動的に自分でも意見表明したり、調べることができるメディアだから信頼できる、という意見がありました。

指摘します。ニューメディアであるインターネットが、オールドメディアよりも恐ろしい、信頼できないものなのか。そして、そうした印象が若者に広がっているのはなぜなのか。広い意味でのメディア・リテラシーは昔も今も、重要なのだと考えられますね。

2　SNSでのコミュニティは幸せを生むか

インターネット上のサービス・コミュニティの中でも、登録された利用者同士が交流できるソーシャルネットワーキングサービス（SNS）の普及はめざましいものがあります。SNSではアカウントと呼ばれる会員登録のような手続きを経てサービス利用を開始します。アカウントは原則実名で行なう必要があるものと、仮名でも構わないものがあります。

SNSの代表的なものをいくつかあげますと、SNSの草分け的な存在であり、実名登録が基本で、最初はアメリカの大学生同士のネットワークから始まった「Facebook」（フェイスブック。2004年サービス開始、日本では2008年から）。140文字というテキストの投稿制限がありながら、即興的な投稿が人気の「Twitter」（ツイッター。2006年サービス開始。日本では2008年から）。写真投稿がベースで、若い女

性からブームが広がった「Instagram」（インスタグラム。2010年サービス開始。日本語版は2014年から）。メールに代わる気軽な交流ツールとして定着した、日本発のSNSである「LINE」（ライン。2011年サービス開始）、といったものがありますね。

このような多様なSNSのオンライン・コミュニティに、人は必ずしも1つだけ参加しているわけではありません。青山（2018）の成城大学の大学生154名を対象としたSNS利用調査では、まったくSNSを利用していないと回答したのは男性3名にとどまっていました。そして、1つのSNSのみ利用している学生は1割にも満たず、ほとんどの学生は2つ以上のSNSを利用していました。同じSNSで複数のアカウントをもっている人も多くみられました。友人関係で使用するアカウントや、趣味のアカウントなどを、それぞれ使い分けるのです。すぐに削除できるから気軽に、一時的に使用する適当なアカウントを作る（捨てアカと呼んだりします）、ということもあるようです。

しかし、こうしたアカウントの使い分けを取り上げて、やはりSNSでの人間関係は希薄なものだ、と結論づけるのは早計ではないかと思います。第5章でふれた、現代の人間関係は「コミュニティ解放」されたものであることを思い出してください。バーチャルではない、リアルな人間関係においても私たちは、すでに「使い分け」をしているのです。

小澤（2016）による東京と韓国ソウルとの中学・高校生1422人（それぞれの都市で711人ずつ）を調査した結果の分析では、日韓の中高生とも、一般的に友人関係の使い分けを重視する傾向にあることが明らかにされています。なおその傾向は日韓共通して男子より女子に顕著に現れたそうです。ただし、「オンライン上の友人がいる」ことは友人の使い分けに強く影響しており、インターネットの普及がその傾向を加速させた可能性はありそうです。

では、SNSでの他者との関わりは、幸福感や満足感にどのような影響を与えるのでしょうか。初期の研究では過度のSNSの閲覧が健康や幸福感を損ねるという可能性が強調されがちでした。しかし新しい研究では、SNSの使用は、実名登録が基本のFacebookを対象とした研究の場合、ある程度人生の満足度に正の関連があるとされています。

さらに、もともと生活満足度と自尊心のレベルが低い人の場合は、SNSの使用からより大きなメリットを得るとされています（Ellison, Steinfield, & Lampe 2007; Kim 2014）。それは人と人とのつながりが生まれることによって、社会的な「つながりの感情」が刺激されるためとされています。つまり、オフラインでは十分に得られていなかった人間関係を、オンライン上でつくることができ、それにより満足感を得られるというメリットがSNSにはあります。

また、Facebookの「友達」[35]の数が多いほど幸福感が増す、という研究がいくつかみられます（Kim & Lee 2011など）。しかし、アメリカとドイツで行なわれた研究結果では、利用者の性格、とくに外向性を統計的に考慮に入れると、「友達」の数と幸福度との関連性は消えてしまいました（Lönnqvist

35　Facebookで「友達」になると、限定的に公開された投稿も相互に利用者が確認できるようになります（必ずしもオフラインで「友達」である必要はありません）。

& Große Deters 2016)。つまり、単にもともと社交的だからFacebookの友達の数も多いし、そして幸福度も高いということのようです（こうした第3の要因がみせかけの関係性をつくっていた、という状況を疑似相関と呼ぶというのは、第1章で説明しました）。

むしろ注目すべきは、これまでの研究から言えることは、ＳＮＳの利用の仕方によって、その人の幸福感や満足感に異なる影響が生まれている可能性があるということではないでしょうか。たとえばオランダの心理学者バーデンらによる、39の学術論文のレビュー（考察）の結果、ＳＮＳを受動的に使用すると、主観的幸福とのあいだには負の関連、つまり、幸福度を低くする関係がありました（Verduyn et al. 2017）。それに対して、前向きに使用することと主観的幸福とのあいだには正の関連がみられましたが、受動的な利用の影響の方がより確からしいとのことです。

なぜ受動的な使用が幸福度を損ねるのでしょうか。それは社会的な比較や羨望の念をひきおこすからのようです。ＳＮＳで友人の楽しげな、「リア充」的な投稿を目にすることによって、それに比べて自分は……と考えてしまうのですね。ＳＮＳでの社会的比較が生活の満足度を下げるという結果は、日本人（の大学生）を対象とした調査でも現れています（叶 2019）。

また、先にも引用したアメリカとドイツで行なわれた研究（Lönnqvist & Große Deters 2016）では、ネット上でのソーシャルサポートは、友人の数と関係していませんでした。別の研究では友達の数や強い絆よりも、ＳＮＳの利用頻度の方がソーシャルサポートに影響しているという結果もあります（Kim 2014）。言われてみれば当たり前なのですが、ＳＮＳを閲覧している（利用している）時間が長いほど、そこでサポートを受ける機会も高いということですね。このことは、知り合いが少ない人でも、ＳＮＳを積極的に使用することで恩恵を受ける可能性があり、困ったときでも比較的少ない労力で他の人々に働きかけ、サポートを動員できるようになることを示唆しているとされています。ただし、「意味のないことをしている」といった感覚を抱くような受動的な利用の場合は、長時間の利用はかえって自身の気分を損ねるのでよくないようです（Sagioglou & Greitemeyer 2014）。

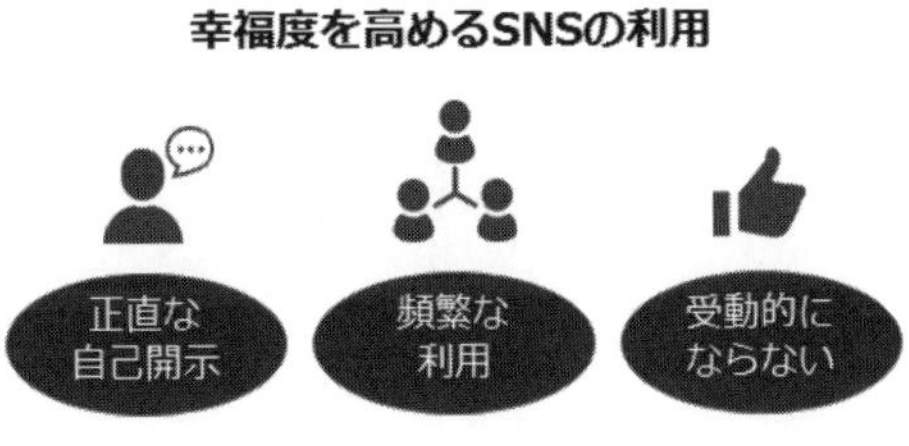

SNS 利用に関する研究結果（筆者作成）。

この研究結果より、ＳＮＳを通じたソーシャルサポートにも利用の仕方が関係し、それによって異なってくる可能性がありそうです。たとえば別の研究では、アメリカの大学生３９１人を対象としたFacebook利用についての研究になりますが、正直な自己表現をすることによって、他者からのソーシャルサポートに影響し、幸福感を高める可能性がみられました（Kim & Lee 2011）。ＳＮＳ上で見栄を張らないことが、何かと助けてもらえるカギになるのかもしれません。

ここまでの話をいったんまとめますと、受動的な利用によって他人と比較しないことや、正直な自己開示をすることが、ＳＮＳを上手に利用するコツということになりそうです（図参照）。

しかし、それができれば苦労はしない、という感想の人もいるのではないでしょうか。少なくとも私はそうです。人と比較をしないことは大事だと頭ではわかります。「幸せな人生を生きるコツ」みたいなものを読んだときもそうなのですが、それができないから、苦しいのだと思ってしまいます。

望ましい態度をＳＮＳおよび人生全般でとるようにしよう、と啓発的に呼びかけることは簡単です。そして、それができないあなたが悪いのだ、と非難されるのならば、それはすでに、個人化社会における、権力主体の新たな管理手法になったと言うことができるでしょう。そのように統治される社会のあり方は、「心理学化」社会と表現することができます（片桐・樫村 2011）。心理学的な正しさを遂行することが、自己責任化された社会です。そこでは、どうしても正しい行ないができない人間は、「治療」されることになるのです。そのうち、お医者さんが、「どうしても友達と比較してしまってつらい？　では、お薬を出しましょう。他人のことが気にならなくなる薬です。大丈夫。みんな、飲んでますよ」と診療する……ようになるのかもしれません。そうではなく、ＳＮＳ上で助け合えるコミュニティがどうやったら作れるかが重要だと思うのですが、まだそれは十分に明らかではないと言えるでしょう。

3　オンラインゲームの功罪

孤独感や抑うつ症状の強い人は、ＳＮＳの利用を制限した方が、それらの傾向が改善するということもあるようです（Hunt et al. 2018）。ＳＮＳへの依存は、たしかに望ましいことではありません。

同時に大きなネット依存の問題として指摘されてきているのが、オンラインゲームへの依存です。オンラインゲームを遊びすぎたことが原因と思われる死亡事例が、世界中で複数報告されています。世界保健機関（WHO）は2019年5月に、ゲーム障害（gaming disorder）を国際疾病として正式に認定しました。これは、2022年1月に有効になる「国際疾病統計と関連する健康問題の統計的分類 第11改訂版（ICD－11）」に盛り込まれることになります。ICDは、世界の医療機関や保険会社が疾病のガイドラインとして参照する分類です。

ICD－11の定義では、ゲーム障害の主な症状とは、ゲームをする頻度や長さを自分で制御できず、ゲームを生活での利益や日常活動よりも優先し、問題が生じていても止められず、ゲームを継続してしまい、個人、家庭、社会、教育、職業などに重大な機能的障害をもたらすこととされています。そして、こうした症状が12か月以上続けば、ゲーム障害と診断される可能性が生まれます（症状が重い場合は12か月未満でも診断されます）。

WHOは、ICD－11にゲーム障害を追加することにより、障害発生の危険性や関連する予防・治療手段への専門家の関心を高めることができるとしています。

ゲーム障害を引き起こさないために、WHOは長時間のプレイに注意喚起をしています。長時間オンラインゲームを行なうことは、健康を損ねること以外にも、社会生活（子供であれば学校生活）に支障をきたすことが多くの研究から指摘されています（Boyle et al. 2012 など）。また、ゲームのタイプも関係するようです。MMORPGのプレイは、他のゲームと比較してゲーム障害と強い関連

ゲーム障害について啓発するWHOの動画（YouTube）。

があるとする研究があります（King et al. 2019）。ＭＭＯＲＰＧとはMassively Multiplayer Online Role-Playing Gameの略で、数千人規模の多人数が参加できる、オンライン型のロール・プレイング・ゲームのことをさします。ＭＭＯＲＰＧは概して費やされるプレイ時間が長いことから、関係しているとされています。

ゲーム障害にかかる人はどれくらいいるのでしょうか。ミハラとヒグチがそれまでの50の研究論文を分析した結果では、ゲーム障害の有症率はサンプル（調査対象）全体の0・7％から27・5％と、非常に幅があったことが報告されています（Mihara & Higuchi 2017）。27・5％ってめちゃめちゃ多いですよね。4人に1人以上。さすがにそれは多すぎると思うのですが、この分析対象の論文では、サンプル（調査対象者）がゲームをしてない人を含むか含まないかや、その研究でのゲーム障害の定義にもばらつきがあり、このように幅のある結果になっているとしています。結局のところは、よくわかっていないということのようですね。

ちなみに27・5％と報告した研究は、フランスのＭＭＯＲＰＧゲーマーをサンプルにしたもので、そのゲームに熱中している人が集まるオンライン掲示板で募集されました（Achab et al. 2011）。この時点ですでにバイアスがかかっている（偏りが生じている）わけですね。さらにその対象者は都市で暮らす一人暮らしの若者が多かったとのことで、それも影響しているのではないかと思われます。

ゲーム障害に関連した話で、オンラインゲームが攻撃性や敵対心といった、暴力的な精神をつくりあげるといった「神話」がありますが、実は学術的な研究からは、それは明らかにされてはいません。オンラインゲームと不健全なインターネット利用（PIU: Problematic Internet Use）に関する研究動向を整理した論文によれば、オンラインゲームがユーザーの攻撃性に与える影響はテレビよりも少ないという研究結果があったり、オンラインゲームが攻撃性の増加を引き起こすのではなく、もともと攻撃的な性格の持ち主がオンラインゲーム依存になりやすい、という研究結果が示されています（青山・五十嵐 2011）。

そもそも、これはWHOも指摘していることですが、オンラインゲームで問題行動を起こしたり、依存したりする人は、ごく一部の限られた人々であることにも注意が必要です。通常のインターネットの利用時間は幸福度にとくに影響を与えないが、ネットでの重大な悪質行為（詐欺など）の時間が長いグループは、幸福度にマイナスの影響を与えるという研究もあります（Mitchell et al. 2011）。一部の人たちがネット上で問題行動を起こし、そしてそれは自らの幸福度も下げる行為となっているのですね。

むしろ、オンラインゲームによって、大半の利用者は好ましい影響を受けているという研究もみられます。たとえば、系統的な文献分析の方法（システマティック・レビューという方法です）によって16の先行研究を考察した論文からは、一部のプレイヤーにゲーム依存や、問題のあるゲームプレイをする重大な問題がみられる一方、多くのゲーマーはゲームを楽しみ、達成感や友情、コミュニティ感覚を得ていることが明らかにされています（Sublette & Mullan 2012）。コミュニティ感覚とは、そのコミュニティへの所属感だけでなく、コミュニティ内の人とのやりとり（相互作用）や一体感、コミュニティへの貢献や参加意識、愛着や安心感などを含んでいる感覚のことと一般にはされています。

また、オンラインゲームの時間が長いと人間関係が疎遠になったり、ひきこもりになる、という俗説もよく聞きますが、これについても先行研究からは明確な証拠は出ていません。オンラインゲームのプレイ時間と、「オフライン」のソーシャルサポートの関係を調べた研究では、それらにマイナスの関係はみられなかったとしています（Domahidi et al. 2018）。逆に、オンラインゲームでの友情関係がオフラインにも広がるという証拠が、これまでの研究からはみられています（Trepte, Reinecke, & Juechems 2012）。こうした研究の結果を踏まえますと、オンラインゲームのプレイ時間が長いこととゲーム障害とは、明確な区別が必要かと思います。

スマホの普及した現在では、誰でもいつでもインターネットに接続している、と言っても過言ではない社会になっています。ですので、ネット利用の時間が長いからといって、それがイコール問題である、とは単純には言えなくなっているのではないかと思います。SNSでもそうでしたが、オンラインゲームでも単純に利用時間が問題なのではなく、利用目的や利用態度がプレイヤーの幸福感に関わってくるのです。ですから、現実の生活からネットへと「逃避」をしてしまう人がいた場合には、その背景にある現実社会の問題をどう解決するかの方が、社会が取り組むべき根本的な課題であると言えるでしょう（大野 2016）。

私もわりと、いや、かなりゲームはたしなむ方なのですが、あいにく本格的なオンラインゲームの経験はありません。スマホを使ってのソーシャルゲーム（ソシャゲ）は経験があります。今まで一番時間を費やしたのはRPGのグランブルーファンタジー、通称グラブルでしょうか。グラブルの魅力は多くの個性的なキャラクターの存在と、コミカルだったりシリアスだったりと多彩なストーリーイベントがあることにくわえ、「ガチャ」でキャラクターや武器を手に入れても、簡単に強くはなれないところかと思います。時間をかけないと強くなれない。その上、敵との戦いで1時間近くかかる場合もあったりと、恐ろしい「時間泥棒」なゲームなのです！（笑）

しかし苦労してキャラクターが強くなったり、仲間と協力してイベントで好成績をあげたりしたときには、本当に達成感や連帯感を得ることができました。課金はほとんどしていませんし、今ではほぼ引退状態ですが（ランクは157でストップしています）、一時期は依存といってもよい状態だったかと思います。しかし、仕事が大変な時期には、たとえそれが「逃避」と表現されても、励みともなり、癒しともなっていたと思います（そういえば受験勉強の最中にも同じようにゲームにはまっていたなあ）。ですので、それが本当に「悪い」のかどうか、私は判断がつきません。難しいところですが。

4　オンラインゲームで性別を入れ替えてプレイすることの意味

金田一蓮十郎（著）『ゆうべはお楽しみでしたね』は、オンラインゲームを通じて知り合った男女が同居することから始まるラブコメ漫画。主人公は男性でありながら、ゲームでは女性のキャラクター（アバターと言います）を演じており、そのことが導入部で重要な意味をもってきます……（ちなみにタイトルから予想できる方もいると思いますが、主人公たちが遊んでいるゲームは「ドラゴンクエスト」シリーズのMMORPGになります）。

オンラインゲームでは匿名でのプレイとなることから、プレイヤーが自身の認識的な性別とは異なる性別のキャラで遊ぶことが少なくありません。なぜ、そのような行為を行なうのでしょうか。そしてそこでは、どのように振舞っているのでしょうか。

しかしこうした問いは、ゲーム、とくにオンラインゲームを長く続けている人には逆に、あまり興味のない問いなのかもしれません。なぜならゲームによっては複数のキャラを設定できる（サブキャラ）ので、それほど深く考えずに異なる性別のキャラをつくり、そのキャラでプレイをしている人も多いだろうと思われるからです。実際、長くプレイをしているほど、年齢が高い人ほど、さらにはキャラを多く作成している人ほど、自身とは異なる性別のキャラをつくり操作しているという研究結果があります（Lou et al. 2013）。

このように自分の認識している性とは異なる性のキャラを操作することをジェンダー・スイッチング、またはジェンダー・スワッピングと呼んでいます。訳すと「性転換」となるのですが、誤解をされそうですので、ここではそのまま、ジェンダー・スイッチングと呼ぶことにします。

それではなぜプレイヤーは、異なる性別のキャラを操作するのでしょうか。というのも、もしも性別がアイデンティティに根ざしているのであれば、簡単に他のジェンダーのキャラを自分の分身＝アバターとして用いることには抵抗が生まれるでしょう。逆に、それほどジェンダーを重要視せず、表面的なもの、記号的なものとして性別を扱っているのであれば、プレイヤーは気軽に異なる性別を演じるでしょう。

金田一蓮十郎『ゆうべはお楽しみでしたね』（スクウェア・エニックス）第22話より。

マーティらの研究では、375人のオンラインゲームのプレイヤーを対象に、ジェンダー・スイッチングに関する調査を行なっています（Martey et al. 2014）。その結果を詳しくみてみましょう。それによりますと、ジェンダー・スイッチャーは男性プレイヤーの23％、女性プレイヤーの7％でみられました。性別を切り替えた男性は、その女性キャラのプレイ時に、女性典型の外見や言葉づかいを用いる傾向がありましたが、操作されたキャラの動き方は、男性のキャラと変化がありませんでした。

この結果から同論文では、「ジェンダー規範に関するフェミニストの理論では、女性の性別役割として魅力的であることが求められるが、しかし男性はそうではないことが示唆されている。このことは、男性と女性の両方が、魅力的な女性アバターを作成するとき影響している可能性がある」と述べています。

つまり、社会一般で認識されている女性らしさと男性らしさ（ジェンダー規範）がそのまま反映されるかたちで、キャラが操作されているのではないか、ということです。

さらに、女性キャラに扮した男性は、女性キャラを操る女性や男性キャラを操作する男性に比べ、特徴的な動作がありました。それは「ジャンプ」を多くしていた、ということです。ジャンプはゲーム内で敵と戦うようなシリアスな場面ではなく、単なる遊びとして行なわれた可能性があると同研究では指摘しています。

先にも何度か登場していますす社会学者のゴッフマンは、人々はペルソナ（仮面）をかぶり、場面場面で課せられる社会の役割を「演じている」と論じています。RPGと略するロール・プレイング・ゲームは、邦訳すれば「役割を演じるゲーム」であり、文字通りそこではキャラを演じるわけです。そのため、ジャンプをするのは、キャラを介した「ショーの提供」(Goffman 1974: 508) のひとつの形式、という可能性を同研究では指摘しています。

一方、別の研究では、女性より男性の方がジェンダー・スイッチングは多い(女性プレイヤーではかなりまれ)のだが、典型的な女性の行動をとるわけではない、という調査結果もあります(Huh & Williams 2010)。つまり、人々は、実際の社会のジェンダー規範にとらわれてバーチャル世界でも行動している一方で、異なる性別を気軽に、楽しく演じているという可能性もみられるのです。結局のところ、そうした矛盾した(しかし興味深い)状況が、匿名で自由にキャラクターを演じて遊べるオンラインゲームでは現れている、ということが言えるのではないでしょうか。

余談ですが、RPGにはデジタルではなくアナログで、ボードゲーム的に遊ぶものもあります。テーブルトーク・RPG(TRPG)と呼びますが、対面で遊ぶので、男性が見た目そのままで匿名でもなんでもなく、女性を演じることがあります。ゲームを通じた「演じる」行為とは何であるかは奥深く、学術的にも検討の余地がまだまだ大いにあると言えるところです。

なお、同性愛者のプレイヤーは異性愛者よりも、オンラインの性別を変える可能性が高かったという研究結果があります(Huh & Williams 2010)。同性愛を含む多様な性のあり方をもつ人たちは、異性愛が前提であることなど、オンラインゲームの固定的な性のあり方に不満をもっているという報告もあります（Eklund 2011）。多様な性の存在とそのコミュニティのあり方については、次章で扱う内容ですので、次に考えることにして、ここではオンラインゲームの世界観への問題提起にとどめておきたいと思います。

5 ネットコミュニティの積極的意義は見出せるか？——オンラインとオフラインの新しい関係

ここまでSNS、およびオンラインゲームを例に、ネット上のコミュニティで人々がどのように関わり合い、個人の行動や心理にどのように影響を与えているのかをみてきました。オンライン・コミュニティは問題があるように捉えられがちですが、様々な研究の成果を踏まえますと、オンラインでのコミュニケーションはオフラインの現実社会とも関連しており、そのためオンラインだから問題がある、とは言い切れないことが多いと考えられるかと思います。

「ネットいじめ」と呼ばれるような、SNSなどを使ったいじめでも、現実の人間関係が投影されたものであることが指摘されています。しかし教育学者の戸田有一らは、従来型のいじめとネットいじめには次頁の表に示すような違いがみられることから、単に手法が異なるだけとしてしまってよいか、慎重な議論を続ける必要があるとしています（戸田・青山・金綱 2013）。なお、いじめ問題とその解決策については第10章のコラムでまとまった形で言及しますので、そちらをご参照ください。

	攻撃の方向性（被害者による反撃）	継続性	集団性
従来型のいじめ	通常は困難	繰り返されることが多い	集団化する
ネットいじめ	比較的容易	1回だけでもネット上に残る（加害側の意図以上に継続する）	急激に集団化する

従来型のいじめとネットいじめの比較（戸田・青山・金綱 2013: 32）。

また、SNSでのソーシャルサポートは、人生の満足度に関係していないとする研究結果も存在しています（Kim 2014）。この研究では、SNSの使用はたしかにソーシャルサポートの量を増やしていたのですが、それは一時的な対応が多いのではないかと考察しています。SNSでのソーシャルサポートは簡単なものにとどまり、長い人生を支えていくものとはならないのではないか、とされています。

しかし、2020年のコロナウイルス危機では、感染防止のために多くの人が家の中に留まることを強いられました。人と人との距離を取る「ソーシャル・ディスタンス」政策によって、カフェなどのお店も、子ども食堂などの市民活動も、多くの「居場所」が休止に追い込まれたのでした。そんな中、オンラインでのつながり方が新たに模索されることになりました。

全国的に小・中・高校が休校となり、子供向けのオンラインでの居場所づくりというのも、NPOなどが始めたりしていました。もちろん、インターネット越しでは代替えできない、対面でのやりとりの良さも、再認識をする機会となったでしょう。またそれは、普段から外出がままならない人にとっては、日常的に有意義なツールでもあったはずです。多くの人がそれを追体験することにもなったのでした。

こうしたこともきっかけとなりながら、技術の発展などもありつつ、オンライン・コミュニティと現実の生活との関連はより複雑化し、そこでの幸福も一様ではなくなっていくことが予想されます。

その複雑化の一端を示す証拠として、たとえばオンラインでのバーチャルな関わりが、オフラインでの好ましい行動を引き起こす可能性もこれまでの研究から指摘されています。

オンラインゲームの1万8千人以上のプレイヤーを分析したある研究の結果では、ゲームで他のプレイヤーとの関係性を活発にする行動が、オフラインでのリーダーシップにつながっていることを示していました（Lu, Shen, & Williams 2014）。しかもこれは、会社での仕事よりも、ボランティア組織でのリーダーシップとのあいだの関連性がありました。言いかえれば、オンラインゲームでより多くの友人を作って遊び、積極的に他のプレイヤーと交流している人ほど、現実の社会でのコミュニティづくりも活発に行なう傾向があったのです。

日本の研究でも、オンラインゲームで醸成された他者への信頼が、オフラインでの他者の信頼につながる可能性が示されています（小林・池田 2007）。とはいえまだ、そうした研究成果は多いとは言えません。オンラインゲームでの行動がオフラインにどのように結びつくかは、今後、さらに明らかにしていく必要があると言えるでしょう。

オンライン・コミュニティと現実生活との関わりの多様化について、別の例をあげておきましょう。

貝沼（2018）の研究では、コスプレ（漫画・アニメ・ゲームなどのキャラクターに扮装すること。コスチューム・プレイの短縮語）をする人たちが、SNSのTwitterをどのように利用しているかについてインタビュー調査を行なっています。そしてその結果から、コスプレをする人たちである「コスプレイヤー」の日常は、インターネット上にあると言えるとしています。貝沼は次のように述べています。

彼女たちはTwitter上で誰が評価をしたのか、を重視しており、SNS上のきずなの確認を行なっているのである。以上のことから、コスプレイヤーにとってのインターネット上の交流は、仕事や学校といった日々の生活をこなしていく中で、各々のコスプレのモチベーションや趣味を通して他者とつながっているという感覚に作用している。（貝沼 2018: 2-3）

つまり、SNS上でのつながりがコスプレをする人たちの幸福感につながっていることを指摘しているのですね。

また、コスプレイヤーたちにとって現実世界とは、「祝祭」の場であるとも同研究ではしています。それはコスプレをする作品の世界やキャラクターを表現する・共有することによって、作品の世界の物語を再生産する創作の場でもあり、そして他のコスプレイヤーや観客とともに共感・高揚を伴う交流の場と捉えているのだ、としています。

この祝祭とは、鈴木（2005）が提起した日常社会の「カーニヴァル（祝祭）化」の考え方がもととなっ

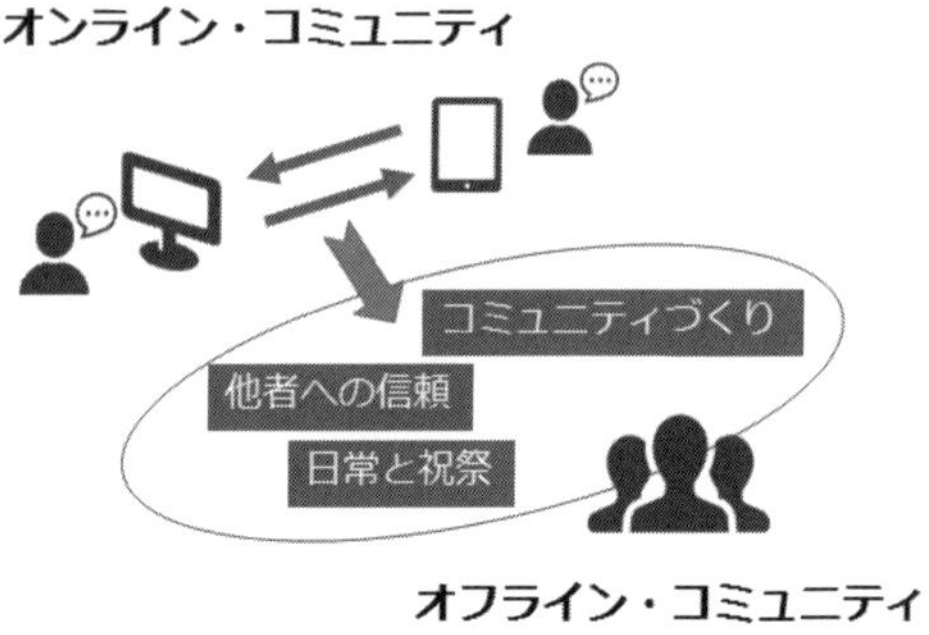

オンライン・コミュニティがオフライン・コミュニティを変える？（筆者作成）。

ています。そこでの祝祭とは、伝統的なお祭り（だけ）を意味するものではありません。瞬間的な「面白さ」によって盛り上がる現象（「ネタ消費」と鈴木は呼んでいます）すべてを、鈴木（2005）では祝祭と表現しています。そしてそれは、「大きな物語が消失した現代」のコミュニティにおいて、一瞬でも他者と感覚を共有できる機会であるために、繰り返されているのだとしています。

　つまり、コスプレイヤーたちは、日常としてのＳＮＳ上で、他者から認められたり、共感したり、情報収集を行なうことで、次のコスプレをする機会である祝祭に向けての気持ちを掻き立てられ、実践に移す、というサイクルとなっているのです。日常と非日常が、オンラインとオフラインとで逆転しているのがコスプレイヤーたちの認識世界なのであると、この研究では主張されているのです。

　こうした研究結果は、今後、オンライン・コミュニティがオフラインの現実社会のコミュニティに影響を及ぼし、その意味やあり方をますます変えていく可能性を示していると言えるでしょう。そしてそこでの個人の幸せのあり方も、多様に広がっていきそうです（図参照）。

と、話がきれいにまとまったので本章はここで終わりにするつもりだったのですが、この話を大学の授業でしたあとに、受講生に行なったアンケートの結果がとても興味深いものだったので、最後にそれを紹介しておきたいと思います。それは、「あなたはSNSやオンラインゲームをよく利用する方ですか？　その友達との付き合いはオフラインにも影響していますか？　それらを通じて仲良くなった友達はいますか？」と尋ねた質問への回答でした。その結果、オンラインで仲良くなった友達がいて、さらにはオフラインにも影響したという学生が4割近くにもおよんでいたのです。正直、驚きました。

その中には、もともと顔見知りだった人とSNSでのコミュニケーションを通じて仲良くなり、オフラインでも一緒に遊ぶようになった、というものもありました。しかしまったく見ず知らずの人とゲームを通じて知り合い、仲良くなって、離れた地域まで会いにいったという人も、数名いたのでした。また、歌手やアイドルなどの熱心なファンがSNSの「ファンコミュニティ」を通じて知り合い、一緒にコンサートなどに行く、というケースも学生からよく語られたストーリーでした。しかもそれは、大学に入る前のことです、という人も複数人いたのでした。

もちろん、オンラインで人と知り合うことには不信感や嫌悪感をもっている学生、仲の良い友人とさらに交友を深めるためだけにSNSやオンラインゲームを使用している学生も数多くいました。しかし、オンライン・コミュニティで人と知り合うことに抵抗がない（しかし注意深くはある）若者が増えていることは、日本の「すでに起こった未来」であることは間違いないようです。

コラム　ボードゲームとコミュニティ

この章ではオンラインゲームでのコミュニティについてふれましたが、デジタルゲーム以外の、ボードゲームやカードゲームといった「アナログゲーム」も、最近は日本で盛んになってきました。

年に3回開かれている「ゲームマーケット」（東京で春秋開催、大阪で春開催）では、出展者が製作した、様々なジャンルのアナログゲームや、ゲームに関わる解説書やグッズが販売されます。体験卓でゲームを実際に遊ぶことができるほか、子供が遊べるコーナーもあります。その参加人数は2019年春に東京で開かれた大会は2日間で2万人、秋は2日間で2万9300人、大阪での春の大会には1日で6900人の参加者が集まりました。[36]

ボードゲーム・カードゲームを遊べる喫茶店も全国で増えています。そうした場を通じてアナログゲームがコミュニティをつくっている、ということは想像に難くないでしょう。それにくわえて、様々な「居場所」で、コミュニティづくりにアナログゲームは活用されています。

私が見学した学習支援の場や、ひきこもりの若者支援の施設では、ボードゲームが山のように置かれていたことがあります。楽しく遊ぶことで勉強の前のリラックスした雰囲気をつくれたり（アイスブレイク、と言いますね）、利用者同士で仲良くなることができるのでしょうね。ボードゲームの中には、他のプレイヤーと交渉や、ときには協力

36　ゲームマーケットウェブサイトの来場者報告、https://gamemarket.jp/（2020年5月28日閲覧）。

することで勝利するルールのものがあります。前者のゲーム例としては『カタン』、後者の例としては『パンデミック』といったものが有名です。こうしたゲームの特徴を生かし、子供のコミュニケーション・トレーニングに使われたりもします。

しかし2020年、新型コロナウイルスの感染拡大によって、子供の居場所でも密集・密接・密着という3つの「密」を避けるために、ボランティアなど大勢が集まることが難しくなりました。私の授業では、あるNPO法人さんと協力して、そのNPOが関わっている子供さんたちと大学生がオンライン上でボードゲームをすることで、学生と子供たちがうちとけられないか、という話もありました。デジタルとアナログを融合させることで、新たな世代間交流の可能性が模索されています。

また、ゲームには社会問題を解決するためのツールに使われるものもあります。これを「シリアスゲーム」と言います。ボードゲームでもそうした種類のものがあります。たとえばNPO法人テダスが開発した市民活動の運営とまちづくりを学べる『NPOゲーム』。また、NPO法人環境安全センターが関与し、手作りボードゲームチーム「たなごころ」が作成した、ごみの減量について学ぶ『みんなのごみ』は、環境学習ツールにもなるよう設計されています(2019年のゲームマーケットにも出展されていました)。

ボードゲーム『コミュニティ』。

私がカナダにいたときに、たまたまみつけたボードゲームが『コミュニティ

（Community）』です。これは、コミュニティづくりを考えるためのツールになるのでは！　と期待して購入しました。ルールとしては有名なゲームのモノポリーのような感じで、古き良き欧米的な小さな町をモデルとし、そこでシティホールや商店街などを建設したり、議会で話し合ったりして、その町を発展させていくというものでした。ルールでやや難しい部分があったりし、一度遊んだきりになってしまっています。コミュニティづくりを考えるボードゲーム、いつか自分でもつくってみたいなと思っています。

第8章 「当事者」とコミュニティ——LGBTを例に

私のことを話そうか。聞かなくてもいいけど。私は誰かと聞かれても、あなたの思う私が私だ、と答える。男だと思えば男だろう。女だと思えば女だろう。どちらでもないと言われればそうなんだろうね。良い人だと思えば良い人で、悪い人だと思えば悪い人だ。

（鎌谷悠希『しまなみ誰そ彼』）

1 LGBTの人たちの「生きづらさ」

LGBTという言葉をよく聞くようになりました。LGBTは、もともとはレズビアン（女性の同性愛指向をもつ人）、ゲイ（男性の同性愛指向をもつ人）、バイセクシュアル（両方の性的指向をもつ人）、トランスジェンダー（自身の性自認が身体の性と一致しない人）といった性（セクシュアリティ）のあり方とその人たちを示す言葉でしたが、現代ではそれにとどまらない、より多様な性のあり方をもつ人たちも含めてさすようになってきています。LGBTでは表現しきれない、多様な性のあり方に

「LGBTTIQQ2SA」とあるトロント大学の，虹色なのぼり。これは，すべての性のあり方を表現した呼び名になっています。たとえばＩはインターセックス（中間性），Ｑが２つあるのはクィアにくわえてクエスチョニング（性自認や性的指向が定まっていない人），Ａはアセクシュアル（性的欲求をもたない人），などになります。また，虹色は性の多様性のシンボルです。大学には当事者のサークルもあります。

ついては、クィア（Queer）という言い方があります。このため、ＬＧＢＴＱと「Ｑ」を足した言い方もみられますし、またそれらをすべて表現して「クィアの〜（人々、など）」という言い方も散見されます（Ｑについては「クエスチョニング」を表している場合もありますね。写真の解説を参照）。この本ではＬＧＢＴ、またはＬＧＢＴの人たちと主に表現していきます。

２０１８年に電通ダイバーシティ・ラボが行なった『ＬＧＢＴ調査２０１８』によれば、多様なセクシュアリティをもつ「ＬＧＢＴ層」に該当する人は回答者の８・９％であったとされています。[37] 同調査では、セクシュアリティを「身体の性別」、「心の性別」（自分は男だ、女だという性自認）、「好きになる相手・恋愛対象の相手の性別」の３つの組み合わせで分類した、調査独自の「セクシュア

37　https://www.dentsu.co.jp/news/release/2019/0110-009728.html（２０２０年７月23日閲覧）。

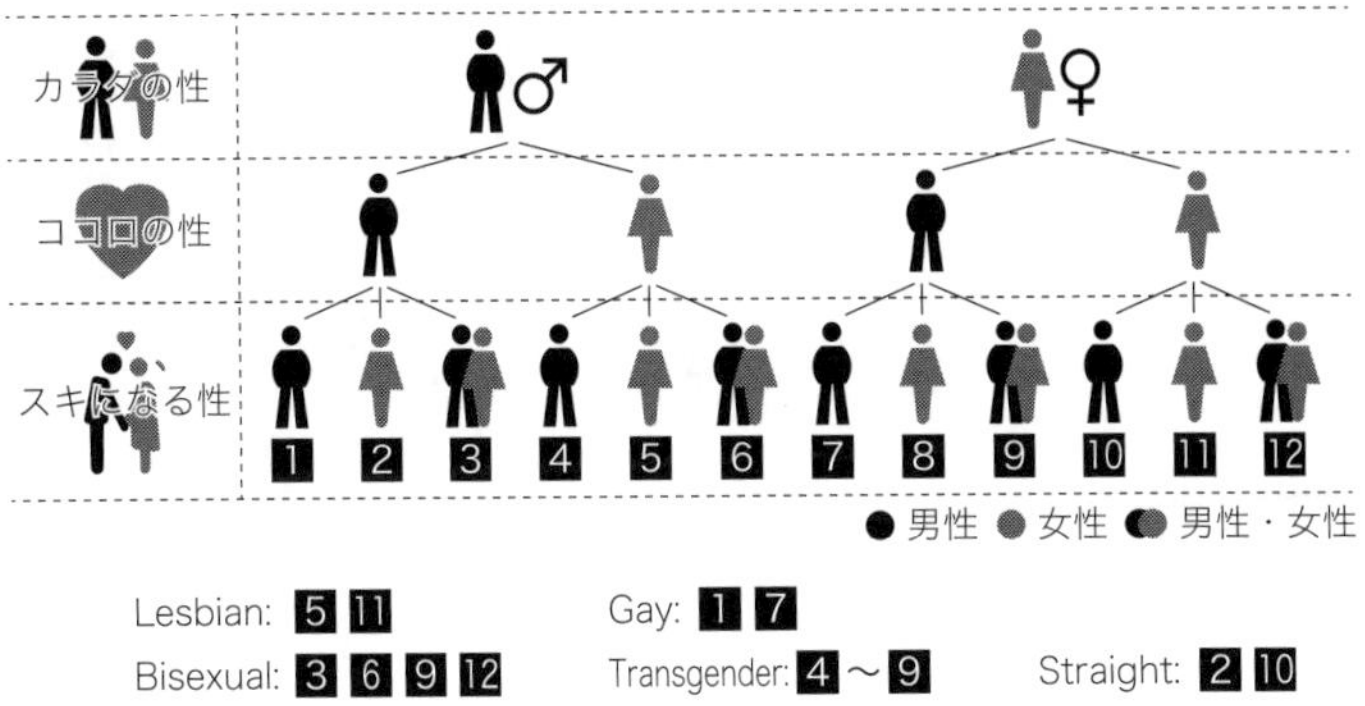

『LGBT 調査 2018』が示す「LGBT 層（調査対象）」（電通ダイバーシティ・ラボ『LGBT 調査 2018』）。

リティーマップ」（図参照）を作成しています。セクシュアリティのあり方はそれにとどまらないのですが、とりあえずその調査内では、ストレート（異性愛者で、身体と心の性別が一致している人）セクシュアリティである図内②（ストレート男性）と、図内⑩（ストレート女性）と答えた方以外をLGBT層と規定しています。

日本でLGBTの人たちの認知が高まるとともに、制度的な支援も始まってきました。たとえば2015年3月、渋谷区が特別区を含む自治体では初めて、「結婚に相当する関係」を認める証明書を発行する「同性パートナーシップ宣誓制度」についての条例を可決しました。現在、同性のパートナーシップ制度は全国の自治体に広がっていますが、その制度は登録に費用が必要であったり（任意後見契約公正証書作成が必要だったりする）、子供をもうけたときに親権の問題があったりと、限界も指摘されています。

さらには、同性パートナーシップ制度は婚姻ではないので、税金での優遇や公的な手当を、婚姻関係と同様に受けられるわけではありません。そもそも日本の再分配（政府が税金などで集めた資源を資源が必要な人たちに配分する）の仕組みは、「世帯」に強く結び付けられており、個人が単位となっていないことは問題視されています。同性パートナーシップ制度を始めたある自治体では、「携帯電話の『家族割』が受けられるなどのメリットがある」とその意義を広報していました。逆に言えば、その程度しかメリットがない、とも言えるでしょう。性的なマイノリティの人たちは、まだまだ公的な制度から排除されていると言えるのです。[38]

認知が高まり、制度も徐々にではありますができつつある、とはいえ、それがイコール、広く人々に理解されているとは限りません。当事者は、差別を含んだ生活上の困難・悩みを多く抱えていることも少なくありません。２０１５年に、ある大学で起きた事件は残念なものでした。ある学生が友人から同性愛の暴露（アウティング）をされたことによって、自死してしまったのです。２０１６年にその遺族が、相手側の学生と大学とを民事告訴したことによって、広く報道されました。理解が必ずしも広がっているとは言えない現状も含め、そうしたＬＧＢＴの人たちに対しては、多様性よりも、少数派であることが強調された「性的マイノリティ」という呼び方が当ては

38　ただし、本書の原稿を書いている最中の２０２０年６月、東京都世田谷区は11日、被保険者が死亡した場合に遺族に支給される傷病手当金を、新型コロナウイルスに対応した国民健康保険の特例措置をめぐり、同性パートナーにも支給すると明らかにしました。画期的な第一歩だと思います。なお、同性婚や同性パートナーシップ制度はあくまで、ＬＧＢＴの人たちの中でも同性愛の人しか対象ではないこと、また、同性愛者の中には結婚制度自体に批判的な人もいることなどにも留意が必要でしょう。

まる状況があると言えるでしょう。

マイノリティであるＬＧＢＴの人たちの生きづらさとは、どのようなものなのでしょうか。海外では、ＬＧＢＴには特有の福祉的な課題が存在しており、そこへ着目する必要性を強調する研究が散見されます。たとえばマイヤーは疫学的データの二次分析から、性的マイノリティの人々は一般（ヘテロ）の人々よりも高い精神疾患の傾向をもつことを明らかにしています。これは偏見にあう経験や拒絶されるおそれ、隠すことのストレスや、他の人々が同性愛恐怖症をもつという意識（内面化）といった、ストレスを溜め込む経緯があるためと説明しています（Meyer 2003）。またアメリカの若い性的マイノリティ女性の喫煙率・頻度は、一般（ヘテロ）女性のそれよりも極端に高いという調査結果もあり、しかもそれはストレスや差別経験によって高まる傾向にあるとされています（Johns et al. 2013）。さらに、性的マイノリティは自殺未遂のリスクも高いという研究もあります（O'Donnell, Meyer, & Schwartz 2011）。

こうしたことから海外では、その生活への相談や専門的な福祉サービスを行なう必要性が、社会福祉支援（ソーシャルワーク）の領域で盛んに語られています。しかし、たとえばレズビアン・バイセクシュアルの人は、その悩みが固有的であるなどから、一般的な家族サポートサービスは使いにくいことが頻繁にあるという分析もあります（Turell & Herrmann 2008）。そのことなどからＬＧＢＴ向けのサポートの仕組みやサービスが必要となると言えるのです。

2　ＬＧＢＴコミュニティはどう定義できるのか――その多次元性・流動性

ＬＧＢＴの人々が幸せに暮らすためのサポートを考えるとき、ＬＧＢＴコミュニティのもつ支援力にひとつ注目がされてきています。先にふれたアメリカの性的マイノリティ若者女性の喫煙の研究でも、ＬＧＢＴコミュニティへの接触によって喫煙率・頻度が下がる傾向があることが明らかになっています[39] (Johns et al. 2013)。ＬＧＢＴコミュニティでのソーシャルサポートや一体感などが、当事者の健康にとってよい方向に作用していると考えられます。ＬＧＢの若者（トランスジェンダー以外）の調査から、一般的なソーシャルサポートにくわえて、性的マイノリティのグループへの参加と一体感が幸福感を高めている、という報告もみられています (Detrie & Lease 2007)。

ただし、「ＬＧＢＴコミュニティ」とひとことに言っても、その意味や位置づけは多次元的ですし、流動的でもあるとされています。これを考えるために、フロストとメイヤーが研究の中で使っている「ＬＧＢＴコミュニティへのつながり」尺度というのが、ひとつの参考になるかと思うの

39　日本の研究でも、たとえば三宮 (2014) が行なった研究において、同（両）性愛コミュニティ参加による価値観変化によって、10代の女性同（両）性愛者の精神的健康に良い影響が及ぼされたことを明らかにしています。この論文の筆者は大学生なのですが（卒業論文でしょうか?·）、学生懸賞論文として最優秀賞を受賞したものであり、まとまったものとなっています。日本では未だ十分に知見がないＬＧＢＴの健康とコミュニティに関する研究として貴重なものと言えるでしょう。

で、紹介しておきましょう（Frost & Meyer 2012）。彼らはアメリカ・ニューヨーク市のＬＧＢを対象に、その人々がＬＧＢ（Ｔ）のコミュニティとどのように関わりを感じているかを調べました。因子分析という統計分析手法によって、複数の質問への回答の傾向を分析した結果、ＬＧＢＴコミュニティとは、性別や人種、民族性を超えて、人々の中で2つの意味合いをもっていることが明らかとなりました。

その2つとは、まず1つめには、「ＬＧＢＴの人たちの間のつながり」という意味でのＬＧＢＴコミュニティです。これは次にあるような質問によって、特徴付けられたものになります（これらの質問に対して肯定的な回答傾向があるものとなります）。これは、質問項目の中身から、ここまで本書でも度々みてきた親密な関係性や、そこでのソーシャルサポート、あるいはコミュニティへの愛着を含んだものであると言うことができるでしょう。

・あなたは地域（ニューヨーク市）のＬＧＢＴコミュニティの一員であると感じるか
・あなたは地域（ニューヨーク市）のＬＧＢＴコミュニティに参加することを好ましいことと考えるか
・あなたはＬＧＢＴコミュニティとの絆を感じるか
・あなたは地域（ニューヨーク市）のＬＧＢＴコミュニティを誇りに思うか
・あなたは他のＬＧＢＴの人々との絆を感じるか

2つめには、「当事者性をもった運動体」としてのLGBTコミュニティです。これは次にあるような質問によって、特徴付けられたものになります（これらの質問に対して肯定的な回答傾向があるものとなります）。その質問項目からは、LGBTの人たちが直面している問題解決をめざして社会運動を行なうために、人々が集まっているコミュニティ、という意味合いであると言えるかと思います。

・あなたにとって地域（ニューヨーク市）のLGBTコミュニティでの政治的活動は重要か
・われわれは地域（ニューヨーク市）のLGBTコミュニティ内の問題を、ゲイ、バイセクシュアル、レズビアンの人々と共に解決することができるか
・地域（ニューヨーク市）のLGBTコミュニティが直面する問題は、あなた自身の問題でもあると実感するか

このようなフロストとメイヤーが示したLGBTコミュニティの2側面にくわえて、もう1つ異なった捉え方もあるように思います。それは、物理的に存在する場所としての、「街」（町）としてのLGBTコミュニティです（次頁の図参照）。ここではそれを、「LGBTタウン」と呼ぶことにしましょう。実際にそう呼ばれることもありますし、また男性の同性愛者がそのコミュニティをつくってきた経緯をもつ地域も多いので、「ゲイタウン」と呼ばれる場所も世界には多くあるかと思います。

そうした街に対しては、同性愛者同士の出会いの場となるバー（ゲイバーなど）が多くある、商業的な「夜の世界」というイメージがあるかもしれません。しかし、世界のゲイタウン・LGBTタウンにはすでに、LGBTの人たちが多く住む居住地域となっているなどし、あわせて昼の顔をもつようになっている街も数多くあるのです。

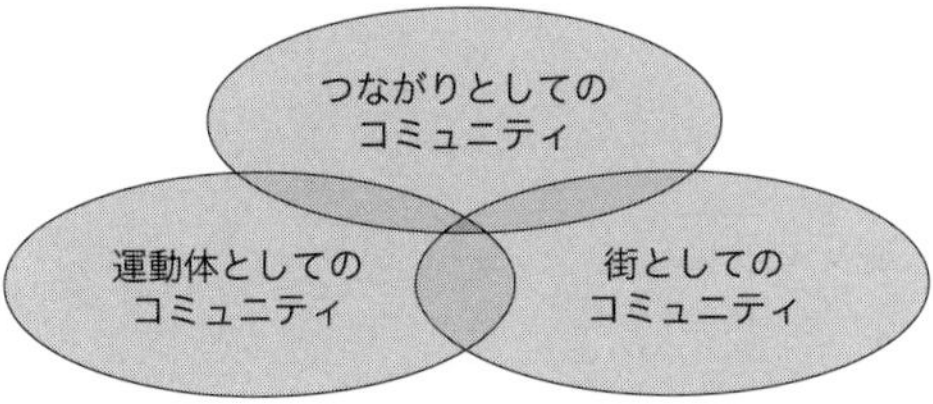

LGBT コミュニティの３側面（筆者作成）。

また、そうした場所を「怖い」「危険」「閉鎖的」と捉えてしまう（おそらく「夜の世界」のイメージと関連させて）ことも、あるのかもしれません。しかしある研究では、ゲイタウンでは公私のスペースで独自の保安の取り組みがなされており、地域コミュニティの規範と安全性が保たれていることが指摘されています（Valverde & Cirak 2003）。

また、オーストラリア・シドニー市とカナダ・トロント市のLGBTタウンを分析したある研究（Gorman-Murray & Nash 2017）では、伝統的なゲイタウンが観光地化したり、家族に優しい街（ファミリーフレンドリー）になるなど、一般の人々向けに「解放」されていく様子がつぶさに考察されています。これはLGBTタウンが閉鎖的であるというようなイメージを払拭する研究であるかと思います。その研究では同時に、LGBTにも親切（クィアフレンドリー）な商業地域が他地区にも拡散されていっているさまにもふれています。LGBTタウンの内部は一般の人たちに開かれるようになり、そして逆に、外部ではＬＧＢＴの人たちが受け入れられるようになってきている、ということなのです。

しかし、そうしたＬＧＢＴタウンの内外の変容は、観光や消費が主導していることに注意が必要であり、同研究ではその点に危惧が呈されています。そこでは、ＬＧＢＴコミュニティの人々が、観光や消費によって一般の人々と交流・同化できる「よいＬＧＢＴ」と、そうでないＬＧＢＴ（それは伝統的な夜の世界でもある）とに分断されてしまう可能性があることに、言及がなされています。

また、そうしたＬＧＢＴタウンがあるからといって、イコール、そこにＬＧＢＴコミュニティがある、とも断言できないようです。日本有数のゲイバー街である、東京「新宿二丁目」のゲイ・コミュニティについて分析した砂川（2015）の研究では、従来、新宿二丁目には「コミュニティ感」は無かったが、それが２０００年ごろの「レインボー祭り」開催の前後から、店舗の組織化などにより、「コミュニティ感」が形成されてきたことを説明しています。ＬＧＢＴタウンのＬＧＢＴコミュニティも、変容するものなのですね。

3　カナダ・トロントのＬＧＢＴタウンとコミュニティセンターの事例

次に、こうした人と人のつながり、政治的な社会運動主体、そして街としての、という3つの意味での「ＬＧＢＴコミュニティ」で生きる人々が幸せに暮らせることを支援する取り組みについて、紹介したいと思います。

ここで事例としてご説明するのは、カナダ・トロント市のコミュニティセンターである「The 519」になります。コミュニティセンターとは市内に150か所程度あり、市の説明では「プールやリンクや体育館、トレーニングルーム、ミーティングルームなどの幅広い施設をすべての人たちに提供する地域のレクリエーションセンター」とされています。[40] しかし、カナダでのいくつかのコミュニティセンターは、単なる地域のレクリエーションセンターという位置づけを超えて、セツルメント運動をルーツにもった、人と人とを結びつける場である社会サービス提供主体となっているところも多いのです（岡野 2012）。

トロントのLGBTタウンにあるコミュニティセンター「The 519」の外観。

セツルメントとはイギリス発祥の社会運動で、直訳すれば入植とか「住み込む」などと訳せるように、元々は学生や牧師などが貧困地域に住んで、そこの人たちと交流しながら、住民を組織化し、社会を良くしていこうと

40 トロント市ウェブサイト、https://www.toronto.ca/data/parks/prd/facilities/recreationcentres/index.html（2020年5月12日閲覧）。

いうものでした（社会改良運動とも呼ばれるようになります）。そこから徐々に、様々な支援サービスも行なっていくようになり、現在では住民参加と総合的な福祉サービスの地域拠点となっています。そうした拠点を、ネイバーフッドハウスとも呼んだりします。

余談ですが、イギリスのロンドンに初めて旅行で行ったときに、私が大英博物館やタワーブリッジよりも先に訪れたところがあります。それは、1884年に、世界で初めてセツルメントを行なったとされる「トインビー・ホール」でした。観光名所としてではなく、今でもNPO（イギリスでは「チャリティ」と言いますが）が運営する福祉施設として存在しているのです。着いたとき、ここがあの有名な、教科書でみたところか……と、しばし感慨にふけりました。実はたまたまホテルの近くであることをチェックイン直後に気づき、観光に行くのには中途半端な時間だったこともあり、散歩がてら行った、ということでもあるのですが。

話を戻しますと、トロントのLGBTタウンにある「The519」は、そういった意味での（単なるレクリエーションセンターではない）コミュニティセンターなのです。1975年に設立され、50名以上の職員を有しています。その組織理念（ミッションと言います）は、「The519は変化のための場所をつくり、トロントおよびそれを越えた地域のLGBTQの平等と包摂の前進に貢献する」とされています。トロント市の一機関ですが、NPOのように、ボランティアが参加する理事会があり、またチャリティ登録という免税の権利も得ています。ちなみに「519」は施設の住所の番地を示していて、それをそのまま団体名にしています。

トロントのLGBTタウンは、チャーチ通りとウェズリー通りが交わる地点を中心に広がっており、チャーチ・ウェズリー・ヴィレッジ（村）などとも呼ばれています。1800年代初期、スコットランド人の商人であり判事でもあったアレクサンダー・ウッドが周辺の土地を購入したことから始まったとされています。[41] 2005年には彼の銅像がLGBTタウンの一角に設置されていますが、これは、彼が同性愛者であったためです。同地区は、19世紀後半には高級住宅街となったのですが、その後、1920年代の世界大恐慌により、一帯は賃貸物件が多くなりました。しかし1950年代からは、高層アパート群も開発されるようになります。

1960年代前半に、この地区で同性愛者のサブカルチャーが発展したとされています。バー、ダンスクラブ、サウナなどが一帯に広がりました。70年代にはビジネス街の発展とともに、同性愛者の所有する企業も増えたとされています。ただし、カナダでは1969年まで同性愛行為は違法でした。そんな時代にトロントのLGBTタウンは生まれ、発展したのです。

1975年にThe 519コミュニティセンターが開設されて2年後、1977年にケベック州で性的指向による差別が世界で初めて法的に禁止されます。トロント市はオンタリオ州にあり、カナダは州の権限が強いため直接的には影響しないのですが、そうしたLGBTの権利についてカナダでも議論されてきた時期であることがわかります。

41 BLOGTOウェブサイト、http://www.blogto.com/city/2013/06/a_brief_history_of_the_church_wellesley_village/（2018年4月25日閲覧）。以下、歴史的な事項についてはこれを参照しています。

そうした経緯で、1981年2月5日にトロントのLGBTタウンで大きな事件が起きます。5つのサウナ（バスハウス）へ警察が一斉検挙を行なって300人以上の同性愛者が逮捕されたことに対し、同性愛者たちは初めて大規模な抗議行動を行なったのです。1969年にアメリカ・ニューヨークで「ストーンウォールの反乱」と呼ばれる、同じような事件と運動が起きており、それのトロント版とこの事件は理解されています。これ以降、毎年開催されるようになったのが、現在では性の多様性を祝うお祭りとされているプライド・パレードです。1970年代にはすでに行なわれるようになっていましたが、1984年、それは政治的な、権利運動としての意味合いを強く含むものとして実施されました（プライド・パレードについては本章のコラムでより詳しく紹介しています）。

この時期のThe 519の活動も、（市の一機関でありながら）そうした政治運動に肯定的な態度でした。「政治的な活動家のルーツを無視しない」ことをこの時期に確認したことが、ホームページにも掲載されています。先ほど紹介したLGBTコミュニティの2側面のうちの、「運動的側面」にもきちんと対応していたのですね。

1999年に、カナダでは最高裁が、LGBTQカップルでも年金や通院、税金の面で、異性カップルと同じ権利を受けるべきだと述べました。そして2003年、オンタリオ州とブリティッシュ・コロンビア州で同性婚がカナダで初めて認められたのです。それを皮切りに次々に各州で同性婚が認められるのですが、早くも2年後の2005年にはカナダ全土で同性婚が合法化されます。

この時期のThe 519は、当事者の運動への支援も引き続き行ないつつ、LGBTコミュニティ内の「多様性」への対応が進みます。民族ごとのグループの自助活動(セルフヘルプグループ)支援や、トランスジェンダーへの支援がそれに当たります。また、それと関連し、他機関と連携しての啓発活動が始まります。たとえば、トロント教育委員会による「クィア家族理解カリキュラム」への協力がされています。そして同性婚が認められてからは、大きな節目を越えたこともあってか、貧困、難民、高齢者への支援や、街全体の開発といった、さらに幅広いLGBTコミュニティの諸課題に取り組むようになっていったのでした。

現在のThe 519の施設とサービスの紹介を少ししましょう。以下、写真は許可を得て撮影したものになります。エントランスには受付カウンターがあります。座っているスタッフはただ受付をするだけでなく、インテーク・ワーカー(専門的な支援につなげる初回面談)としての役割も担っており、来た人の話をよく聞き、必要なサービスを紹介したり、関係機関に送致したりします。受付横には無料でコンドームが配布されていました。エイズ等の性病防止の意味があるのですね(見学をしたときも、10代の若者が急いでそれを持ち帰っていました)。

施設では毎週日曜には無料で食事の提供もされています(ミール・ドロップ・プログラム)。これは、誰でも飛び込みで利用ができます。他方で特定の人たちへのサービスとしては、たとえば、「ファミリー・サービスセンター」があります(写真①)。親が子供をいつ連れてきてもよい場所となっています。保育室にスタッフと母親と子供がいて、見学させていただいたときは、ちょうど、遊びの

① ファミリー・サービスセンター。

プログラムをしているところでした。またここでは、親になることを学ぶためのワークショップである、「ペアレンティング・プログラム」も行なわれています。

ペアレンティング・プログラムについては、カナダ発祥の有名なものがあります。それは「ノーバディズ・パーフェクト」（誰も完璧ではないよ）というもので、誕生から5歳までの子供の親のための無料の子育て理解プログラムです。とくに、若い親、シングルペアレント、社会的または地理的に孤立している親、低所得または教育を受けた年数が短い親などのニーズに応え、支援するように設計されています。

ノーバディズ・パーフェクトでは、親は「子供を愛し、良い親になりたい」と思っているけれど、最初から親になる方法を知っている人は誰もいないので、「すべての親は情報とサポートを必要としている」と考えています。[42] そしてそのプログラムによる支援での重要な考え方として、「親が自分の長所を認識することと、自分のニーズを理解すること」

42　ノーバディズ・パーフェクト・カナダのウェブサイト、http://nobodysperfect.ca/home/（２０２０年５月13日閲覧）。以下、ノーバディズ・パーフェクトの情報はこれに基づきます。

を重視しています。親はこうあるべきだ、と押し付けるのではなく、できないのは当たり前で、自分の長所も生かしながら、助けを求めることもできるよう、考えられるプログラムになっていると言えます。

Ｔｈｅ５１９でも、そのワークショップを実施する旨の告知が、施設の中に掲げられていました。こうしたアプローチでの、ＬＧＢＴの親に対してのプログラムは、大きな意義がありそうですね。

また、Ｔｈｅ５１９には、専門のカウンセリングプログラムがあります。トレーニングを受けたボランティアのカウンセラーが対応します。それ以外にも、法律相談、税務相談、住宅相談も行なっています。ホームレスや難民、高齢者のＬＧＢＴも相談に訪れます。なお、職員の中には、ボランティアの受付や調整を行なうボランティアコーディネーターがいます。ボランティアなしではここの運営は成り立たないそうです。

② オールジェンダートイレ。

施設のトイレは、どんなセクシュアリティの人でも利用ができる「オールジェンダートイレ」になっていました（写真②）。また、掲示板には様々なセクシュアリティのサークルや、イベントの案内のチラシが貼ってありました。その中に写真③のような、啓発的な？　チラシが

③ 掲示板のチラシ。

ありました。子供が描いたのでしょうか。かわいい絵とともに手書きの文字で「It's OK to have two Mams. It's OK to learn about two Moms.」、そして、「It's OK to have two Dads. It's OK to learn about two Dads.」と書いてあります。「2人のママがいるのはよいこと。2人のママについて学ぶのはよいこと。」そして、「2人のパパがいるのはよいこと。2人のパパについて学ぶのはよいこと。」というメッセージですね。

またこの施設には「ファーバーナック」という名のカフェが併設されており、施設の中からも外からも入れるようになっています（写真④）。このカフェは多様な人々の雇用を支援する目的ももっています。そのため働いている人の中には移民やトランスジェンダーの人や、精神障害を抱えて社会復帰訓練中の人もいたそうです。そうした人たちはなかなか仕事を得にくいため、「最初の仕事」として履歴書に書くことができる場を提供するという役割もこのカフェでは果たしています。

なお、このように運営されるビジネスをカナダでは社会的企業と呼んでいます。社会的企業とは、簡単に説明をするならば、社会的な問題を解決する組織、ということになりますが、このカフェのように雇用問題を解決しようとするものはとくに「労働包摂型社会的企業」と世界的には呼ばれています。この労働包摂型社会的企業については次章でより詳しく紹介します。
私はThe 519には何度か足を運んでいるのですが、あるとき訪れると、大きめの会議室で何かのイベントの説明会が行なわれていました。お聞きすると、エイズ患者支援の寄付を集めるための、サイクリングツアーの説明会とのことでした。1週間ほどかけてトロントからモントリオールまでの約600キロメートルを自転車で踏破するというものです。日程的に私は参加できないので遠慮したのですが、ぜひ聞いていって！　と言われ、その説明会に参加しました。会では、主催者からのあいさつに続き、エイズ患者の方が半生を話されたり、またツアーがいかにエキサイティングなものかがスタッフから熱く語られたりしました。

④ ファーバーナックの様子。

エイズという病気は、ゲイ差別の理由に使われたりもしてきました。それだけにエイズの予防や患者の支援、そして差別防止は、現在でもLGBTコミュニティの大きな課題のひとつであります。実際、The 519の横の公園には、エイズで亡くなった人を悼むモニュメントが建っていたりもします。このツアーの説明会もそうした一環であることを、感じさせられました。

4 「トウジシャ」とは誰か――「生きづらさ」の普遍性

ＬＧＢＴに限らず、何らかの生きづらさや、共通の社会的な課題を抱えた人たちのことを「当事者」と呼ぶことがあります。当事者がそのコミュニティで互いに支え合ったり、社会に対してメッセージを発したり、そしてそれを外部者が支援することは、その生きやすさをつくるために必要かつ重要である、ということを、ＬＧＢＴを例にしてここまでに説明してきたかと思います。

しかし、当事者とはいったい誰なのでしょうか。何人に1人は○○の当事者である、とか、クラスに何人は○○な人がいる計算になる、という統計的な「現実」は、たしかにその生きづらさを抱えた人が身近にいることを実感させます。しかし、「○○な人たち」という表現は、同時に「○○ではない人たち」との線引きを明確にします。この本の中でふれてきたこととの関係で表現するならば、（当事者）コミュニティのウチとソトとのあいだにたつ壁を、より高いものにもしているのではないか、とも危惧させられるのです。当事者「以外」の人たちを、その当事者が抱える問題のソトの人＝よそ者と位置づけることにもつながりかねないのではと思います。また、当事者の多様性を塗りつぶすことにもつながりかねません（Ｔｈｅ５１９では、シニアや、難民や多文化のＬＧＢＴなど、多様な「当事者」へ支援をしていたことを思い出してください）。

そのウチとソトのあいだには、ひょっとしたら自分は当事者かもしれないが、名乗っていいかわからない……という曖昧な人々が多様に存在する可能性があります。しかし「壁の高さ」は、そうした人たちを戸惑わせます。

当事者性とは多様で曖昧で、本人にも整理がついていないことも多いのです。フリーライターの青山ゆみこは、著書『ほんのちょっと当事者』の中で、当事者と名乗っていいかわからない曖昧な出来事、言いかえるならば「周辺的な当事者」としての自分の経験について、ローン地獄、性暴力、親との葛藤など、多様な出来事をエッセイとして語っています（青山 2019）。これらの経験について、著者は、「大文字の困りごと」を「自分事」として考えてみたと表現しています。

> わたしは社会の一員として生きている。
> というよりも、社会とはわたしが生きることでつくられている。わたしたちが「生きる」ということは、「なにかの当事者となる」ことなのではないだろうか。
> （青山 2019: 6）

青山は「曖昧な当事者」が「当事者」に分類（ラベリング）されたときの戸惑いを、以下のように正直に吐露しています。

> わたしは「そっちのチーム」じゃない。「普通」なのに！

思わずそう声を上げそうになった自分に驚いた。いわば難聴当事者でさえある自分が健常者と聴覚障害者を線引きし、障害者であると指摘されて気分を害するような人間であることを思い知らされ、ダブルでショックだった。わたしは「きれい事」の人なのだ。それを指摘されたようで強烈に恥ずかしくもあった。（青山 2019: 47）

私も「ほんのちょっと当事者」として、曖昧で所在ない感情をもてあました出来事がありました。２０１８年6月、最大震度6弱の大阪北部地震が大学のキャンパスを襲ったときのことでした。地震の被害で大学の研究室は、本、パソコン、コーヒーカップ等々、床より上にあったものはすべて床に散乱しました。片付けを手伝おうかと家族や友人、大学院生も言ってくれたのですが、「大丈夫」としか答えられませんでした。自分の被害はたいしたことはないし、これで「被災者ぶる」のもおこがましい、という思いがあったように思います。

自分が自分で思っているよりも疲れて、傷ついていたなと気がついたのは、大阪府茨木市の災害ボランティアセンターで運営のお手伝いをしていたときでした。災害ボランティアをしたいという人と、支援を受けたいという人をマッチングする場（ボランティア・コーディネート）です。そこで来室した支援希望の年配の女性に、わりと長めに受け付けをして話を聞いたことがありました。家の中がめちゃくちゃになってしまっているが、旦那が亡くなって、それまでは旦那に頼りっきりだったからどうしていいかわからない。業者の連絡もたくさんあるが、詐欺かもしれない。不安。でも命があっただけよかったと友達とも言っていて、がんばらなきゃ……というような話でした。
　それに対して、私も散乱した研究室のことなど、自分のことを少しだけ話す中で、気持ちが軽くなったように思えたのです。ちょっとしたトラブルも抱えていた時期なので、そのとき、お互いに大変だねという話をその女性とできたことで、救われたような、理解されたような、そんな気持ちになってのことだったかと思います。前章でもふれましたが、当事者どうしが話し合うセルフヘルプグループ、あるいは居場所としての意味が、「曖昧な当事者」であったにもかかわらずそこにはあったのでした（だからといって研究室の片付けは結局誰にも頼れずに、ひとりでやってしまったのですが。その前に、大学の職員の方たちがだいぶ整理をしてくださっていたのは、とてもありがたかったです）。

うおやま『ヤンキー君と白杖ガール』（KADOKAWA）第 47 話の一場面。視覚障害をもつ女性と彼女に恋した（ヤンキーな）男性を主人公に，様々な生きづらさをもつ人たちが，他者と関わり合いながら自分と向き合う物語です。本文で述べたような，当事者と非当事者とによる関係変容の可能性が示されています。

　話を戻しますと、このように当事者のウチ

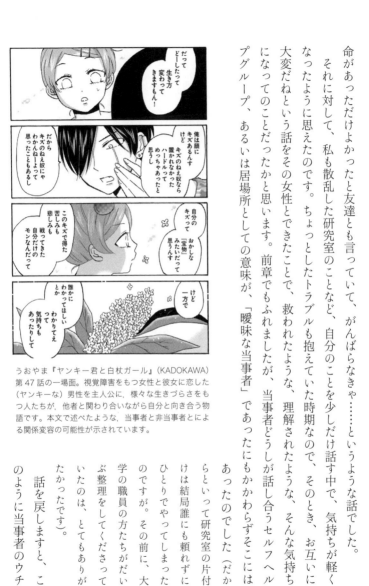

とソトの壁の高さは、曖昧な当事者に声をあげにくくし、社会からも、隠してしまうのです。社会学者の関水徹平はこのことを、「『ニーズを引き受けることによって当事者になる』という方向性以外の当事者性が不可視化される」おそれと表現しています（関水 2011: 116-117）。

壁を低くするにはどうしたらいいのでしょうか。私の授業で、「ほんのちょっと当事者」になった経験はありますか、と受講生の方たちに尋ねたところ、様々なちょっとした「生きづらさ」が回答されました。軽度の障害や家庭環境……また、名前の付かない感情を持て余した話も、いくつかありました。中には、「子供の頃、兄弟が壁に穴を開けたとき、自分もはやし立てたのでちょっと当事者だと思う」というユニークな答えもありましたが（個人的には優勝な回答でした）。いずれにしても、境界線が曖昧で、すべての人が当事者となる可能性がある状況の中で、属性によらずその状況を表現する言葉として「生きづらさ」が便利に使われるようになった、と社会学者の貴戸理恵は指摘しています（貴戸 2018）。

……だから、「発達障害」とか「セクシャルマイノリティ」といったカテゴリーに回収しきれない苦しみを「私の生きづらさ」として表すことができる。さらに、マイノリティの属性を持たない人も、「生きづらい」という言葉を使って苦しみを表現できる。

言いかえれば、「生きづらさ」は、個人化・リスク化した人生における苦しみを表す日常語なのだ。

（貴戸 2018: 45）

貴戸の著書『「コミュ障」の社会学』では、ひきこもりや不登校に関する生きづらさが論じられています。貴戸は、コミュ障の正反対の存在をさす言葉として「コミュ力がある」という言い方があるが、コミュ障も「コミュ力がある」も、同じ文脈で空気を読み合いながら生きていることを説明します。そして、白岩玄の小説『野ブタ。をプロデュース』の主人公を例に、学校の教室で繰り広げられている息苦しい人間関係の中では、誰がいつ自分の「地位」を失うことになるかわからない（いじめの対象もそれに含む）ことから、「自己責任」にされがちな生きづらさは、決して個人の問題ではなく、そのリアリティをどう社会としての解決につなげていくかが課題となるとしています（貴戸 2018）。

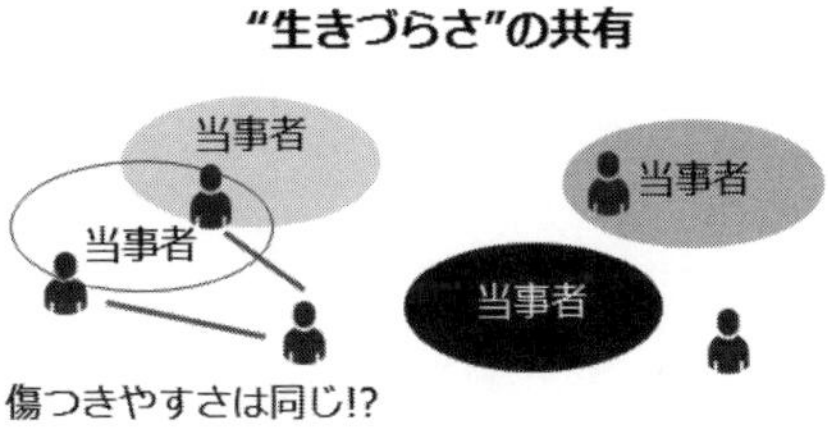

当事者と生きづらさ（筆者作成）。

この『「コミュ障」の社会学』を私のゼミで輪読していたとき、明るくハキハキとしている学生がこの本にとても共感する、熱心に読んでしまった、と感想を述べたことがありました。コミュ障とはコミュニケーション障害の略であり、集団に馴染めない人に対してやや侮蔑を含んでそう呼称したり、あるいは自虐的に自称したりして使われる言葉です。その学生の普段のイメージとは合わなかったのですが、過去に学校に通うのが辛かった時期もあったそうで、広い意味での当事者性に共感したのでしょう。

前々章で紹介した社会的スティグマの話ですが、ゴッフマンは、それは関係性的な役割であり、属性から生まれるものではない、と主張していることを紹介しました。当事者はスティグマを抱えがちですが、個人のアイデンティティが社会から押し付けられる（つまりスティグマ）ものでもあることから、スティグマのある者と、それがない「常人」（ノーマルな人、ぐらいの意味です）とは、互いに相手の一部をなしているのだ、とゴッフマンは述べています（Goffman 1974=2001: 227）。そして、一方が傷つきやすいのであれば、他方もまた傷つきやすい、という言い方で生きづらさが共有されていることを指摘しています。貴戸（2018）が指摘したコミュ障とコミュ力がある人との関係性に、重なる話です。

そしてこのことは、「当事者」を支援することが、すべての人を助けることになるのだという、一見矛盾した論理的回路を、実質的につなぎ合わせることを可能とします。日本のＬＧＢＴ支援のＮＰＯである「ＲｅＢｉｔ」は、全国の小中高校・大学の児童・生徒・学生、教員などに向けて、当事者が講師を務めるＬＧＢＴ教育を行なっています。[43] そのときにＲｅＢｉｔが大切にしている思いは、ＬＧＢＴを含めた「すべての子供」がありのままの自分で大人になれる社会をめざす、ということです。それは、ＬＧＢＴの人も、ＬＧＢＴでない人も「ＬＧＢＴ問題の当事者」だから、という認識があるからです。そして、一人ひとり違うことがあたりまえで、かつ、それがとても素敵だと認識されたら、どんな人でも生きやすい社会になるに違いない、という理想をもっているか

43　ＲｅＢｉｔウェブサイト、https://rebitlgbt.org/（２０２０年５月13日閲覧）。以下のＲｅＢｉｔについての記述はすべて同サイトに基づきます。

らなのです。

また、社会運動を研究している社会学者の富永京子は、当事者が声をあげることを「わがまま」と表現しています。それはネガティブな意味ではなく、声をあげたり、意見を述べることへの垣根を下げる意図があります。そしてそれは、他人のために声をあげる「おせっかい」へとつながるものでもあり、また逆に、他人のためのことが自分たちのことにつながることもあり得る、と説明します。


「今のお前に関係ねえじゃん」と言われたら、「いや、自分のことじゃないからできるんだ」と堂々と言えばいいのです。たとえば、福島や広島に住んでいないとか、この問題の被害者じゃないとか、……（中略）……どんなよそ者であっても「わがまま」を言っていい。そのような「おせっかい」が、その被害者のために、かつての自分のために、未来、もしかしたら自分が被害者になるときのためになるかもしれない。（富永 2019: 248）

「当事者ではない私」が他人のまま、生きづらさの問題（あるいは社会運動）に関わることで紡ぎ出される小さな物語もあるのでしょう。

ここまでの話をまとめますと、当事者（コミュニティ）のウチとソトのあいだの壁を低くする、あるいはそのあいだをつなぐことは、当事者にとっても、当事者以外にとっても、その社会での生きやすさにつながると言えるのではないでしょうか。またそうした他者／社会との相互行為を通じ、曖昧な「当事者」としての自己が繰り返し、振り返りながらつくられていく過程こそが、個人化した脱近代社会におけるアイデンティティの形成過程でもあると言えるかと思います。このことを社会学では自己再帰性、あるいは内的再帰性と呼んでいます。[44]

自己再帰的なアイデンティティ形成の中で、人と人との関係性の意味も変わっていくのかもしれません。つまりは、当事者とそうでない（と思っている）者とのコミュニケーションの中にこそ、お互いの生きづらさを明らかにし、共有し、問題を解決していく道筋があり、またそれを促進するような支援のあり方が必要ではないかと考えられるのです。スティグマが「レッテルを貼る」という言い方で表現されるように、「当事者」という型通りの言説に回収されない、一人ひとりのかけがえのない固有性をもった小さな物語の共有（シェア）と、それによる互いの自己の捉え直し。それこそがコミュニティの中での生きづらさの解消、あるいは緩和する可能性をもっていると言えるのだと思います。

44　ここでの自己再帰性（内的再帰性）の考え方は、ギデンズやラッシュといった社会学者の主張に基づきます（なおギデンズは脱近代とは言わず、再帰的近代と呼んでいます）（Giddens 1991=2005; Lash 1990=1997）。

コラム トロントのプライド・パレード

私がカナダ・トロント市に滞在をしていた2014年6月の出来事です。[45] 夏本番を迎え、トロントでは週末の度にどこかの通りでフェスティバルが開かれていて、お祭りシーズンといった感じでした。また、サッカーのワールドカップもありました。カナダは出場していませんが、そこは多文化都市。出場国に由来がある人たちが必ずいて、スポーツバーでは応援合戦になったりもしたようです。ベランダや街行く車上には、色とりどりの国旗が掲げられていました。出場国3か国の旗をなびかせて走る車もあり、多文化都市ならぬ多文化家族も、よくある風景だったりします。

そして6月最後の週末は、ワールド・プライドでした。プライドは同性愛者などの「多様な性」を祝うお祭りであり、その世界大会がトロントで開かれたのです。ワールド・プライドでは、パレードだけではなく様々な催しが開かれました。世界中から集まった115組の同性カップルの合同結婚式も開かれ、次の日の新聞の一面を飾っていました。パレードの会場には出店が並び、また近くの小学校は「ファミリー・プライド」といって、子供たちが様々に遊べる場として開放されていました。私も、子供を連れて遊びに行きました。

ただし、プライドをただのお祭り、と言うと、少し語弊があるかもしれません。プライドの起源は、1969年6月28日、ニューヨークで起きた、ひとつの事件に端を発します。本章の本文中でもふれましたが、あるゲイバーに

45　このコラムの文章は、「とある社会科学者の加奈陀日譚 第十話」(『公益・一般法人』874号、2014年8月)を加筆修正したものです。

プライド・パレードで行進する男性チアリーダー。

警察が踏み込み捜査に入った際、歴史上初めて、同性愛者たちがその迫害に対して反抗し、暴動に至ったのです。この事件は、そのバーの名前から「ストーンウォールの反乱」とも呼ばれます。翌年、当事者たちがパレードを実施しました。今では6月最終週の週末、世界中の都市でプライド・パレードが開催されるようになっています。

トロントのプライド・パレードでも、その運動性の精神は、強く引き継がれています。たとえば2011年に当時の市長が、ある政治的主張をもつ団体がパレードに参加する場合には、市は補助金を出さないと発言しました。これに対抗してプライド参加取りやめを宣言する団体が現れました。

また、2016年に、ブラック・ライブズ・マター（Black Lives Matter; 黒人の命は大事だ）という、黒人差別に反対する社会運動がアメリカで起こった際には、理事会やスタッフの人種的多様性が検討されたり、さらには制服を着た警察官のパレードへの参加禁止が検討されました。これは、2014年にアメリカで警察官による黒人暴行死事件と、射殺事件が起きたことへの、抗議の意味をもっていました。内部での厳しい議論と会員投票の末、17年のパレードでは制服を着た警察官の参加が禁止になったのでした。これらの出来事は、トロントのLGBTコミュニティ（運動体としての）において、その多様性と一体性を常に問い続ける努力がなされてきている、ということを示すものだと思います。

私がみたパレード当日は、企業・運動団体・NPO・大学・公的機関・政党の行進やフロート（山車）がずっと続き、1万2千人以上の人たちがパレードをしたとのことでした。暑い中、4時間ほどみていましたが、終わる気配がまったくないので、疲れてしまい、帰ってきてしまいました（その後、さらに3時間ぐらい続いたみたいです）。でも、色とりどりの衣装や山車で、飽きることはなかったですね。中にはもちろん、過激な衣装の人たちもいました。しかしその中で、普通の格好で歩いていたおじさんのもっていたプラカードに、目が止まりました。そこには、「私はゲイの息子を愛しています」と書かれていたのです。

きっとそのプラカードを手にするまでには、様々な葛藤があったのだろうなあ、と想像してしまいました。プライド＝誇りとは、自分をさらけ出すこと。そしてそれは、世界一同性愛者が住みやすいと言われるトロントでも、大変な勇気を必要とすることなのです。差別も、いまだにあるのは事実です。LGBTに寛容な都市だと聞いて日本から移民をしても、LGBTの中でアジア人はさらにマイノリティとして厳しい立場に置かれがちだ……という話も、LGBT支援のソーシャルワーカーとして働く人から聞きました。

楽しみながらも、自分の誇りってなんだろうなあ、自分はそれを護ることができているのだろうか、と考えた日でした。パレード終了後、夕立があって、空には二重の虹が。レインボーカラーは多様な性のシンボル。パレードの成功と、そしてこれからも「多様な生き方」がより認められる社会になることを、天がお祝いしてくれたかのようでした。

第9章

「働くこと」を支える——社会的包摂とコミュニティ

朝になれば、また私は店員になり、世界の歯車になれる。そのことだけが、私を正常な人間にしているのだった。

（村田沙耶香『コンビニ人間』）

1　これからは物の豊かさよりも心の豊かさ？

「これからは物の豊かさよりも心の豊かさだ」という意見に、あなたは同意されますでしょうか。それとも、そうは思いませんでしょうか。

内閣府が毎年、行政一般の基礎資料とするために1万人を対象に行なっている『国民生活に関する世論調査』では、この質問が尋ねられています。それによれば、２０１８年調査の結果で、物の豊かさ支持が30・2％なのに対して、心の豊かさ支持は61・8％となっています。そして過去の結果からの推移として、「これからは心の豊かさ」と答える人はだいたい増え続けているようにみ

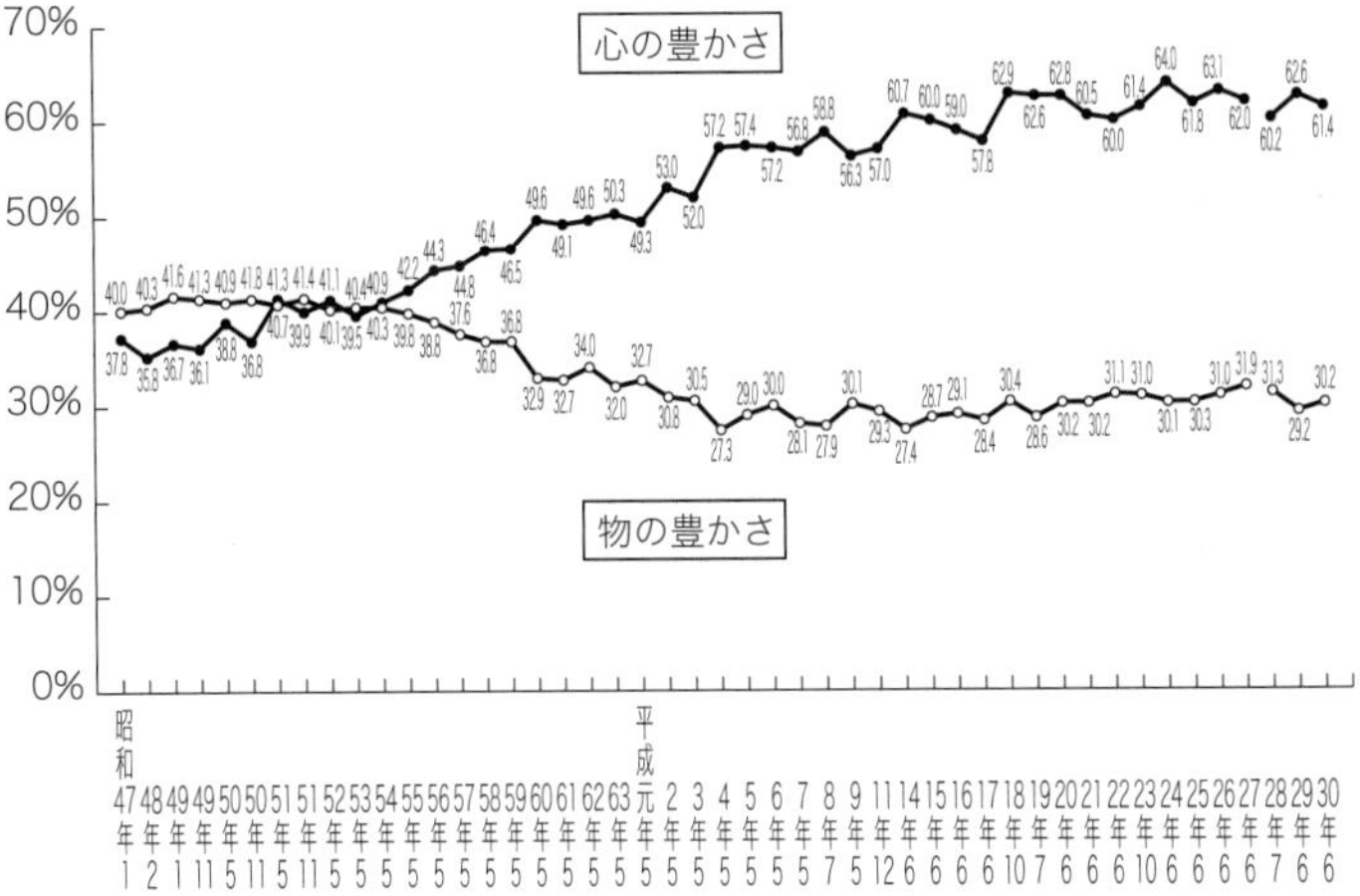

「これからは心の豊かさか，まだ物の豊かさか（全体の推移）」（内閣府『国民生活に関する世論調査（平成 30 年 6 月調査）』(https://survey.gov-online.go.jp/h30/h30-life/zh/z21-2.html　2020 年 6 月 4 日閲覧）より引用）。注：「心の豊かさ」＝「物質的にある程度豊かになったので，これからは心の豊かさやゆとりのある生活をすることに重きをおきたい」，「物の豊かさ」＝「まだまだ物質的な面で生活を豊かにすることに重きをおきたい」。

えます（図参照）。

ただし、質問の仕方として「これからは」とか、「まだ」という言葉を使ってしまっており、そのことが回答の方向性に影響してしまっている可能性は大いにあります（このように価値観を左右する表現は、社会調査の質問では本来使うべきではありません）。

それはともかくとして、この調査結果について年代別に回答傾向をみると、また異なる状況が現れてきます。それは、年齢層が上がるほど、「心の豊かさ」を支持する人の割合が高まるという傾向です。そしてその傾向は、本調査のこれまでの過年度の結果で、ずっと一貫した特徴なのです（次頁の図参照）。

なぜ、年齢が高い人ほど、「これから

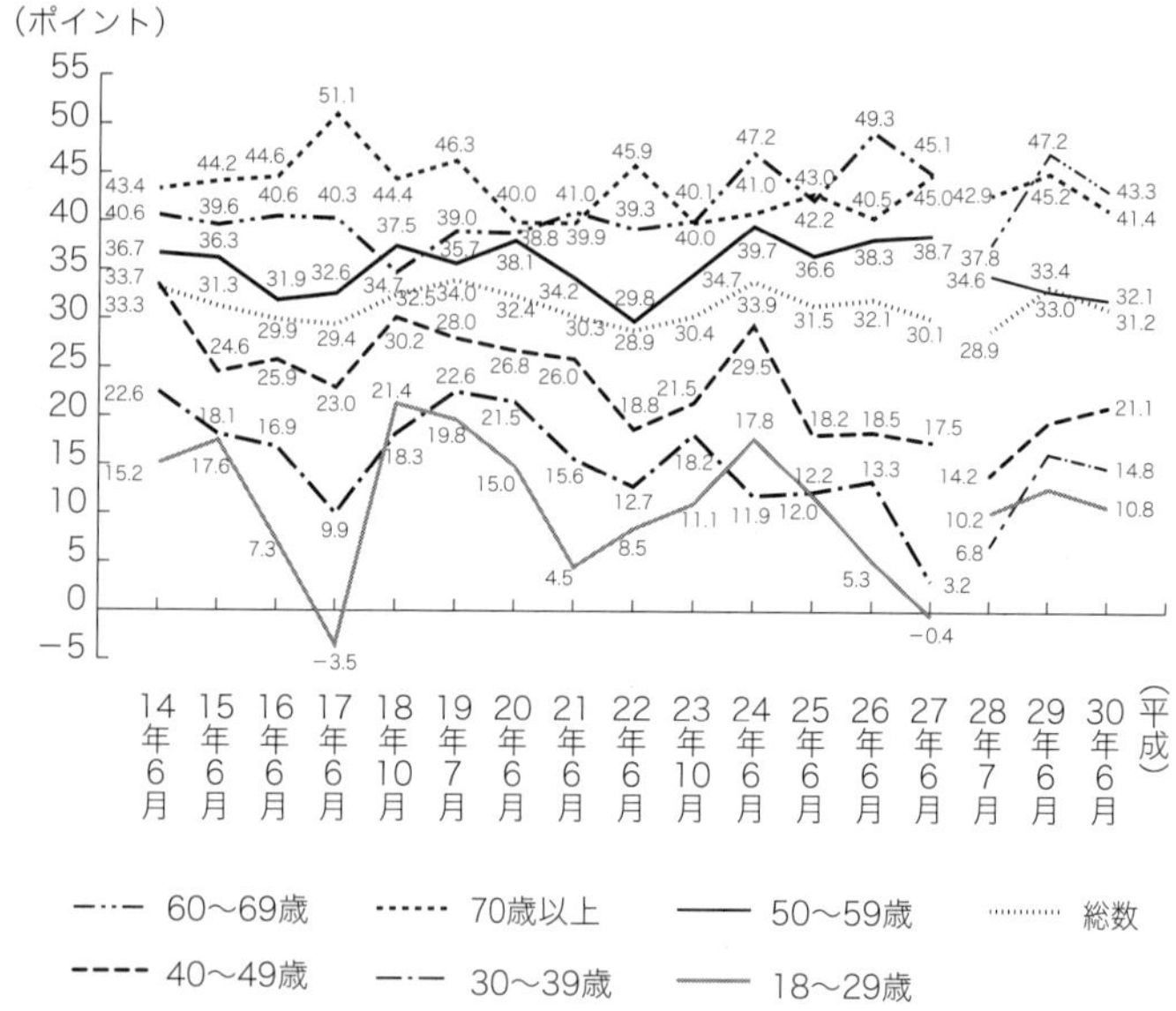

「これからは心の豊かさか，まだ物の豊かさか（年齢区分別の推移）」（内閣府『国民生活に関する世論調査（平成30年6月調査）』(https://survey.gov-online.go.jp/h30/h30-life/zh/z21-s.html 2020年6月4日閲覧）より引用。注：グラフの値は，「物質的にある程度豊かになったので，これからは心の豊かさやゆとりのある生活をすることに重きをおきたい」から「まだまだ物質的な面で生活を豊かにすることに重きをおきたい」の割合を引いた値。

は心の豊かさ」が大事と回答している割合が高いのでしょう。ここからはやや強引な想像になりますが、年齢が高い人は十分に資産的な蓄えができており、そのために「これからは心の豊かさ」と言えるだけの余裕がある人が多いのではないのでしょうか。それに対して、若い人たちはそんなことを言える余裕はほぼなく、まだまだ「物の豊かさ」を必要としているのではないでしょうか。

　幸福感研究では「収入の満腹感」が指摘されていたことを思い出してください。ある一定の年収額に達すると、それ以上は金額が上がっても幸福度が比例して上がらない、という現象です。これは逆に言えば、その水準までは、収入が上がることは幸福度を高める可能性がある、ということでもあります。つまり、「物の豊かさ」は、ある程度それが達成されていなければ、求める人の割合が高くなるというのが、幸福感の研究結果からも裏付けられるのです。

これはまさに「衣食足りて、礼節を知る」ということわざの通りなのではないかと思います。マスメディアなどではよく、「現代の日本人はすでに物質的豊かさを達成したにもかかわらず、心は貧しいままであり……うんぬん」というストーリーが、好んで使われます。しかしそれは、そう考えたい人たちによる、勝手な幻想ではないかと思うのです。そうではなく、今なお、物質的豊かさを享受できずにいる人たちがいる（そしてそれは若い人たちに多い）、という現実の一端を、この調査結果は示しているのではないかと私は思うのです。

さらに注意が必要だと思うのは、過去の調査結果の推移からは、50歳を境としてそれよりも年齢が上の層は、「心の豊かさ」を支持する人の割合がだいたい増え続けているのですが、40歳代以下の年齢層は逆に、それを支持する人は傾向として減り続けているのです。最近になるほど、40代未満は、「物質的豊かさ」をより求めるようになってきているのです。

もし先ほどの「衣食足りて礼節を知る」仮説が正しいのであれば、この結果は日本の若い世代で生活の余裕がどんどん、なくなってきていることを示している、とも考えることができるでしょう。そして、50代以上との心理的な「格差」が、どんどん開いてきている可能性があると思われるのです。

40代〜50代を境に・・・

しかしなぜ、40代以下が「物の豊かさ」希求世代なのでしょうか。２０１０年ぐらいの、リーマンショック直後の大不況まっただ中のとき、私は若者自立支援について、いくつかの支援団体を調査していました。そのとき、ある若者支援の団体の方がぼそっと、「自分たちのやっていることは、重箱の隅を突いているようなもので、経済が回復して若者の雇用全体が改善しないと、不利な状況の若者の就職もなかなか、難しいんですよね……」とつぶやいていたのが、今でも忘れられません。経済が厳しい中では、不安定な状況の人たちを支える余裕も社会になくなり、そうした人たちに一気にしわ寄せが来ることになるのです。バブル崩壊後の「失われた20年」の中で、「将来世代にツケを回さない」、「痛みに耐えてがんばれ」とのスローガンで政府は財政支出を減らしてきました。しかし結局、そのツケを払ったのは現役世代、それもとくに、今では40代にもなっている「氷河期世代」の若者だったのです。そのことが「物の豊かさ」希求に影響をしているのではないかと、

「金が全てじゃねぇが，全てに金が必要だ。」（真鍋昌平『闇金ウシジマくん』小学館，第312話）。

私は同じ世代の者として感じざるを得ないのです。

２０１０年代の中頃から後半にかけては、金融政策の奏功と、世界経済が好調だったこともあり、日本の景気はだいぶ回復しました。その結果、若者の就職状況は改善しました。私も職場で大学生の就活を見続けていますが、この時期に劇的によくなりました。実際、リクルートワークス研究所の調査によれば、２０１２年３月卒の大卒求人倍率は1・23倍でしたが、２０１９年３月卒では1・88倍まで回復しています（『第37回ワークス大卒求人倍率調査』）。

日本全体での格差的な相対的な貧困の基準となる「相対的貧困」も、２０１２年の16・1％から２０１５年には15・6％

とやや減少しました。17歳以下に限った「子供の貧困率」で言えば、16・3％から13・9％の大幅減少でした。これは、失業率の改善の影響が大きいと言えるでしょう。余談ですが、こうした社会的な多少の余裕ができてきたからこそ、子ども食堂の全国的な増大といった、支援の輪の広がりが生まれたのではないかとも私は考えています。

しかしながら、2020年の新型コロナウイルス感染拡大は、世界中の経済を強制終了させてしまいました。子ども食堂といった支援の場も、感染防止のために開催が難しくなりました。この本の執筆段階では、経済の再起動がどう行なわれ、景気がどう回復するのかはまったく見通しがたっていません。地域の経済状況が再び上向きになることを願うばかりです[46]。

すでに述べたように、失業状態は幸福度を損ねる大きな原因になることがわかっています。私も、会社都合で失業したときには、その先の不安や、自分はいらない人間だったのか、という自己評価の低下から寝られなく、横になってみても天井がぐわんぐわんゆがんでみえていたのを覚えています（失恋したとき以来でした）。持続的な経済の成長と、それによる失業率の低下、そして賃金の上昇があってこそ、多くの人の生活が守られていくと実感をもって考えています。

46　ただし景気後退は新型コロナウイルス危機のだいぶ前から起きていました（政府は2018年11月から景気後退が始まっていたと、この原稿を執筆している最中に認定しました）。そして、景気動向指数から明らかですが、2019年10月の消費増税は、景気を大きく落ち込ませたことがわかっています。つまり、政策的な失敗もダブルパンチとなって、コロナ禍による不況の底を深くしてしまったと言えるのではないでしょうか。

2 働くことからの「排除」とWISE

生活できる賃金がもらえない、あるいは、そもそも仕事に就くことができない、という状況は、社会的排除のひとつの形態としての「労働からの排除」と捉えることができます。社会的排除とは貧困や差別が原因となって、学習の機会が不足したり、様々なことへの参加の機会が制限されたりすることで、社会の隅に押しやられてしまうプロセスをさします。

この社会的排除概念が、貧困問題を考えるときに有用だと思われるのは、排除が多面的であると考えられていることです。仕事の問題は労働からの排除であると述べましたが、なぜ安定した仕事に就けないのか、または、ちょっとした「つまづき」がリカバリーできない理由には、そうした多面的な排除過程の結果であると言えるのです。

２００７年ぐらいから、漫画喫茶やネットカフェを滞在地として生活する人々のことが、社会的な問題として注目され始めました。「ネットカフェ難民」と呼ばれることになったその人たちには、若い人も多く含まれていました。２００７年に厚生労働省が行なった調査結果では、屋外で生活するホームレス状態の人は、１万８５６４人だったとされています。[47] しかし実態としては、このネッ

47 厚生労働省「ホームレスの実態に関する全国調査結果」２００７年。なおこの調査は以降毎年行なわれるようになり、その数は減少傾向にあるとされています（２０１９年調査で４５５５人）。しかし、調査方法に問題があるため、実際にはもっ

トカフェ難民のように、より多くの人が住むところにさえ困っている状態であることがうかがわれたのです。厚生労働省ではさらに、同じく2007年に、漫画喫茶やネットカフェをオールナイトで利用している客の実態を調査しました（厚生労働省「住居喪失不安定就労者等の実態に関する調査報告」2007年）。その結果、推定で約5400人の人たちが「住居がなく寝泊まりするため」という理由で、漫画喫茶やネットカフェをオールナイト利用していることがわかったのです。またその人たちには、20代と50代が多かったことも指摘されています。

現在、ネットカフェ難民は減っているのでしょうか。2018年の東京都の調査によれば、ネットカフェ難民は東京都内だけで約4千人と算出されています。つまり、その数はほとんど減っていない、というかこの数は都内だけなので、全国では増えている可能性もあるのです（先述の通り、景気拡大期であったにもかかわらず、です）。

では若者はなぜ、ネットカフェ難民を含む、ホームレス状態になってしまっているのでしょうか。認定NPO法人ビッグイシュー基金が2008年から2010年にかけて行なった「若者ホームレス調査」では、20〜30代の若者ホームレスがなぜ路上暮らしを余儀なくされたのかについて、50人への聞き取り調査によって明らかにしようとしています。それによれば、ホームレス状態になる若者は多重的な社会的排除の状態にあり、またそれはこれまでの生活の中で、プロセスとして形成

と多くのホームレス状態の人がいるのではないかと考えられています。その調査方法とは、全国の市町村職員が昼間にみて（目視）調査するという方法であり、そのため働きに行っている人は把握されないのです。

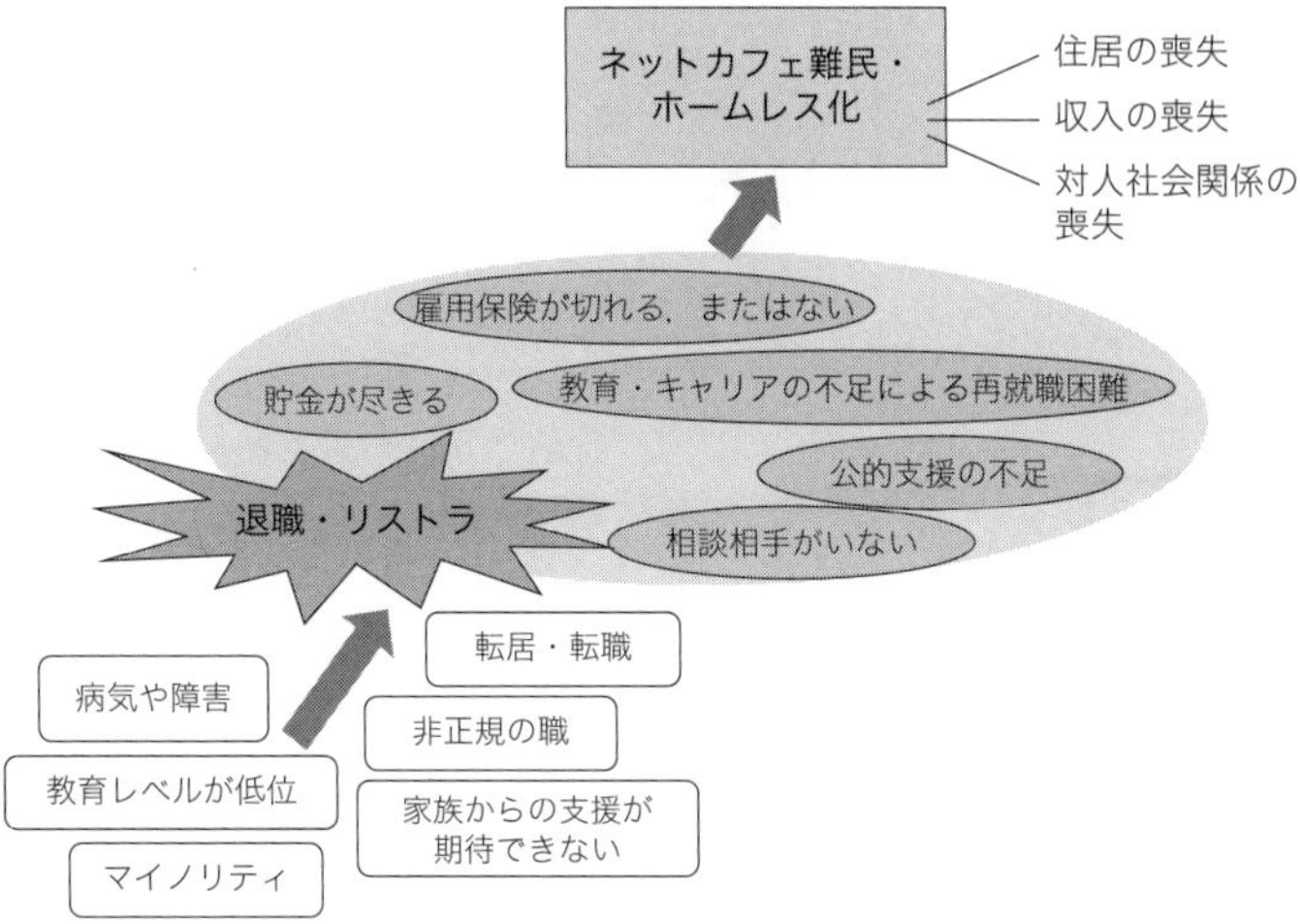

若者ホームレスの社会的排除の過程（飯島・ビッグイシュー基金 2011 より筆者作成）。

されてきたものであることが理解されるのです（図参照）。

調査結果からは、若者ホームレスたちはまず、半数が経済的に不安定な家庭で育っていました。そして、家族がいなかったり、いても家族との縁がほとんど切れてしまっている者も少なくありませんでした。7割を超える人が家族と連絡が取れない、または取らない状況にありました。さらに、十分に教育を受けた経歴をもつ者は少なく、それもあり非正規雇用などの不安定な職を転々としていた者が多くいました。そしてそれが、転職だけでなく転居を頻繁にすることにもつながっていて、結果として身近に頼りにできる親しい友人・知人がいないという状況にもなっていたのです。

第2章で、転職には「弱いつながり」が有効に働いていたというアメリカの研究結果を紹介しました。しかしそれは、高学歴な人々の、いわゆる「ホワイトカラー」の転職が事例であったことに注意が必要です。日本の若者で、学校生活から職業生活への移行がうまくいかない「移行の危機」状態にある、無職の若者51例を踏まえた堀（2004）の分析では、無職の若者のもつつながり（社会ネットワーク）は、限定的、孤立的な場合が多くみられることが指摘されています。就職・転職をしようにも、弱いつながりどころか、つながり自体が限られているのです。社会的排除は人間関係からの排除でもあるのです。第5章で紹介した打越（2019）でも、地元の建設業以外では出稼ぎか違法・グレーな就労しかツテがない、沖縄の若者の様子が描かれていました。

こうした「排除されがちな人びと」の就労支援を行なう組織として、ヨーロッパで1990年代より注目され、概念化されてきたのが労働包摂型社会的企業（Work Integration Social Enterprise）、通称WISE（ワイス）です。

WISEはヨーロッパでは、①重大な社会的課題を抱えた求職者と、②「配置が難しい」長期間求職中の人を支援しているとされています（Davister, Defourny, & Gregoire 2004）。そこには、障害のある人、アルコールや薬物の依存症からの回復者、保護観察中や刑務所出所後の者など（①に含まれます）と、長期失業中や技術や資格をもたない若者、マイノリティや女性（②に含まれます）が想定されています。

WISEはこうした人々に就労訓練や、就労機会を提供する団体の総称です。ヨーロッパではNPOと協同組合の形態をとる団体が多いのですが、営利企業も一部、それに含むこともあります。

こうしたＷＩＳＥはヨーロッパだけではなく、世界各国でも、日本でもみられる組織です（写真もご参照ください）。日本でのＷＩＳＥのひとつのケースを紹介したいと思います。

滋賀県は糸賀一雄という偉大な思想家・実践家が先鞭をつけた、障害者の福祉活動・政策が先進的に取り組まれてきた地域です。そこで１９８１年から知的障害者とともに働く会社をつくってきたのが、溝口弘氏です。溝口さんは大きな障害者入居施設で働いていたのですが、人里離れた場所ではなく、障害者が地域で生活できるようにしたいと考え、その施設を退職し、会社を始められたのです。

台湾の WISE の例。1992 年に設立された台北市の陽光社会福祉財団は，全身やけどを負った人など，障害のある方が働く洗車場などを運営しています。

１９７０年代までの日本では（世界的にもですが）、「コロニー」と呼ばれる、村のような大規模で閉鎖的な施設で生活することが、障害のある人にとっても幸せであると考えられていました。そのため、国としても、また障害者福祉の民間指導者たちもそれを推進してきたのです（相澤 2015）。しかし、１９８１年の「国際障害者年」で国連が、障害（ハンディキャップ）は社会の側が作り出しているものというメッセージを発したのをひとつの契機に、日本でノーマライゼーションの発想が注目されるようになります。そこでは、重度の障害者が地域で日常生活を送れないのは、社会の側にそのための用意がないからではないのか、とも考えられるようにもなったのでした（第4章でふれた、障害者の自立生活運動が1970年代には起こっていたことも、思い出してください）。

話を戻しましょう。溝口さんたちは始めた会社を「なんてん共働サービス」と名付けました。最初の頃は仕事があまり無く、みんなでお弁当をもって琵琶湖に行ったり、甲子園に行ったりし、帰ってきたら留守電を聞いて、仕事の依頼は入っていないかな、という感じだったそうです。次第にビルや住宅の清掃が業務の柱となっていきます。そして、2000年の介護保険制度の開始以降、高齢者福祉サービスの事業も始められています。

溝口さんは、「なんてん」は福祉サービスにしたくなかったと言います。それは、行政から補助金などを受け取ってしまうと、「指導員」というような上下の関係が障害のある人とのあいだにできてしまうからだとのことです。退職した施設の関係も含め、地域に応援団が多かったから、なんとかやってきたとおっしゃられました。

また「なんてん」では、「年齢の差や障がいのあるなしに関係なくすべての人たちが、住み慣れた地域で、尊厳をもって、助け合いながら、共に暮らせる地域や社会が実現する」ことを目標に、2001年に「NPOワイワイあぼしクラブ」を設立しています。そのNPOでは、障害のある人が地域生活できるための住居として、グループホームを開設しました。グループホームには障害者が一緒に住んでいるとともに、家事などの生活援助や相談を受ける世話人が交代で滞在していま す。あわせて、入居者の余暇の時間の支援も行なってきています。

社会的に排除されがちな人たちの苦しい状況は、仕事のあるなしという問題だけではない、というのは先にみた通りです。そのために、WISEの実践でも、多面的なニーズへの対応が必要に迫られる、ということを「なんてん」の例は示しているとも思います。

私が「なんてん」のある湖南市を訪れたときに、驚いたことがあります。最寄駅を降りて近くのスーパーでちょっとした買い物をしたときのことですが、その際にレジで、前に会計をしている人が、店員さんが合計金額を提示しているのに、まごまごしていました。若い茶髪の店員さんは察したのでしょう。その人から財布ごと受け取り、さっと必要金額を抜き取ると、そのお金と、レジに表示された金額をみせて、「これだけもらいますね〜」と確認をしました。実にあっさりと、普通のことのように対応されたのでした。

おそらくそのお客さんには、何らかの障害があったのでしょう。しかし、そうした人への対応に、店員さんは慣れている様子でした。障害者の地域生活が進んでいる地域だからなのか、何か関係あるのではないか、と私は思ったのでした。

しかし「なんてん」の溝口さんでも、障害のある人の「個性」としての「違い」を、実感をもって認められるようになるまでには、ずいぶんと時間がかかったと、ある講演で述べておられます。[48]

48　溝口弘「人権尊重と福祉の充実（自主レポート）」『自治研報告書集 第28回地方自治研究全国集会山形発・分権でえがこう21世紀のグランドデザイン』２０００年。http://www.jichiro.gr.jp/jichiken_kako/report/rep_yamagata28/contents.htm（２０２０年６月７日閲覧）。

そしてそれが可能となったのは、「時間をかけたつきあい」があったからだとも述べています。そして、一般企業でも広く障害のある人たちの就労を確保してほしい。それによって、きれいごとだけではすまされない本音のつきあいがされ、障害のある人、ない人の双方ともに、「ゆとりや豊かさの獲得」がなされるだろうと語られているのです。前章でふれました、当事者とそれ以外の人たちとのコミュニケーションによる、生きづらさの社会的な解消につながるお話ですね。

また、ここでの「違い」とは、「多様性」と言い換えることもできると思います。多様性とは面倒であるが、それでも重要であるという話を、また次章の中で説明します。

3　コミュニティが「働く」を支えるとき　——ネットワーク構築と社会的正義

「なんてん」の溝口さんが「応援団に助けられた」と表現していましたが、働くことから排除されがちな人たちが仕事に就き、そして継続していくためには、ＷＩＳＥのような支援団体が増えるだけでなく、「応援団」を地域で増やしていく必要があります。応援団は、どうすれば増やしていけるのでしょうか。

「弱いつながりの強さ」仮説を提唱したグラノヴェターは、文化、政治といった幅広い社会の非経済的な側面が、経済的な側面に影響を与えているのだとする、「埋め込み」理論を提唱しました（Granovetter 2017=2019）。ひとことで言えば、「経済は社会に埋め込まれている」という理論です。

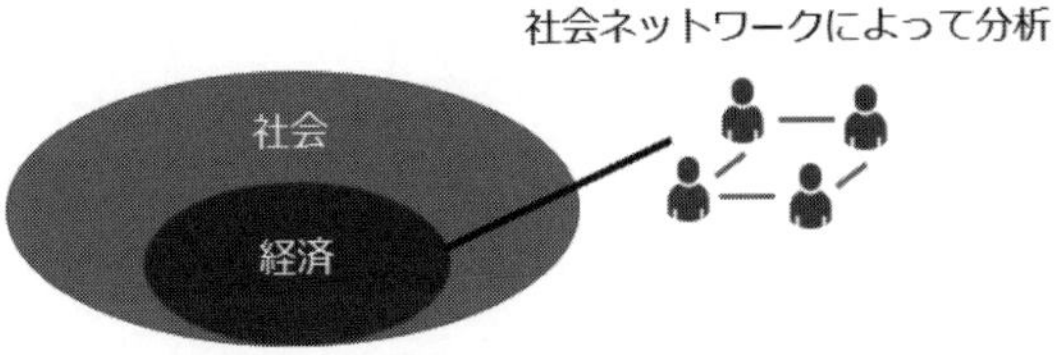

埋め込み理論（Granovetter 2017=2019をもとに筆者作成）。

そしてそこでは、社会ネットワークが、非経済的な側面と経済的な側面が交差するところを意味し、中心的な分析概念になるとしています。社会ネットワークをみることで、弱いつながりの話だけでなく、どのように社会が経済に影響を与えているかいろいろと理解できるよ、と述べたのでした（図参照）。

この埋め込み理論をヒントに私は、3か所の若者の就労支援をしている団体（WISEですね）にインタビューをして、働くことに困難を抱えている若者が就職し、働くことを続けるために、どのようにその応援団との関係性、つまり社会ネットワークをつくりあげていくのかを、まとめたことがあります。その結果からは、様々な関係性が構築されていくことで、就労が難しい若者の「働くこと」も可能となっていく様《さま》が明らかとなりました[49]（次頁の図参照）。

そこではまず、若者と支援専門家との一対一の関係性が構築されることで、支援が開始されます（支援専門家との関係性）。そしてその支援専門家が、支援を受けに来ている同じ若者の仲間との関係性や、外部者との関係性を

49 この研究結果は近刊予定の『排除に抗う社会的企業としてのＮＰＯ』（桜井政成 著、ミネルヴァ書房）に掲載予定です。また、概要はすでに桜井（2014）で報告しています。

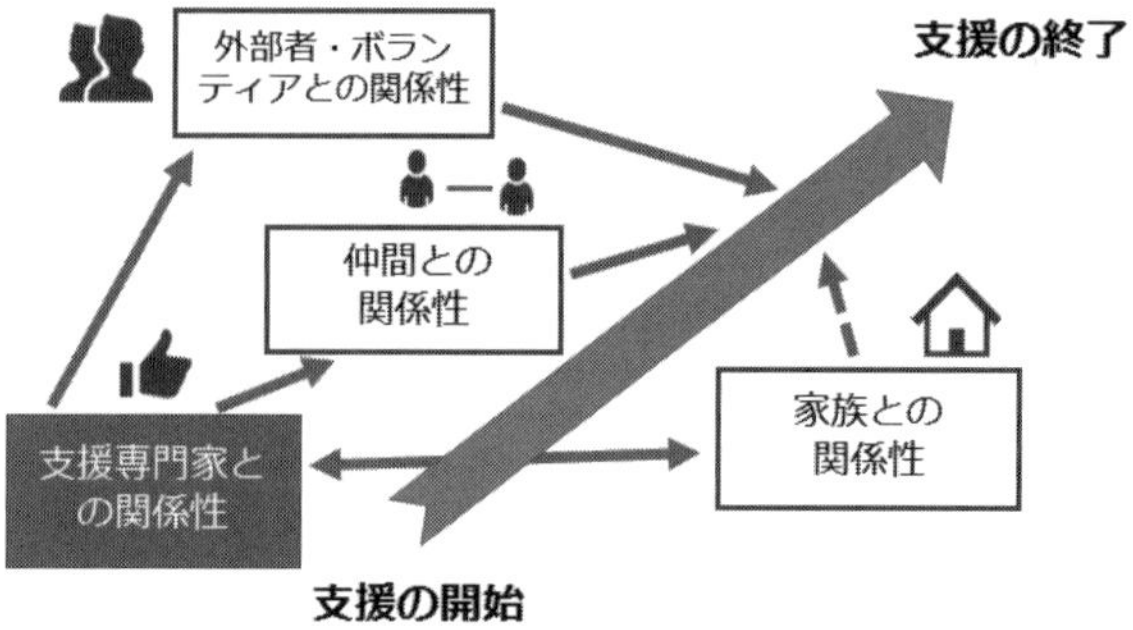

若者支援団体がつくる支援のための社会ネットワーク（桜井 2014）。

構築することを、若者自身に働きかけたり、あるいはそうした場を提供していました（仲間との関係性、外部者・ボランティアとの関係性）。仲間との関係性は、親密で安心できるものとなる一方で、外部者との関係性は必ずしもそれだけではありません。ときに若者に対しては叱咤激励も、たとえば、働かなければいけないよといったような「お説教」もあるのですが、それはそれで、多様な意見として、若者本人にとっては害になるばかりではない、ということも調査の現場からは聞かれたのでした。支援専門家や仲間などとの信頼できるつながりが形成されているところで「お説教」があっても、若者は「ひとつの意見」と受け止めることができるようになるのでしょう。

　また、そうした支援のプロセスが順調に進むかどうかは、被支援者の家族との関係性も、大いに関係していました。支援専門家が家族との関係性を良好に構築できることで、若者本人以外の家族に支援の必要性がみつかることもあり、そのニーズを別の支援機関につないだりもしていました。支援団体は、いわば「リスクとしての家族」を、解き放っていたのです。

つまり支援専門家は、就労困難な若者個人を支援し就職支援をするだけでは、その支援達成に向けては不十分であり、それにくわえて若者支援の社会ネットワークを構築することによって、それを成し遂げていたのです。

ちょっとだけグラノヴェターの話に戻ります。彼は、社会ネットワークの「密度」が高まるほど、ある状況で適切な行動は何か、という規範はより明確で信じられ、行動されるものになる、と述べています。社会ネットワークの密度とは、第3章の第4節でみた「知り合い同士である数」の分析を思い出してください。あのように、ある集団やコミュニティの中で、つながりの数がどれだけ多いか、ということです。

この理論的視点から、若者就労支援団体でのネットワークづくりの分析結果を考えますと、「働くこと」が支えられるためには、支えられる資源をもった人たちがつながったコミュニティが形成されることこそが、必要なのではないでしょうか。そこでは、「支えることが重要である」と考える規範が強くなることによって、それが実現することにつながっていくのではないかと考えられます。

ただしグラノヴェターは同時に、「大きな集団ではネットワークの密度が低くなる」ことも指摘しています。そのため、このような「支えるコミュニティ」は、小さなものが、様々に存在していることが理想であると考えます。自治体の取り組みではよくあるのですが、○○市若者支援会議、○○県就労サポートネットワーク、みたいな名称で関係者を多数集めた、大きなネットワークをつくっても、支えるコミュニティは上手に機能しないのではないかと考えます。なおこの話は、最終章の中で説明する「パッチワーク型コミュニティ」、「パッチワーク型支援」の考え方にもつながるものになります。

しかしこの章の冒頭で、若者支援団体のスタッフの方の言葉を引用したように、経済的に厳しい中で、WISEといった就労支援組織が地域で支えるコミュニティをつくっても、限界があるのは確かです。ラヴィルとニッセンスは、ヨーロッパでのWISEが発展してきた歴史的経緯を、埋め込み理論、とくに「政治的埋め込み」の概念を使って説明しています（Laville & Nyssens 2006）。ヨーロッパでのWISEが発展してきた背景には、良くも悪くも、それを後押しする政府の政策的な流れが背景にあるのだ、ということです。つまり、政策に「埋め込まれ」ているのです。悪くも、というのは、政府が雇用問題の責任をWISEに押し付けている、とも考えられるからです。

もちろん、日本でもそうした傾向はあるのではないかと思います。支援政策で補助金が下りることによって、NPOなどが就労支援事業を開始する、ということはよくあります。しかしWISEが単純に、政策に埋め込まれているだけの、受動的な存在であると理解するのは、少し誤解があるようにも思います。先にみた、若者就労支援団体が支援ネットワークを地域でつくりあげていることからも、能動的に、問題解決を図ろうとしている主体であるのです。

またWISEは、政府や自治体に対して逆に、支援政策の整備を提言する主体でもあります（それも「政治」のひとつの側面です）。私がカナダ・トロントに滞在していたときにみたのは、トロント市やオンタリオ州に対して就労支援団体が、公共事業・公共サービスの一部を、地域で支援が必要な貧困層、障害者、マイノリティの雇用につながるよう、発注してほしいと訴えていた姿でした。このような公的機関による業者への発注のあり方を、社会的調達（ソーシャル・プロキュアメント）と言います。日本でも必要な考え方かと思います。

この社会的調達の「社会」とは、社会的正義の「社会」でもあります。社会的正義はソーシャル・ジャスティス（social justice）の訳になりますが、この訳はやや、本来の意味をわかりにくくしているのではないかと私はいつも思っています。異なる訳し方で「社会的公正」というものがあります。こちらの方が、本来の意味を理解しやすいでしょう。つまりは、人が差別されない公正（公平）な社会のあり方や、それをめざす思想のことをさしています。

社会的正義（公正）には、形式的な正義と実質的な正義があるとされています。形式的正義とは、単純に差別をせずに平等に扱うという考え方です。先ほどの公共事業の調達の例で言えば、誰でも受注業者として手をあげることができる競争入札制度が、形式的正義であると言えます。税金を使った業務ですから、公正な手続きで業者を決める必要があります。そのときに、公的機関が条件を定めながら広く募集をし、その条件のもとでもっとも望ましい提案を行なった業者に発注する制度が競争入札です。

しかしこのような制度では、おそらく大企業の方が有利になるでしょう。たとえば地方の公共施設をどう建ててどう運営するかについてのコンペ（複数の業者がプレゼンをして受注を決定する方法）をした場合、地元の、社会的に不利な人々を雇っているような小さな会社に比べて、人も予算も潤沢な東京の大企業（あるいは海外の多国籍企業）は、より安い経費で、見栄えもよい提案をすることができる可能性が高いはずです。つまり形式的正義の考え方では、コミュニティの「働く」を支えることにつながらないこともあるのです。

これに対して実質的な正義とは、人々の違いにより配慮をした上で、公平になるよう考えることです。この実質的正義の概念として有名なのが、ジョン・ロールズの「正義論」です（Rawls 1999=2010）。やや難しい考え方ですが、「リベラリズム」という政治哲学の代表的な考え方であるともみなされていますので、少し紹介しておきましょう。

ロールズはまず、正義とは2つの原理によって成り立つとします。第1の原理は、基本的諸自由の平等というべきものです。そこでは、人は様々な社会の側面で、最大限に平等な自由の扱いを受ける権利があるとされています。いわゆる自由権の考え方ですね。そしてその上で、第2に、機会均等と格差の原理が提示されます。それは、社会的にも経済的にも不平等を減らすために、「もっとも不遇な人びとの最大の便益に資するように」、つまり、もっとも恵まれない人たちが最大限に恩恵を得られるようにすること。それにくわえて、機会が均等にあって、全員が望む職と地位に就けること。これらの原理によって、実質的正義が実現されるのではないかと考えられたのです。

このロールズの正義概念に代表されるような実質的正義の考え方を、形式的正義との対比によって表現したイラストがあります（次頁の図参照）。このイラストは「平等対公平」（Equality VS Equity）

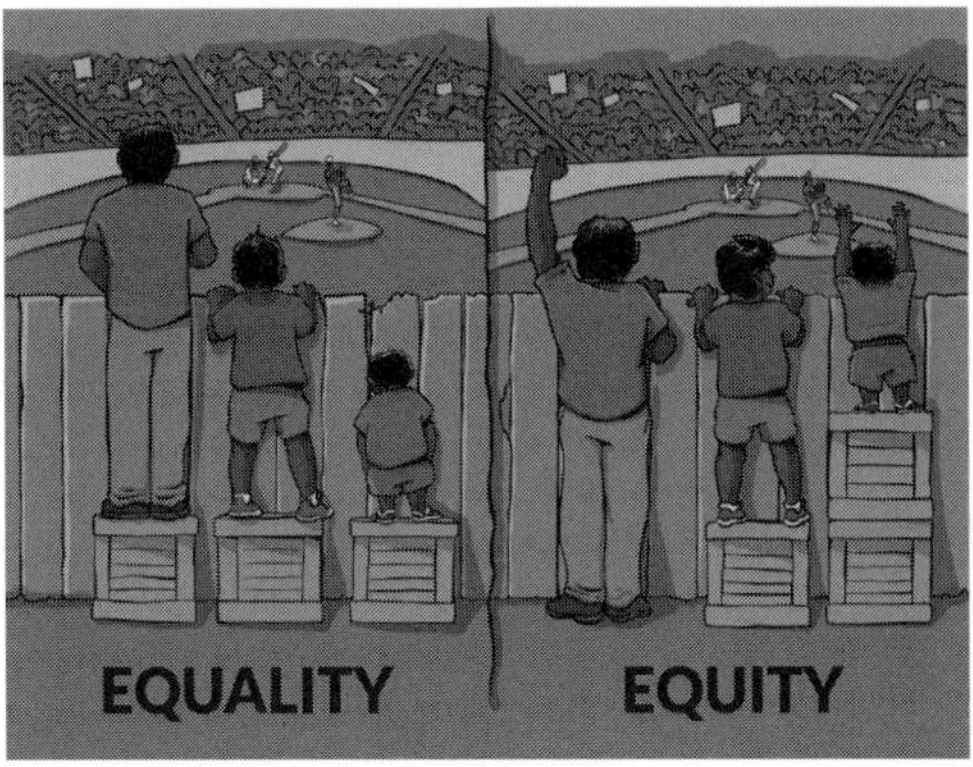

平等（Equality）と公平（Equity）の違い。

というタイトルで、一時期ネットでも話題になったので、みたことがある人もいらっしゃるかもしれません。[50] ここでの平等とは形式的正義を表しており、公平とは実質的正義を表している、と言って差し支えないと思います。つまり、野球の試合をみる人たちに、背の高さや成長などに関係なく同じ高さ・数の踏み台が用意されるのが形式的正義（左。平等）で、必要な分だけ配分されるのが実質的正義（右。公平）である、ということですね（ただ、この絵ではどうも、違法な試合観戦をしているようにもみえるのですが……それはおいておきましょう）。

ずいぶん理論的な説明が長くなってしまいました。話を社会的調達に戻しましょう。それは、こうした実質的正義の考え方に基づいて、政府の公共事業などの発注を、コミュニティで仕事がより必要な人たちの雇用に結びつ

50 このイラストはアメリカのＮＰＯ「社会変革のための相互作用研究所」（The Interaction Institute for Social Change）がアーティストのアンガス・マグワイア氏に依頼して作成したものです。

くよう実行すべきという発想なのですね。[51]

そしてこうした政策提案を行なうために、支援者たちのネットワークは重要です。トロントでは、実践者たちが「トロント社会的企業ネットワーク（SET）」という、つながりの組織化を行なうことによって、自治体などに訴え、実現を図ろうとしていました。このように組織化されたつながりのことを公式ネットワーク、あるいはネットワーク組織という呼び方をしたりもします。

これに対して、若者の就労を支援しようとつくられたつながりは、非公式ネットワークと呼ぶことができるでしょう。公式的にも非公式的にも、支援者のつながりをつくっていくことが、社会的包摂を推進するために重要なのだ、ということが、ここでのひとつのまとめとして言えるかと思います。

4　シリアス・レジャーとコミュニティでの幸せ

コミュニティと幸せの観点に関係させて、働くことを、収入面でのこと以外からも考えてみたいと思います。

51　またさらには、こうした実質的正義の考え方で、都市計画全体を考え直そう、という主張をしている人もいます。そうしたまちづくりをファインスタインは「公正な都市」（ジャスト・シティ）と呼び、公正な都市を実現するためには、民主主義と多様性、そして公平性を原則とするべきであると主張しています（**Fainstein 2014**）。

私のゼミの学生が以前、「副業」について卒業論文で研究したい、と言いました。政府が2017年から「働き方改革」政策の一環で副業を推進するようになったが、企業ではそれを認めるところが増えておらず、それはなぜか、というような問題意識だったかと思います。まず、企業側のメリット、労働者側のメリットを調べたのですが、労働者側のメリットとしてその学生があげたのが、収入の確保や、キャリアアップ、起業といった、主に職業的な、キャリア上の利点ばかりでした。

しかし実際に何人かの人にインタビュー調査をしてみると、そうした事前に用意したストーリーからは外れた語りがあった、というか、むしろ外れる話ばかりでした。本業とは関係なく、お金をもらわずに水泳のコーチを楽しんで行なっている人。また、派遣社員として収入は確保しているが、むしろその人の主観としては、「本業」は給料がより少ない副業のスポーツ・インストラクターであるという人、などがいたのです。学生は困ってしまいました。

私は卒業論文の相談でその話を聞いたときに、シリアス・レジャー（真剣な余暇活動）という概念を用いて分析してはどうかと提案しました。この概念を提唱したカナダの社会学者ステビンスによれば、シリアス・レジャーとはその人にとって、そこで特別な技術、知識、経験の組み合わせを習得し、発揮するキャリアが見出せるものであるとしています。必ずしもその人の職業と関連するものではないのですが、単純なレジャーというわけではなく、真剣に行なわれているもの、ということです。そしてシリアス・レジャーには、体系立って実施するアマチュア活動、愛好家活動、本格的なボランティア活動があるとしています（Stebbins 2015: xx）。また、シリアス・レジャーには表のような見返りがあるとされています。

〈個人的な報酬〉	
1	個人的な充実（大切な経験）
2	自己実現（スキル，能力，知識の開発）
3	自己表現（すでにあるスキル，能力，知識を表現）
4	自己イメージ（あるシリアス・レジャー参加者として他者が認識）
5	自己満足（表面的な楽しみと深い充実の組み合わせ）
6	レクリエーション（仕事からの自己の再生）
7	金銭的収入
〈社会的報酬〉	
8	対人的魅力（他の参加者やボランティア対象者との関係づくり，活動の社会的世界への参加）
9	グループでの達成（プロジェクトを達成するためのグループでの成果。助けとなること，必要とされること，利他的であるという感覚）
10	そのグループの維持と発展への貢献

シリアス・レジャーによる見返り（Stebbins 2015: 14）。

このようなシリアス・レジャー概念を踏まえたとき、学生が取材した人たちのストーリーは単なる副業を超えて、その人の固有の小さな物語としての、「真剣な余暇」としての活動であったことがみえてきます。つまり、その人たちは、金銭的収入に限らない報酬を得ていることを自覚しており、そして本業との関わりがなくとも熱心に、幸せに取り組んでいるのです。

以前の章で、ボランティア活動はそれをする人も幸せにする、ということを繰り返しみてきました。シリアス・レジャーの考え方からは、（真剣に取り組まれる）ボランティア活動は、余暇の活動でありながら、その人の本業だけでないキャリアや、生きがいに関わる活動でもある、という側面がみえてきます。そうしたボランティアのシリアス・レジャー性についての興味深い研究として、ニコルスとラルストンの巨大スポーツイベントへのボランティア参加経験の調査研究をあげることができます（Nichols and Ralston 2011）。その、イギリスでの16名のボランティアへのインタビュー結果では、ボランティア活動の経験が多様に仕事と関連している語りがみられたとしています。[52]

たとえばそこでは、ボランティア経験が再就職に役立った、というオーソドックスなキャリア形成のストーリーがみられた一方、ボランティアのために逆に仕事を制限するなど、まったく逆の優先順位を語る人もいました。また仕事から引退したリタイア（またはセミリタイア）層の人が、ボランティア活動へ熱心に参加しているケースでは、それまでの有給の仕事に代わる意味をもっていました。こうした多様な語りから、有給の仕事への就職にのみ焦点を当てることは、スポーツ大会でのボランティア経験の残した「遺産」（レガシー）の意味を、狭めてしまうおそれがあるとニコルスとラルストンは述べています。

ステビンスは、シリアス・レジャーをボランティア活動以外にも、アマチュア活動、愛好家活動も含むものとして定義していました。つまり、草野球を真剣にしていたり（うちの父親は地域のリーグ大会、全国大会のトロフィーをたくさんもっています！）、楽器の演奏を頑張っていたり（かかりつけの歯医

52　ステビンスはシリアスではない、カジュアルなレジャーとしてのボランティアでも、楽しく、満足するものとしています。カジュアル・レジャーなボランティア活動とは、一時的なもので、技術や知識はほとんど必要ないものであり、例として、教会のピクニックでホットドッグを調理したり、地域コミュニティの映画公演でチケットのもぎりをする、などが提示されています（古き良き北米文化な感じの例ですね）（Stebbins 1996）。ちなみにステビンスによれば、献血、現金、衣服などの寄付は、シリアスなものともカジュアルなものとも異なる、第３の種類のボランティア行動であるとしています（Stebbins 1996）。独特な区別です。

「道」としての趣味＝シリアス・レジャー？

シリアス・レジャー的な発想（筆者作成）。

者さんは、エレキギターでのライブ活動のために今の場所で開業したそうです！）、同人誌活動や、アイドルの追っかけなども、含まれるのではないでしょうか。

それらすべての活動において、取り組む個人にとっては何らかの報酬があると考えられるのです。ネットなどでよくみかける「〇〇（趣味やゲームなど）は遊びじゃないんだよ！」という、半分冗談で使われるセリフは、案外、それらのシリアス・レジャー的な側面を表しているのかもしれませんね。

日本人は元来、シリアス・レジャーに向いているのではないかと私は考えています。なぜなら、日本では武道、茶道、華道といった伝統的な嗜みが「道」であることになぞらえて、レジャーに真理を追求しようとする姿勢がみられることがあります。サウナ道、ラーメン道、などと言うわけですね。これはまさに、シリアス・レジャー的な発想なのではないでしょうか。ちなみに、道路マニアの人は、道路道と言ったりするのか……と冗談で考えてネット検索してみたら、出てきましたね。未完成道路を見に巡っている人とか、険しい道をドライブする人、高速道路のサービスエリアが好きな人など、いろいろとその中でも「流派」があるみたいです。

逆に言えば、ボランティアグループで中心的な役割を果たすといった、シリアス・レジャーなボランティア活動も、それらのアマチュア活動、愛好家活動と並列に考えられるわけです。つまりはそれらと同じ魅力を感じて、活動を継続している人がいると言えるわけですね。真剣に楽しむ「ボランティア道」なんです。

そして、本業である仕事との関係も様々に意味をもちながら、その人のライフ・ストーリーとしての「小さな物語」が形成されると考えられるのです。先の表で例示されていたシリアス・レジャーの報酬は、個人としてのものだけでなく、社会的なものも含まれていました。それらはまさに、シリアス・レジャーが形作るコミュニティであり、そしてそこで生まれる幸福である、とも言えるでしょう。

最後になりますが、シリアス・レジャーは、仕事以外での「仕事的なやりがい」(○○は遊びじゃないんだ!)を表現しているとするならば、それは仕事におけるやりがいも逆照射している、とも言えるのではないかと思います。つまり、シリアス・レジャーの報酬とは、仕事でも得られる種類のものでもあるのでは、ということです。しかし、シリアス・レジャーの議論ではその辺は曖昧です。レジャーの研究なので、仕事の話は議論の範囲外なのかもしれませんが。

仕事が、ときにその経済的報酬を超えて、生きる意味となることがあります。それは専門性を高くもった「シリアス」な職業に限りません。

全国のハンセン病療養所を訪ね、隔離された患者たちの施設の中での暮らしをつぶさに聞き取った社会学者の有薗真代は、その著書『ハンセン病療養所を生きる』の中で、入居者たちが管理者の目から逃れて仕事を「創造」していたことを明らかにしています[53](有薗 2017)。それは「酒屋」の営業(入居者から注文を受け付け外部の酒屋へ買い付ける)や、年賀状作り、ビニールハウス作り、果ては賭博の胴元もしていたことまで紹介しています。明らかに施設の規則からは違反しているのですが、なぜそこまでして入居者たちは、仕事を「創造」したのでしょうか。同書で入居者は次のように語っていました。

「俺たちは政治も文学もできねから。療養所の中の一部、エリートだけよ。俺らみたいな大衆は違うの。(中略)博打つったたって賭ける金もないから、子どもの遊びみたいなもんよ。(中略)何でもいいから何かやってないとね、さびしくてつぶれそうだったんだ。」(有薗 2017: 103)

53 国立ハンセン病療養所は名前こそ「療養所」ですが、実質的には隔離収容の施設であり、20世紀初めから行なわれてきた日本でのハンセン病患者の隔離政策は、世界的にももっとも熾烈な部類であったことが、これまでの研究からわかっています。入居者は子供を産むことも許されず、女性は強制堕胎、男性は断種させられたとしています。治療法も確立し、２００１年にらい予防法（１９３１年施行。らい病はハンセン病のかつての呼び名）が違憲であるとの判決が熊本地裁で出たことなどから、現在では入居者は退所が可能となっています。しかし、病気の偏見や後遺症、高齢化や帰る場所がないなどで、現在も入居し続けている人や、再入所する人も多いのが現状です(参考：有薗 2017 および毎日新聞 ２０１９年11月16日記事「ハンセン病再入所 １２９人　療養所元患者　差別、健康不安　09～18年度」)。

そして有薗はこのような「闊達な口調で紡ぎだす物語」（112頁）をふまえて、それを「若者どうしが集まって悪知恵とも呼べるような機知を働かせながら、少しでも生活に明るさを取り戻そうと、厳しい現実に懸命に立ち向かう姿」（112頁）であると述べています。

青春時代を療養所で過ごす若者たちは、故郷や家族から断絶させられているうえに、「外の社会」で自分の可能性を試すチャンスをことごとく奪われている。この病に罹患さえしなかったら、青春時代の只中でかれらは、自分の可能性を試すべく、明日への変化を志向しながら生きていただろう。（有薗 2017: 103）

入居者の語りからは、まるで仕事が「カジュアル・レジャー」であったかのようです（カジュアル・レジャーについては、注52に説明があります）。閉鎖的な施設で、かつ病気とも向き合いながらの暮らしの中で、仕事づくりがひとつの希望、明るさの源ともなっていく。そのような姿が、有薗の研究からみえてきます。仕事とレジャーとは単純に腑分けすることはできない、渾然とした幸せの源泉であるようです。

しかしながら「仕事と趣味の一体化」を安易に称揚するのは、気をつけた方がよさそうです。阿部（2005）は、バイクで荷物を運送するバイク便ライダーを対象に行なった聞き取り調査（エスノグラフィ）から、ライダーたち、とくに歩合制で働くライダーたちは、趣味であったはずのバイクが、「資本の論理によって書き換えられ、彼らは本来の意味での『趣味』を見失」っていると指摘しています（阿部 2005: 227）。ライダーたちはもともとバイク好きであることが多いのですが、家族もおらず、また不安定な労働環境の中で、車と車の間などへの危険な「すり抜け」行為を仕事中に盛んに行なうようになり、またそれが「かっこいい」ものだと認識するようになるのだ、としています。

阿部（2005）の指摘は、労働環境が不安定な中では、その趣味を通じた生きがいすらも歪ませられることがある、と受け止めることができるでしょう。この章の冒頭での話題に戻るかたちですが、働くことが安定してこそ趣味のコミュニティも安定する、という側面もあると言えるかと思います。

コラム　職場の幸福づくりのためには？

職場での幸福感については、いきいきと楽しく働くためだけでなく、従業員の幸福感が高ければその企業の生産性が高まることも明らかになってきており、徐々に注目がされてきています。２０２０年６月には、日立製作所が独自開発してきた「幸福度計測技術」を事業化するための新会社「ハピネスプラネット」を設立することが発表され、話題となりました。

ただしこの日立の技術は、厳密には幸福度そのものを測定するわけではなく、「心理的安全性」というものを測る技術のようです。

> 組織には上下関係があり、常に誰かから評価される場であるため、率直な発言をせず、黙っていることでリスクを避ける、という選択肢が常にあります。これを乗り越えて率直に発言できるよい関係があることを「心理的安全性」と呼びます。「心理的安全性」が低くなると、従業員の幸福度が低下し、生産性や創造性が低下し、心身の健康の低下や離職、さらには事故などに繋がります。この、従来定量化できなかった、よい人間関係を、テクノロジーを使って客観的に数値化することに成功しました。（日立製作所ウェブサイト）[54]

54　https://social-innovation.hitachi/ja-jp/case_studies/happiness-planet/?fbclid=IwAR2B4__22oDXDjQo2rTjMraOB48V8f4JTD-u8cad5nT6tsdcQING_C7TZUU（２０２０年７月５日閲覧）。

心理的安全性は幸福度にも寄与するとは考えられますが、同時に（あるいは、それよりも）、職場の学習や生産性などへの影響が注目されています。そのために、上司や管理職といった、リーダーがそうした職場づくりをする役割や責任についての研究がみられます（Javed et al. 2019）。

個々人の心理的安全性を測定することは、そうしたリーダーが責任を果たすためのデータとして活用されるならば、悪いことではないかもしれません。しかしその場合でも、気をつけなければならない問題があると思います。第1に、日立の技術では身体運動の特徴パターンが測定されるそうですが、それが個人のプライバシー侵害に当たらないかです。とりわけそのデータが、上司に直接的に伝わることで、人事考課での評価材料として不利に扱われないかという心配があります。

第2に心理的安全性の問題が、上司や会社の責任ではなく、個人の責任に帰させられないかということです。ある職場でひとりだけハピネス度（心理的安全性度）が低かった人がいるとします。他の人は高いんだから、職場には問題はない、と人事や総務では考える（そうでなくても、他の部署に介入するのは面倒と考えたりする）かもしれません。それなら、要はあなたの「心がけ」が悪いんじゃないの？　個人的な問題が何かあるんじゃないの？　ということになりかねないです。つまりは、第7章でも警告した社会の心理学化であり、また個人化した脱近代社会における「職場での幸福感の自己責任化」であると言えるでしょう。

そもそも職場での幸福感は、心理的安全性だけに影響されるものではないことに注意が必要です。第1章などで紹介してきた『世界幸福度調査』を補完する分析を行なっている「幸福のための世界委員会」（Global Council for Happiness and Wellbeing: GCHW）では、一連の報告書の中で、様々なタイプの職場での幸福感を高める、共通した要素を明らかにしてきています[55]（De Neve & Ward 2017; De Neve 2018）。もちろん、その職での給料が高いことも影響しますが、それだけではない、とされています（De Neve & Ward 2017）。この点は幸福感研究の一般的な知見と同じですね。

とくに生産性向上を目的として従業員の幸福度を高めようとする場合には、次の3点を中心的に考慮すべきであるとされています（Krekel, Ward, & Neve 2019）。それは第1に、職場での社会的関係の改善です。とくに管理職との関係が重要とされています。第2に、仕事をより興味深いものにすること。たとえば仕事を創造的なものにするなどです。そして最後に、仕事と家庭生活の両立を促すための、ワークライフバランスの改善です。こうした改善策を考慮せずに、従業員の管理手段のひとつとして幸福感を測定するだけでは、その幸福感も業績も向上することはないでしょう。

２０２０年の新型コロナウイルス騒動では、政府からの出勤自粛の要請に従い、多くの会社がオンラインを使った、自宅等でのテレワーク（リモートワーク）を一時的に取り入れました。中には今後も継続してテレワークを活用することで、単身赴任を原則中止したり、オフィスの床面積を縮小させるという動きも出てきています。これからも職場のあり方はどんどん変化していきそうですが、その中で「幸せ」だと思える職場を、できるだけ増やしていきたいものですね。

55　ＧＣＨＷは、「心理学、経済学、教育、健康、都市計画、市民社会、ビジネスにまたがる分野や分野の主要な幸福と幸福の科学者と主要な実践者のグローバルネットワーク」とされています（*Global Happiness and Wellbeing*, 2019: 2）。

第10章 コミュニティとトラブル、排除

「日本か。いいな」

「いい国かな」

「ここよりはいいんじゃないかな」

「そうだといいけどさ。移民の子って言われて苦労するって聞いたよ。白人にそんな目で見られるのと、日本人にそんな目で見られるの、どっちがマシなんだろうな」

（石井裕也監督『バンクーバーの朝日』）

1 コミュニティがこわされるとき――災害とコミュニティ

2011年3月に東日本大震災が発生した後、宮城県仙台市ではいち早く4月に、空き地となっていた住宅団地建設予定地に、家を失った被災者の人たちが一時的に入居する仮設住宅を建設しました。それまでの被災地では災害による地域コミュニティの分断が問題となっていたため、仙台市

はその仮設住宅への入居はコミュニティ単位での申請に限ったものとしました。具体的には10世帯以上でのグループ入居を要件としたのです。

しかしフタを開けてみれば、応募はとても限られたものでした。その後、入居条件は緩和されるのですが、募集も他の仮設住宅団地に比べ遅れたことから、結果として東北地方の様々な地域から、高齢者も数多く、「どこにも行けなかった」人たちが集まった、200以上の世帯の巨大仮設住宅団地となったのでした。これが「あすと長町仮設住宅団地」(以下「あすと長町仮設」)の誕生経緯です。

「あすと長町仮設」では入居当初から問題が続出しました。入居者はいろんな地方から来ているからごみ出しの仕方もバラバラ。駐車場も、ルールを守らない人が出てきます。朝から酒を飲んで大声を出してうろつく人の姿も。認知症のお年寄り夫婦も住んでいました。

外部から支援員も配置されていましたが、それでも限界がありました。それまでのコミュニティから切り離され、周囲に友達もおらず、孤立していた人も多いのではないかと思います。これではいけない、と有志が「自治」の活動を始めました。日常的な問題を話し合い、行政に対して、プレハブ住宅の設備(寒さ対策など)や駐車場の増設など、20項目以上の要求を訴えたのでした。しかし行政からは、いくつかの設備改善等の要求は受け止めてもらえたものの、仮設住宅のコミュニティの中の問題解決については、あまり積極的な反応が得られませんでした。

そして地震から1年が経つ2012年3月には自治会が発足します。もちろん自治会は任意加入の組織なので、「私は結構です」と入らない人たちもいました。コミュニティ活動の難しさです。

あすと長町仮設住宅の壁面にアーティストが描いた絵（2013年８月筆者撮影）。

しかしその後、自治会がコーディネートしながら、「あすと長町仮設」では様々なクラブ活動や、人が集まるイベントが次々に行なわれるようになります。これは、「仮設住宅から孤立死を絶対に出さない」という強い信念から、仮設住宅でのコミュニティづくりが重要であると考えたためです。

クラブ活動は、仮設住宅の入居者やボランティアが講師となって行なわれました。農園クラブ、ペットクラブ、パソコンクラブ、英語クラブ、ラジオ体操クラブ、囲碁クラブなどなど。自治会では「ブドウの房」をイメージしたとされています。一つひとつのクラブという「粒」は小さくても、集まって大きな「房」として、コミュニティが出来上がればよい、という発想です。

イベントは主に外部からの支援団体の協力を得て行なわれました。２０１４年の秋までの3年半ほどの間に、全部で１０５団体があすと長町を支援したそうです。10回以上イベントを実施した団体は17ありました。もっともイベントが行なわれた月は、1か月で55件が行なわれたそうです。1日に平均2回ほどイベントが仮設住宅でなされていたということになります。自治会では「外部

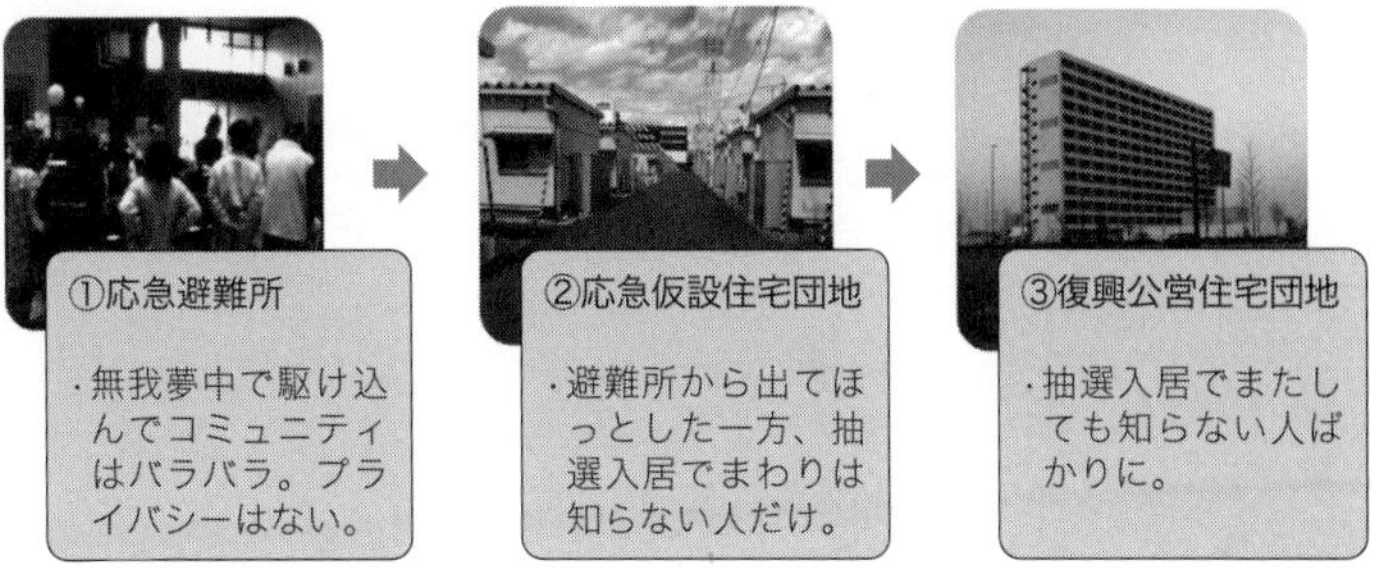
①応急避難所
・無我夢中で駆け込んでコミュニティはバラバラ。プライバシーはない。
②応急仮設住宅団地
・避難所から出てほっとした一方、抽選入居でまわりは知らない人だけ。
③復興公営住宅団地
・抽選入居でまたしても知らない人ばかりに。
大災害でコミュニティは３度こわされる（元・仙台市あすと長町仮設住宅団地町内会長 飯塚正広氏のプレゼン資料より筆者修正）。

からの申し出は断らない」ことを決めていました。そうした「受援力」（援助を受け止める力）が、イベントによる人と人との交流を増やすことにつながったとも言えるでしょう。

私が学生たちと「あすと長町仮設」を訪問した際に、当時、自治会長をされていた飯塚正広さんは、災害によって「コミュニティは3度こわされる」と説明くださいました（図参照）。大きな災害が発生した後、被災者は命からがら避難所に避難します。避難所の運営の仕方にもよりますが、知らない人同士が集まった場合には、そこで新しい人間関係をつくらなければなりません。

その関係性ができても、自宅へ戻れない場合には、次に仮設住宅への引っ越しが待っています。仮設住宅は多くの場合、抽選で入居が決まるので、また見知らぬ人同士でのコミュニティになります。最近では「みなし仮設」という、民間賃貸の一室に被災者が入居したら、そこを仮設住宅と認定して行政が家賃等を補助することも増えてきました。その場合は、知り合いとも離れた高齢者などはより孤立することになります。そして

「あすと長町」の事例のように、なんとかトラブルも乗り越えて仮設住宅団地でコミュニティづくりができたとしても、その後、復興住宅へ引っ越すことになります。そのときも抽選入居が多いので、またしても人間関係がバラバラとなり、一から再構築になってしまうのです。

高齢者の場合、人間関係を何度も再構築するのは、容易ではありません。新しい環境になじむのが、体力的にも精神的にも難しいためです。生まれてからずっと同じ地域に暮らしてきた人であれば、なおさらです。元のコミュニティに戻りたくても戻れない。そうして、孤立を深めていき、さらに健康も害してしまうのです。これをリロケーション・ダメージ（移動による被害）とも呼びます。

復興庁「震災関連死に関する検討会」で２０１２年8月に報告された資料『東日本大震災における震災関連死に関する報告』によりますと、東日本大震災発生後、1年ちょっとのあいだに、直接震災で亡くなったわけではないが、それに関係があり原因、遠因となって亡くなった「関連死」の人は、高齢者に極端に集中していました。その数は岩手、宮城、福島の3県で、１２６３名。その中で60歳以上の占める割合は、95％にもおよびました。

つまり、大災害のリスクは、誰でも同じなわけではないのです。普段からリスクの高い、より「ぜい弱」な生活状況の人たちに被害は集中し、また、復興も遅れがちになるのです。

飯塚さんは、夜寝るときでも携帯電話を枕元に置いている、とも話してくださいました。何かトラブルが起きて連絡が来たとき、いつでも駆けつけられるようにと考えてのことです。実際、おばあちゃんが心肺停止になっているという連絡を受けて、ＡＥＤをもって走ったこともあるそうです。救急車のサイレンが鳴ると、仮設住宅に何か起きたのではないかと目が覚めてしまうともおっしゃっていました。

以前の章で紹介した、所沢市でサロン幸福亭ぐるりを主宰する大山さんもそうですが、誰かがコミュニティづくりに奔走することで、リスクの高い個人化したコミュニティでなんとか、生活が守られているのです。災害に強いコミュニティを「レジリエンス」なコミュニティと災害研究では呼ぶことがあります。レジリエンスは「強靭」と訳されることがありますが、イメージとしては、硬くてもぽきっと折れてしまう大木というより、強風でもしなってそれを受け流せる柳の木のようなしなやかさのイメージです。つまり、何かが起きたときでも柔軟に対処できるコミュニティのあり方を示しています。

レジリエンスなコミュニティに必要なものとは何なのでしょうか。それに関する80の研究を分析した論文によりますと、表に示すような、中核となる9つの要素があったとのことです（Patel et al. 2017）。

そこでは、備蓄や災害対策予算、事前調査などの準備にく

① 地域の状況の理解（ぜい弱さはどこにあるか。状況の共有）
② コミュニティ内のネットワークと関係性
③ コミュニケーション（住民同士や住民と専門家）
④ 健康（医療やケアの資源はあるか）
⑤ ガバナンスとリーダーシップ（危機に対応できる体制とサポート）
⑥ 資源（災害に対処できる備品や備蓄）
⑦ 経済投資（防災や減災のための設備設置）
⑧ 準備（避難訓練など）
⑨ 精神的見通し（希望を見出せるかなど）

コミュニティ・レジリエンスの９つの中核的要素（Patel et al. 2017より筆者作成）。

わえ、地域コミュニティ内のネットワークやコミュニケーションも重要視されています。たとえば津波や洪水などの大災害が迫っているとき、「早よ避難せなあかんで！」といった声かけが避難行動の促進には重要と言われています。そしてその声かけは、当然ながら、普段から近所付き合いがある方が、地域内でより相互になされることになります（山田・柄谷・松本 2011）。また、声かけに従って避難するかどうかも、信頼関係があるかなど、普段からの関係性が影響するようです（大野・高木 2013）。つまり、本書で何度かふれた、「ソーシャル・キャピタル」が地域にあることが避難の促進には重要なのでしょう。

ここで、「あすと長町仮設」の例を思い出してください。ほうぼうの地域から寄せ集まった人たちは高齢者も多く、当初、これらのレジリエンスの条件をまったくと言っていいほど、満たせていませんでした。ソーシャル・キャピタルと言えるネットワークも、もちろんありませんでした。それが自治会結成をした人たちが重要な役割を果たしながら、一からコミュニティを再構築する中で、復興のためのレジリエンスを徐々に獲得していったのです。

日本では、地域コミュニティとはすでにそこにあり、「与えられる」もの、つまり所与のものであって、それにどう参加するかという議論が多いように思います。しかし災害が頻発し、また社会が個人化している中では、コミュニティをどう一からつくっていくか、あるいはどう構築するか、ということも考える必要があるのではないでしょうか。それがコミュニティの「受援力」にもつながるのでしょう。このことは次章の第2節でも「コミュニティづくりの手法」として説明をしたいと思います。

なお「あすと長町仮設」の自治会は、「あすと長町コミュニティ構築を考える会」という任意団体（法人格をもたない市民団体）をつくり、その後の復興住宅への移住でコミュニティが保たれるように、市に働きかけを行ないました。その結果、一部の住民は集団で、近くに建設された復興住宅へ移り住むことができたのでした。コミュニティ・レジリエンスの9つめの中核的要素である、精神的見通しとしての「希望」をつくってきたことが理解できる活動の展開でした。さらに、2015年9月にその「考える会」は、NPO法人「つながりデザインセンター・あすと長町」として、他の復興住宅のコミュニティづくりも支援する団体へと発展しています。

2 コミュニティでの〝ちょっと困った人〟との付き合い方

『ぼくはイエローでホワイトで、ちょっとブルー』（新潮社）は、著者のブレイディみかこ氏が中学校に入った息子の様子を中心に、イギリスでの生活をつづったエッセイです。息子くんには、ダニエルとティムという2人の友達がいます。しかし、この2人は仲が悪いのです。ダニエルはティムが低所得の家なのをバカにしています。一方のティムも、ダニエルへの応酬で人種差別的な発言をするようになります。息子くんは完全に板挟みで、その悩みを母親に話すのです。ちょっと長くなりますが、その親子の会話を以下に引用します。

ブレイディみかこ『ぼくはイエローでホワイトで，ちょっとブルー』（新潮社）。

「……どうしてこんなにややこしいんだろう。小学校のときは、外国人の両親がいる子がたくさんいたけど、こんな面倒なことにはならなかったもん」

「それは……（中略）……家庭環境は似ていたからだよ。みんなお父さんとお母さんがいて、フリー・ミール制度なんて使ってる子いなかったでしょ。でもいまあんたが通っている中学校には、国籍や民族性とは違う軸でも多様性がある」

「でも、多様性っていいことなんでしょ？　学校でそう教わったけど？」

「うん」

「じゃあ、どうして多様性があるとややこしくなるの」

「多様性ってやつは物事をややこしくするし、喧嘩や衝突が絶えないし、そりゃない方が楽よ」

「楽じゃないものが、どうしていいの？」

「楽ばっかりしてると、無知になるから」

（ブレイディみかこ 2019: 59）

多様性、とか、多文化主義、と聞くと、無条件によいものだと思ってしまいがちです。しかし実際には、文化も立場も考え方も異なる人たちが集まると、「空気を読む」ことは無理ですし、言わないでもわかってもらえることはありえなくなります。かなり、ややこしいのです。

関西では「地蔵盆」といって、子供のためのお祭りがあります。文字通りお盆の時期に地域ごとにまつってあるお地蔵さんを清めて、御経をあげてもらったりするのですが、それが終われば子供たちのために催し物が開かれたり、お菓子が配られたりします。子供のための、町内でのお楽しみ会、という性質が強いですね。

私は別の地域の生まれなので、関西で定住して、子供が生まれて初めて地蔵盆に参加しました。以前の章の中で、町内会の役員をしたと書きましたが、そのときに初めて知ったことがあります。地蔵盆には大人が「寄付」をもっていくのがならわし、すなわち、暗黙のうちの了解となっていたのでした。

そのことについて町内会の会議で、「私のように決まりを知らない人もいると思うので、もっと寄付について、大々的にお知らせした方がいいのではないでしょうか」と発言したのですが、あまりよい反応ではありませんでした。昔から住んでいる方たちにとっては常識でもあり、あまりそういうことは、おおっぴらには募集するものではないからね……といった感じでした。誰も教えてくれないけれど、知らなければ恥をかくという文化は、あまりよくないのではないかと考えましたが、それをオープンなものにしていくのは、長く続いている風習の中ではなかなか難しいのだろうなとも思われました。

話を戻しますと、地域コミュニティに限らず、様々なコミュニティ内で多様性が増していくと、こうした「暗黙の共通の決まりごと」も、いちいち確認をしていく必要が出てくるんですね。そして、自分の生まれ育った文化の中では違うやり方をする、という人も現れるはずです。そんなルールはおかしいから変えろ、と自分の「正義」を振りかざす人も出てきます。しかも、生活習慣も違えば、話し合いの仕方も違ったり、場合によっては、言葉も通じない。何を考えているのかわからない。これでは何も決められない……ということも起こります。そんな人たちと折り合いをつけながら、一緒に生活していくのが多様性のある「多文化社会」なわけです（あすと長町仮設で入居当初、ごみ捨てのルールが問題になったことも思い出してください）。

とても面倒ですね。それでもブレイディ氏は、多様性はあった方がよい、と言い切ります。それはなぜか。「無知にならないため」と同氏は述べています。自分とはだいぶ違う人がいて、その人たちともうまくやっていくことを考えることは、様々な学びになる、ということなんですね。

別のシーンで、息子くんが学校で、「シンパシーとエンパシーの違い」を学ぶという話が出てきます。どちらも似ているのですが、シンパシーとは、可哀想と同情したり、同じ意見や関心の人々のあいだの友情や理解のこと。エンパシーとは他人の感情や経験などを理解する能力のこと、という違いがあるそうです。シンパシーが感情や理解なのに対して、エンパシーは能力、というようにその違いが強調されています。

学術的にはエンパシー自体を、感情的エンパシーと認知的エンパシーと区分することもあります。この場合、感情的エンパシーは前述のシンパシーに近く、認知的エンパシーが前述のエンパシーと考えられるでしょう。

さて息子くんは、試験で、エンパシーを説明しなさいという設問に対し、「自分で誰かの靴を履いてみること」と書いて合格したのでした。多様性とはエンパシー能力を鍛える場であり、それをブレイディ氏は無知にならないこと、と表現したのかもしれません。

この話で思い出すのは、私が大学生だったときに、ボランティアが中心になって開いている夜間中学校のような場に見学に行ったときのことです。みるだけのつもりだったのですが、なぜかその場の流れで教師のお手伝いをしました。自分の親よりも上の年齢のおばあさんに、ひらがなを教えたのでした。その地域では第二次世界大戦前・中に朝鮮半島から来た人が多く住んでおり、年配の人は学校に通った経験がないのだ、と主催者の方に教えていただきました。

その「学校」の帰り道、あるおばあさんと一緒になりました。電車の駅までその方とお話ししながら歩いたのですが、駅に着いた際に、券売機の前で、おばあさんは少し戸惑っていました。私は、「あ、この方は、行き先表示が読めないのか」と気づき、切符を買うお手伝いをしました。そのときふと、この駅まで来た道すがら山ほどあった看板は、このおばあさんにはどうみえていたのだろう、と思いました。ちょうど私たちが、知らない言語の外国の街を歩いているようなものなのでしょう。自分にはわからない記号にあふれた街。そうした社会で長年暮らすというのはどういう気持ちなのか、考えてしまいました。

エンパシーが多様性で鍛えられる、というのは、こんな私の些細な経験からも何となく想像できます。なお、エンパシーについては本章のコラム「いじめを考える」でもふれていますのでご参照ください。そこでは、エンパシーが必ずしもトラブル解決に、決定的に重要なわけではないかもしれない、という話をしています。

とはいえ、多様性がコミュニティで大小様々なトラブルを引き起こした経験もあり、その解決の難しさは私も身をもって感じています。ときとして多様性は、深刻な亀裂を生むこともあります。たとえば私が滞在したカナダでは、地域コミュニティのご近所問題のひとつに、「輸入された紛争」というのがありました。これは、紛争関係にある（あった）2つの国から来た移民同士の緊張関係と、それがもたらす諸問題のことです。移民社会、多文化社会であるカナダでは珍しいことではありません。実際、独立研究機関であるモザイク・インスティテュートが出している報告書によれば、多くのカナダ人が「輸入された紛争」を課題と認識しており、実際、5人に1人はそれをみたり聞いたりしているそうです。[56]

こうした「輸入された紛争」を私もカナダ滞在中、目の当たりにしたことがあります。「ご近所」ではありませんが、移民向けの語学学校に英語の勉強兼フィールドワークで通っていたときのこと

56 "The Perception & Reality of 'Imported Conflict' in Canada," The Mosaic Institute, 2014 (http://mosaicinstitute.ca/wp-content/uploads/2016/05/15.pdf)。

です。あるクラスメイトが授業中に騒ぎ出したのでした。その学生がルーツにもつ民族（少数民族でした）が、過去に、別のクラスメイトの母国から大虐殺にあったという歴史を、興奮気味に話し出したのです。

しかしそうしたコンフリクトが生まれかねない、緊張した「ご近所」の関係があっても、カナダに住むということ自体、多文化的な思考様式をもつ契機ともなることが、先の報告書では示唆されています。そう、「無知にならない」のです。同調査によれば、他国生まれのカナダ人の4分の3が、国際紛争問題について、何らかの意識変化を経験しているとのこと。具体的には、子供時代に教わったことと違うことを学んだり、紛争について異なる立場からの意見を目にしたり、紛争の「相手側」の人々を受け入れたり、といった中で、紛争についての考えや感情が変わってきている人たちがいるとのことです。[57]

モザイク・インスティテュートでは、「輸入された紛争」の解決のための実践も行なっています。たとえば、少数民族とそれを迫害している国のそれぞれのルーツをもつ若者を半々の人数で集め、2年間かけてワークショップする、ということを行ないました。この取り組みはきわめて挑戦的です。団体もこの取り組みのねらいについて、次のようにウェブサイトにあげていました。

57　注56と同様。

私たちのねらいは、人々の地政学的な視点を変えることではありません。正確に言えば、私たちのゴールは、カナダ人同士で見解を交わし、異なる意見を丁寧に聞き合い、そして、カナダの世界的利害と、市民やコミュニティが、カナダの外交政策へ発信し、そしてカナダの国際的立場の積極的な代弁者になるといった前向きな役割について、建設的な議論を行うことです。（Mosaic Institute ウェブサイト[58]）

ここで大事なのは、ワークショップによって参加者がもともと抱いている信条や意見を変えようとしているわけではない、ということです。異なる意見があることを前提に、しかしカナダ（に住む市民やコミュニティ）としてはどうするべきかという、「折り合い」を前向きに検討していく姿勢です。そういえば先に紹介した、私が語学学校で目撃した「騒ぎ」のときも、その生徒をなだめるクラスの先生は、「ここはカナダなんだよ」ということをしきりに言っておられましたね。

このようにコミュニティにおいて、そのコミュニティの規範や伝統、共通の価値（共通善）を尊重した上で話し合って「解決策」を考えていく、という発想を重視する立場を、コミュニタリアンと呼びます。またそうした考え方を、コミュニタリアニズムと呼びます。

ただし、コミュニタリアニズムにも様々な思想があるので、これはとても雑なまとめ方であると理解をしておいてください。そうした多様なコミュニタリアニズムの中でも、「多文化主義」を標

58　Mosaic Institute ウェブサイト、http://mosaicinstitute.ca/（２０１４年５月11日閲覧。現在は閲覧不可能）。日本語訳は筆者ブログ記事より（http://sakunary.blog134.fc2.com/blog-entry-195.html）。

ぼうしているカナダの政治哲学者チャールズ・テイラーの考え方は興味深いと言えます。彼は、異なる文化をもつ人々が集まったコミュニティで、尊厳をもって平等に相互承認して、共存していくべきという「承認の政治」の必要性を説いています（Taylor 1994=1996）。

真正さを欠き同質化を強いる、価値の平等性の承認の要求と、他方における、自民族中心主義的な基準の内部への自閉との間に、中道が存在するはずである。我々とは異なる諸文化が存在し、世界のレベルにおいても、またそれぞれの社会のなかにおいて混ざり合う形においても、よりいっそうの共生が必要となっている。（Taylor 1994=1996: 100）

テイラーはケベック州というフランス文化をルーツとして色濃くもつカナダの地域で、政治活動を行なった経験ももっています（ケベック州は一時期、カナダからの独立運動も盛んでした）。そうした背景もテイラーの多文化主義的なコミュニタリアニズム思想に影響していると考えられています。先ほどのモザイク・インスティテュートでのワークショップ実践は、このテイラーの思想を体現しているものであると言えるでしょう。

ただ、人はそんなに簡単に、面倒な「多様性」を引き受けられるものなのでしょうか。ない方が楽なのは、確かです（この面倒くささを経験せずに、「多様性は大事」、「話し合えばいいんだよ」とおっしゃる方は、あまり信用できないなとも思ってしまいます）。

それを考えるためにひとつの例として、「ゴミ屋敷」の問題を考えてみましょう。

「ゴミ屋敷」とは、ごみ集積所ではない建物で、ごみが積み重ねられた状態で放置された建物、もしくは土地のことをさす言葉です（岸 2017）。悪臭やねずみ・害虫の発生などがあって、近隣の人が迷惑する事態となったり、また、火災や放火等の危険性も問題視されています。とくに高齢者のひとり暮らしで問題になるケースが多いのですが、これは、認知症や生活意欲の減退による「セルフ・ネグレクト」の状態ではないかという指摘もあります。

ネグレクトとは本来保護するべき他人（乳幼児など）の保護を放棄してしまっている状態をさします。セルフは自分の意味です。それらの言葉を合成したセルフ・ネグレクトを、看護学者の岸は「健康、生命および社会生活の維持に必要な、個人衛生、住環境の衛生もしくは整備又は健康行動を放任・放棄していること」と定義しています（岸 2017）。このような状態の他者に対して、事情までは把握できず、迷惑行為がある状況で、近所の人ができることは限られていると言えるでしょう。

このゴミ屋敷問題を取り扱ったドラマがあります。２０１４年にＮＨＫで放送された『サイレント・プア』がそれです。女優の深田恭子が扮するコミュニティ・ソーシャルワーカーが主人公でした。コミュニティ・ソーシャルワーカーとは、簡単に言ってしまえば、地域の福祉問題に対して、各種の専門機関と連携しながら、住民による問題解決を手助けしたり、そのための様々なコミュニティづくりの活動を企画運営する専門職です。

実はこのドラマのゴミ屋敷の回は、実際のエピソードに基づいて構成されていました。豊中市社会福祉協議会で全国第1号のコミュニティ・ソーシャルワーカーとなった、勝部麗子氏がモデルとなっています。社会福祉協議会（社協）とは地域福祉法に定められた、地域福祉の拠点となる民間機関であり、全国の都道府県・市町村に設置されています。

勝部さんや社協の職員さんたちは、迷惑となっている地域のゴミ屋敷問題に対して、その家を何度も訪問して、住む方と話をしながら寄り添い、一緒に片付けをします。[59]その一方で、地域住民の方々にも協力を呼びかけ、やがて地域の人もボランティアで片付けを手伝うようになります。ごみが片付くにつれ、ゴミ屋敷の本人も、近所の人に対して「申し訳ない」という言葉が出るようになります。その結果、近所との関係も再構築された、とのことでした。

勝部さんは、こうした問題のときには、「地域にこういう人がいると困る」と、排除しようとする人たちが必ず出てくると言います。そうしたとき、勝部さんたちは、本人と地域コミュニティとのあいだで「盾になってくれる人」をみつけていったとしています。このゴミ屋敷のケースでは、とてもゴミ屋敷の住人を心配されている近所の方が、「盾になってくれた」そうです。

その方が「あの家の主は困った人だ」「出て行ってほしい」と思っている人たちに、「片づけが進み始めたよ」「もうちょっと待ってあげよう」と呼び掛け、ご本人に対しては「大丈夫ですよ」と声をかけ

59　ここでのエピソードは、「ＮＨＫ地域づくりアーカイブス」ウェブサイトに掲載されている内容に基づきます。https://www.nhk.or.jp/chiiki-blog/300/242088.html（２０２０年５月24日閲覧）。

てくれました。やがて、優しく声掛けをしてくれる人が増えていき、ご本人も「大丈夫かな」と感じてくれるようになり、いざこざは無くなっていきました。盾になってくれる方がいたからできたのであり、私たちの力だけでは不可能だったと思っています。（「ＮＨＫ地域づくりアーカイブス」、https://www.nhk.or.jp/chiiki-blog/300/242088.html）

このケースから、コミュニティの人々では解決できない重大な問題が生じたときには、ひとつには、適切な外部の専門機関の介入が助けになることがある、ということが言えるかと思います。そしてそれにくわえて、「盾になってくれる人」と勝部さんがおっしゃった、キー・パーソンの存在も重要なのではないかと思います。「ちょっと困った人」、あるいは「ちょっと迷惑な人」と思われてしまっている人と、迷惑をかけられていると思っている周りの人とのあいだの、「緩衝材」としての存在です。

それは誰でもよいのですが、そうした「おせっかい」な人がいるかどうかで、多様性のあるコミュニティの包摂性や持続性、つまり「今日も、明日も、明後日も、順調に問題だらけ」（向谷地 2018）でやっていけるかどうかも決まってくるように思われます。コミュニティ解放論的に言えば、コミュニティのウチとソトの人をつなぐ、あるいはコミュニティ内の人と人とのあいだをつなぐ「連結ピン」となれる人の存在が大事なのです。

「盾になってくれる人」のように、ある人やコミュニティが情報や支援を得る際にカギとなる人のことを、ゲートキーパーと呼ぶこともあります（Barzilai-Nahon 2009）。直訳すれば「門番」で、コミュニティのソトとウチ、あるいはウチの中での風通しをよくするカギをもつ人なのですね。[60]

3 コミュニティからの排除 ――住民運動とNIMBY

2015年4月、京都市にある世界遺産・仁和寺の周辺に住む人たちは、業者からの連絡に驚きました。長い間空き地になっていた仁和寺門前の広い土地に、24時間営業のガソリンスタンドとコンビニが建設されることが伝えられたのです。当時、ガソリンスタンドがらみの事故が頻発した時期でもあり、世界遺産が火事にでも遭ったら大変……という不安が住民に起きました。そうでなくても、世界遺産周辺の静ひつな環境が、24時間営業で壊されるのではないか。そんな心配がありました。

悩んだ地域の町内会の人たちは、京都市役所に訴えました。この地域は、風致地区・特別修景地区・第1種低層住宅専用地域という、建設される建物や、開業される店舗には大変厳しい条件がつく場所です。さらには世界遺産には登録の際に「バッファーゾーン」と呼ばれる、遺産を守るため

60　もちろん、間に入る人がいたら何でもうまくいく、ということではありません。「盾になる」と名乗りをあげた人が、自分の利益のためだけに行動して、問題をさらにややこしくする（そして自分は逃げる）、ということも、よくあることです。門番になって自分の思い通りにしか情報や資源を通さない、というような悪い意味でのゲートキーパー的行為ですね。

仁和寺門前に立つ「ガソリンスタンド・コンビニ建設反対」ののぼり（2015 年 11 月筆者撮影）。

の緩衝地帯を作ることが義務づけられています。しかし市としては、法的に違反していないので、認可をしなければならない立場との答えでした。

困った住民の人たちは弁護士に相談しました。そして作戦として、ニュースにして世論に訴えつつ、民事調停を起こすことにしました。仁和寺にも連携を求めました。そして対策協議会を立ちあげ、11月、民事調停の手続きに入った矢先に、急に事業者側が計画断念を発表しました。住民側の運動が成果をあげた瞬間でした。

しかし、このことで大いに危機感をもった町内会では、「地域景観づくり協議会」設立に向けての準備に取りかかりました。地域景観づくり協議会とは、京都市市街地景観整備条例に基づく、京都独自の、しかし公的な住民組織です。仁和寺門前の人たちが設立する前には、たとえば嵐山や祇園新橋、先斗町、清水寺前といった著名な観光地・繁華街を中心にすでに住民が組織しており、建築や屋外広告物の規制に対して、近隣住民の意見を反映させていました。こうして御室山門前町内会と仁和寺が連携し、地域景観づくり協議会としての「仁和寺門前まちづくり協議会」が、２０１６年に設立されました。

その後、この空き地の開発計画については、事業者が変わる中でドラッグストアやホテルといったように変化したのですが、その都度、協議会はそれに対応されてきました。最近では、京都市の制度を使った高級ホテル建設が進行しています。その建設計画については住民生活や、世界遺産バッファーゾーンとしての安全や景観を妨げないものを、ということで、協議会は3年間にわたり、地域景観づくり協議会制度のルールに基づき、業者側と繰り返し意見交換を行なってきています。

このように、住民が自分たちのコミュニティの生活環境を守るために、企業や自治体を相手取って交渉、あるいは訴訟などの対立的な姿勢で抵抗を示す行動は、住民運動と呼ばれます。歴史的に有名なのは、騒音や水質・大気汚染などの、公害問題に対する住民運動でしょう。

そして、そのような住民運動というのは、住民が一致結束する機会となるので、そこからコミュニティづくりが活性化する契機になったりします。たとえば、私が以前、講演に呼んでいただいた同じく京都市内の西京区竹の里地区では、15年以上前の高層マンション建設反対運動で中心的に活動した住民の方たちがその後、NPOを設立したり、地域団体の役職をしていたりと、今でもコミュニティづくりの中心を担っているとのことでした（講演もそうした活動の一環でした）。

しかしそうした地域トラブルに対応しようとする住民運動も、NIMBY（ニンビィ）と呼ばれる、住民たちの勝手なエゴによるものと非難されることがあります。何が問題なのでしょうか。

NIMBYはノット・イン・マイ・バックヤード（Not in My Back Yard）の略で、訳すと、うちの裏庭に入ってくるな、という言葉になります。NIMBYが問題として扱われるものには、大きく言って2つのパターンがあります。ひとつは、それが社会にとって本来必要なものであるにもかかわらず反対しているというパターンです。たとえば発電所の建設や、空港や基地の建設などです。それが建設されることによって国民全体が享受できるメリットは大きいのですが、近くに住む住民にとっては地域コミュニティへの悪影響が懸念されるのです。

以前、インドネシアから私の研究室に来た大学院生の方が、インドネシアでの地熱発電建設の際の、コミュニティの反対運動を研究していました。地熱発電と言えば、再生可能エネルギー、エコ発電などと呼ばれクリーンなイメージがあります。しかしやはり、建設予定地の地域住民にとっては、不安は大きいようですね。

Yasukawa et al.（2018）によれば、地域にはカネ、モノ、ヒトなどのバランスのとれた流通がある程度存在していますが、突然の地熱発電の建設プロジェクトは、そうした既存の人々の活動を妨害し、地域の様々な要素に影響を与える可能性があるとされています。そして、そのような開発は、一部の利害関係者だけを幸せにし、他の人を不幸にすると考えられることで、反対運動を誘発する可能性があると述べています。

こうした再生可能エネルギー建設についての地域コミュニティの懸念を理解するため、風力発電に対する住民意識調査の結果に基づき、環境学者のペトロバは「VESPAモデル」というその懸念の分類を提案しています（Petrova 2016）。VESPAモデルとは、4種類の懸念を分類したタイトルの頭文字をとったモデル名になっています（次頁の表参照。もちろん、あのイタリア製のバイクの名前を意識しているモデル名です！）。

Visual/Landscape：	ビジュアルと景観への懸念（景観，騒音など）
Environmental：	環境的懸念（住民の健康，野生動物への被害など）
Socioeconomic：	社会経済的懸念（地価の低下，観光産業への害など）
Procedural：	手続き的懸念（情報公開や，内容の理解など）

NYMBY の VESPA モデル（Petrova 2016 より筆者作成）。

それはまず、ビジュアルと景観（Visual/Landscape）という類型です。これは地域の景観や、騒音に影響がないかなどを心配するものです。第2に環境的（Environmental）懸念です。これは住民の健康への被害や、野生動物への被害が含まれています。また自然エネルギーによって環境負荷が減らせる（あるいは減らせない）という意識にも関わっています。第3に社会経済的(Socioeconomic)懸念です。これは具体的には、建設によって地価が下がるのではないか。地域の観光産業に害をもたらすのではないか、といった不安です。コミュニティに経済的な恩恵がないのではないかという懸念でもあります。第4に手続き的(Procedural)懸念です。建設プロジェクトについて聞いたのがいつだったか。公開の説明会はあったか（参加したか）。情報公開や内容の理解の程度などが、建設に理解を示せるかどうかに、関わってくるのです。事業者を信頼できるかどうか、とも言えるでしょう。

このようにＮＩＭＢＹには、住民たちが反対する理由があることを理解する必要があります。補償金を増やせばいいのだろう、結局カネだろう、という安易な話ではないのです。

しかし、ＮＩＭＢＹがより社会から非難されるケースもあります。それは、障害者や子供、ホームレス、感染症患者といった、社会的に不利な立場の人たちを排除するケースです。かつて日本でも、地域の理解が得られないため、障害者施設や、ハンセン病患者の入居施設が、人里から遠く離れた山の中や孤島につくられ、文字通り「隔離」されていたことは、本書の中でこれまでふれてきた通りです。

ＮＩＭＢＹによって、社会的に不利な人たちは、ますます、地域で住みづらくなるのではないか、という懸念があります。アメリカには、塀と門とで区切られた地域に高所得の人たちだけが住み、それ以外の人の入居を受け付けない「ゲーテッド・コミュニティ」と呼ばれる地域があります。そのように、高所得者だけがよい環境で生活をする一方、低所得で生活に困難を抱えている人たちの生活環境には、「迷惑施設」が多くなったり、自然環境が乏しくなったり、あるいは公害問題のある地域になるのではないか、という危惧があります。この問題を、環境正義あるいは環境公正（どちらも environment justice）と呼びます（Feldman & Turner 2014）。

このようにＮＩＭＢＹは、一概に悪いとも言えないし、一概によいとも言えない、という理解が現在、学術的にあるように思えます。では、どうしたらいいのでしょうか。地理学者の鈴木は、差別的にみえるＮＩＭＢＹも、どこからくるのか丁寧に読み解き、その心情を忖度し、彼らの信頼と合意を獲得しながら、適切な問題解決へとつなげていく「ナラティブ」なまなざしが必要であると述べます（鈴木 2015）。

ナラティブとは語り、物語といった意味です。第1章の個人化の話で出てきた「小さな物語」を聞き取り、ＮＩＭＢＹにみえる行動をとるそれぞれの人にとっての意味を理解する必要がある、ということです。そしてそれを聞く側も、一緒になって物語をつくっていく存在であります。対話によって促進される、新しい物語があるのです。それが「適切な問題解決」につながる場合もあるのです。

先ほどのゴミ屋敷の問題もそうでした。それをしてしまう住人が一概に「悪い人」とは言えませんし、出て行ってほしい、と思う周りの人たちも「悪い人」とは言えない。間に入った人が話を聞き、寄り添って、一緒に問題解決のための糸口を考えていくことが必要ではないかということですね。なんだか解決する方法が明確でなくて、スッキリとせず気持ちが悪い人もいるかもしれません。個人化した社会では、誰にでも当てはまる「これをすればＯＫ」という政策や方策といったものは、なかなかつくれないものなのかもしれません。

もちろん、政策的な対応は重要です。しかし、多くの人を救うためのその大きな網にところどころある、「穴」を繕うことや、その網自体を作り直すこと（つまり政策提言。アドボカシーとも言います）をしていく必要がありますし、なにより、一人ひとりがどこかでは助けてもらえる、あるいは助け合える関係性が社会でつくられることが重要と考えています。これをパッチワーク型コミュニティと私は呼んでいます。

この話を含めて、最終章となる次章では、「幸せなコミュニティ」をつくるためのアプローチをいくつか、考えてみたいと思います。

コラム いじめを考える

今回のコラムでは学校コミュニティでの子供どうしのトラブルである、いじめについて考えてみたいと思います。この話題はとてもセンシティブです。かつ私自身も専門外なので、不用意なことを書くのがおそろしいとも考えています。それでも、何かのご参考になればと思い、以下では世界的な研究結果の紹介をいたします。いじめ研究では、複数の調査の内容を体系的に整理し分析した研究論文（システマティック・レビューと言います）が数多く出されています。ここでは、それらをさらにまとめて分析することを試みます（これをメタ・レビューとも呼びます）。分析には、2007年以降に発表された13本のシステマティック・レビュー論文を用いています。

まず、いじめの影響についてです。いじめられた経験は、うつ病や不安症、一般的な健康状態の悪化、自殺念慮や行動などの、精神的健康問題との因果関係が強く認められるとの分析結果がありました（Moore et al. 2017）。また、子供時代にいじめられた人がその後、抑うつに陥る傾向は、経験がない場合よりもはるかに高いとされています（Ttofi et al. 2011）。その論文で分析した28の研究では、平均追跡期間は6・9年（最大36年後）であり、影響の大きさは、追跡期間が長いほど（つまり年齢を重ねるほど）小さくなるとのこと。時間が解決するとも言えますが、逆に言えばいじめられてすぐ後は影響が大きいわけですし、安易に「今だけだからがまんすればよい」と子供に話すべきではないことがわかります。さらに、傍観者や、いじめっ子になる経験も、その後の心理的・社会的状況に悪い影響を与えるとされています（Zych, Ortega-Ruiz, & Del Rey 2015）。いじめは関わった子供すべてに、悪影響を与えるのです（Evans, Fraser, & Cotter 2014）。

いじめは、これまでの海外の調査では3人に1人の子供が何らかの形で関わったことがあるとされ、誰でも被害者になる可能性があるとも言えます。しかし、自閉症（Maïano et al. 2016）や少数民族（Zych, Ortega-Ruiz, & Del Rey 2015）といった、マイノリティはよりいじめが深刻な問題となりがちです。いじめの問題にはネットいじめ（SNSでの誹謗中傷など）も含まれますが、多くの場合、オフラインでのいじめとネットのいじめは強く関連をもっているとされています。ネットだけが悪者にされがち、という話を第7章でしましたが、そうではなく本質的な課題を理解する必要がある、というのは、いじめ問題にも言えそうです。いじめっ子になる可能性として、デジタルゲームの影響はみられなかったが、テレビの視聴時間との関連はあった、なんて調査結果もありますので、メディアの影響は一概には言えないのです（Barboza et al. 2009）。

阿部共実『ちーちゃんはちょっと足りない』（秋田書店，全１巻）。おそらく軽度知的障害のある中学生の「ちーちゃん」は，大きなトラブルを友人コミュニティ内で起こします。友人間の亀裂は，子供同士の背景的な多様性をあらわにします。ラストシーンは意見が分かれますが，私は救いがあるように思っています。

こうしたいじめを防いだり、なくす方法も様々に検討されています。ソーシャル・スキルと呼ばれる、対人関係を良好に構築するための知識や技術を習得することが、いじめの対策で有効ではないかという議論があります。コミュ力、と表現すると多少誤解はありそうですが、コミュニケーションのトレーニングとは言えるかと思います。しかし、そうしたソーシャル・スキル・トレーニングの効果がどれだけあるかは、実はこれまでの研究でははっきりしていません（Vreeman & Carroll 2007）。どうも、その学習や習得だけでは不十分なようです。

また、本章では多様性を理解するための能力を表す、「エンパシー」という言葉が出てきましたが、エンパシーの教育もソーシャル・スキルと同様に、それだけでは十分ではないようです。いじめる／いじめられるリスクは、「他人の感情を理解したり体験したりする能力の違いによるものではない」とされています（van Noorden et al. 2014: 652）。

それでは、どのような取り組みが効果的なのでしょうか。まず何より、いじめの対策は、「この厄介な問題に影響を与えるためには、集中的で長期間続ける必要がある」とされています（Ttofi & Farrington 2011: 45）。いじめは簡単に解決はしないという覚悟が、周りの大人に必要なのです。そしてその上で、いじめ対策の取り組みは学校全体で行なうことが重要です（Cantone et al. 2015）。具体的には、親による話し合いや、いじめの厳罰化、休み時間での監視といった対策が有効だとされています（Ttofi & Farrington 2011: 45; Zych et al. 2015）。厳しい対応も一定、必要とされると言えそうです。一方で、子供同士でいじめをチェックさせる活動（ピアサポート）は、あまり効果がないともされています（Hong & Espelage 2012）。つまり、いじめの防止や対策を、まだ幼い子供たちの責任にする取り組みには意味がなく、よくないと言えるでしょう。

まとめますと、子供たちや個別のクラス（担任）だけではなく、学校や地域が一体となって、長期的に対策することが重要と言えます。近道はないのでしょう。ここで分析した調査研究は海外のものが主なので、そのまま日本に当てはめてよいかは、注意が必要だと考えます。しかしその上においても、この本の中で一貫して主張しているように、個人の問題ではなく、コミュニティ（学校・地域）の問題として考えていく必要があるのだ、と言えるでしょう。

終章

助け合える幸せなコミュニティをつくるには

みんな　ここには何にもないとか言うけど　なんにもないわけ　ないじゃないか　ここには　みんなの　大切なもの　ばかりじゃないか

（岩本ナオ『雨無村役場産業課兼観光係』）

1　助け合うコミュニティづくりのヒント　――ウチとソト、援助と被援助のカベを壊す

第4章で説明した「ソト」の人に対する過剰な遠慮について、どうすれば日本人はもっとヘルプを出しやすくなるのでしょうか。ひとつには、紹介した社会心理学的な研究の成果から言えば、自尊心を高め、そして安定させることに意味があると言えるでしょう。

しかしながら、そう簡単に人を、あるいは自分を変えることができるならば苦労はありません。私だって自分自身を変えることは、そんな簡単ではないのは重々身にしみています。忘れ物が多い。頼まれごとを安請け合いしてあとで辛くなってしまう。うっかり調子にのって要らないことを言っ

てしまう。そのくせすぐ落ち込む。……ある部分、もう諦めているところもあったりします。よくないですね。

そんな自分を棚にあげるわけではありませんが、問題を「個人化」させて自己責任とせずに、もう少し社会的なものから考え、環境を変えることによって、コミュニティからの発想でできることはないのでしょうか。以下ではそれを、すでに実践されているコミュニティづくりの方法・アイデアから、3つのパターンとして提示したいと思います。そのパターンとは第1に、助けられる人が助ける。第2に、贈与を交換にする。第3に、ソトをウチにする、です。

まず第1の方法として、助けられる人が助ける、です。常に援助される側にまわってしまいがちな人でも、誰かを・何かを助ける場面をコミュニティでつくることができれば、心理的負債を減らすことができるのではないでしょうか。いわば、ケアするコミュニティ（ケアリング・コミュニティ）の可能性です。

ケアする対象は、人でなくてもよいのかもしれません（第3章のコラム「ヒト以外からのソーシャルサポートはあるの？」を参照）。そんな視点からここでは、「コミュニティ・ガーデン」の取り組みを紹介しておきたいと思います。

コミュニティ・ガーデンとは一般的に、地域の空き地（公地・私有地）を使って、地域住民が主体となり、農作物や果樹や花を植える場所や活動とされ、現在、世界的に広く取り組まれるようになっています。「ガーデン」は日本語では「庭」と訳されますが、世界的には農作物を植えていることが圧倒的に多いため、「農園」や「畑」の方が、イメージ的には近いでしょう。
ウェイクフィールドらによれば、コミュニティ・ガーデンでは、野菜や果物が作られるので栄養的な意味で健康改善や食育になりますが、それ以外にも、農作業で住民が一緒に身体を動かすことで、お互いの理解や精神的な健康にもつながります。またときにはそれが職業訓練になる場合もありますし、それらのことからコミュニティ全体の安全や発展の機会になるとしています（Wakefield et al. 2007）。コミュニティ・ガーデンはコミュニティにあるガーデン、コミュニティでするガーデン、というだけでなく、コミュニティをつくるガーデンなんですね。

ロンドンの「ラフボロー・ファーム」。

世界のコミュニティ・ガーデンの具体例のひとつとして、英国ロンドンにある「ラフボロー・ファーム」をご紹介しましょう。ここはランベス地区の住民団体「ラフボロー・ジャンクション・アクション・グループ」が実施しているコミュニティ・ガーデンです。この場所は元々空き地だったのですが、ドラッグの取引が行なわれるなど、地域コミュニティの安全を考えたときに何とかしなければいけない場所だったそうです。治安を良くするために、自治体によって住民団体に貸与され、現在のコミュニティ・ガーデンが開園したとのこと。私が訪問したとき、炎天下でしたが、ひっきりなしに人が作業しに訪れていました。主要メンバーにガーデニングの研修を受けた人がいるそうで、作業をリードされていました。イチゴ、ナス、キュウリ、トマト、レッドペッパー、ピーマン、ブルーベリー……多くの野菜や果樹、そして花が植えられていました。個別の区画はなく、皆で同じすべての作物を育てます。また、収穫物は地元の屋台で販売しているそうです。

筆者が大学で行なったコミュニティ・ガーデンの様子。

また、大学でもコミュニティ・ガーデンを開園しているところがあります。私が見学したのは、カナダのオンタリオ州にあるブロック大学でした。そこでは学生自治会のメンバーが畑（ガーデン）を作っていました。

それらを参考に、私も２０１５年から自分の大学の敷地内で、公式に土地をお借りして、学生と住民の方とでコミュニティ・ガーデンの試みを行ないました。学生たちと畑のねらいや、植えるものを考えました。結果として毎年、数組の親子連れを招いて、子供にとって食育になるよう、皆で栽培から収穫まで行なう、というものになりました。畑、というと大がかりに聞こえますが、私たちが作ったのはプランターと、板で区切った中に土を入れただけのもの。先ほどのラフボロー・ファームでも大きな袋をプランター代わりにして、その中で野菜を栽培していました。都市の中でも意外と気軽に、コミュニティ・ガーデンは取り組めるのです。[61]

この取り組みは、大学が土地を別の用途で活用するために借りられなくなる2019年まで行なうことができました。授業の一環として参加した学生たちは当初、野菜の生育の知識もなく、またイベント運営も未熟なために、自信を失っていました。しかし参加した子供の親からの感想で、大学生との交流自体が、子供にとって意味があると考えていることを知り、自分たちが「役に立っている」ことを実感したのでした。[62] 野菜を育て、子育てにも関わっていたのです。

ソトの人に助けを出すための2つめの、別の方法についても考えてみましょう。思い切って、互酬性の規範自体を別の規範に変えてしまう、という方法もあるかと思います。つまり、「贈与」であった援助を、対価を払うことで、「交換」という規範へと変えてしまうことです。これは、カネで解決する……というようにもみえますが、それとは少し異なります。

そもそも「持たざる」人々であるからこそ、贈与としてのサポートに頼っていたという側面があります。カネがあれば最初からカネで解決していたかもしれません。しかしカネがなければ、新し

61　余談ですが、日本ではなかなかコミュニティ・ガーデンが広がらない一方、耕地区画を個人に切り分けて貸す「市民農園」は各地で人気です。サードプレイスの話でふれた「マイプレイス型」としての畑の方が、交流型としてのコミュニティ・ガーデンよりも、日本人には好まれると言えるかもしれません。

62　この取り組みの成果については、初年度だけですが論文にまとめています（桜井政成「キャンパス・コミュニティ・ファームを通じた世代間交流の可能性：大学生が三世代交流に関わることの意義・影響」『地域情報研究』5: 119-132）。

く作ってしまえばよいのです。これが、地域通貨という取り組みです。

もちろん、本当のお金を作ったら通貨偽造や、金融取引法等の法律に抵触してしまいますので、厳密には違います。地域通貨とは小さなコミュニティの中（特定のグループや地域）で、市場とは異なる価値を生み出すために流通させるクーポン券のようなものです。

地域通貨は1929年の世界恐慌後、通貨不足に陥った欧米で誕生・流通したとされています。[63] その後はいったん廃れましたが、1983年、カナダのバンクーバー島のコモックス・バレーで現在につながる地域通貨の世界的広がりが始まったとされています。当時、コモックス・バレーは主要産業であった炭鉱が閉山したことから、大変な経済的不況に陥っていました。そこで、地域を活性化するために、独自の貨幣を流通させたのでした。

それとは少し異なる地域通貨の流れとして、1980年代のアメリカで始まったとされる「タイム・ダラー」があります。これは、ボランティア活動に対して、サービスを受けた人や団体が、その活動時間に応じて支払う地域通貨でした。

このタイムダラーの取り組みは日本でも導入されています。全国的に行なっている団体として著名なのは、NPO法人「ニッポン・アクティブライフ・クラブ」（通称「ナルク」）です。[64] この団体では、庭の手入れ、家事援助、話し相手、送迎などの手助けを必要とする会員に対し、それらの手

63 ここで説明している地域通貨の歴史と大きな2つの流れについては、丈島（2010）の議論を参考にしています。
64 ナルクの活動の説明は団体のホームページより。http://nalc.jp/index.html（2019年8月20日閲覧）。

大阪府箕面市のNPO「暮らしづくりネットワーク北芝」が発行している地域通貨「まーぶ」。子供たちは職業体験をすることでまーぶを得られます。そしてそのまーぶを使い，子ども食堂で食事をすることができます。支援を受ける心理的負債をなくすとともに，職業教育にもなるという，一石二鳥なアイデアですね。

助けをできる会員がサービスを提供し、その活動時間を点数として預託する仕組みで会員間の助け合いを行なっています。どんなサービスでも1時間1点として時間貯蓄手帳に記入され、いずれ自分にサービスが必要になったときに、他の会員からのサービスをその点数を使って受けることができるそうです。また、預託した点数は、配偶者・両親・子供などのためにも使うこともできるとされていますので、全国の会員間で、ポイントを介した「交換」によって気兼ねなく、助けを求めることができる仕組みとなっていると思われます。

地域通貨は日本各地で取り組まれてきましたが、なかなか長続きさせるのは難しいようです。しかし、「カネで解決」が難しい人たちにとっては、地域通貨は上手に使えば、有効な支援手段となり得ます（写真と解説を参照）。個人主義化した社会において自己責任、別の言い方をするなら自助が強調される中では、「持たざる」人々はさらに苦しい状況に置かれるだけになります。なぜなら自助とは「カネで解決」することに他ならないからです。

また、たとえお金があったとしても、「カネで解決」が（社会的に）最適ではない場合もあるので、注意が必要です。その代表的な例が献血です。古典的なティトマスの研究では、献血はお金と引き換えの売血にしてしまうと、利益目的で、感染症の人などもそれを隠して積極的に行なうようになったりするので、逆に効率が悪くなってしまうことが指摘されています（Titmuss 1970）。そしてティトマスは、「カネで解決」は贈与する自由を人から奪うものだ、と、興味深い意見を述べています。贈与することは市民の自由な権利であって、お金を介在させることでその権利を侵害する可能性がある、とも言えるでしょう。つまり、寄付やボランティアをすることは、市民の自由な権利なのですね。

しかし実際には、献血会場でお菓子やジュースが飲食し放題だったりと、何らかの「お礼」がある場合もありますね。かつては、換金性の高い、商品券的なものが配られていた地域もありました。それらはまとめてインセンティブと呼ばれます。これらの効果については世界で様々に研究がありますが、ティトマス元来の主張のように献血の促進を妨げるという研究結果もあれば、ある種のインセンティブは献血回数を増やすとする調査結果もあり、いまだにはっきりとはしていないところです（Mellström & Johannesson 2008 など）。これは、交通費等の多少の手当を受け取る「有償ボランティア」にも、当てはめられそうな議論だとも思います。

3つめの戦略を考えてみましょう。ソトの人に頼れないのであれば、「ソトをウチに」することによって、ウチの人を新たにつくってしまう、という方法はどうでしょうか。発想の転換です。非現実的な話に聞こえるかもしれませんが、実際に日本でも昨今、他人と住み暮すシェアハウスという取り組みによって、血縁家族に代わる、新しい家族の可能性が模索されてきています。

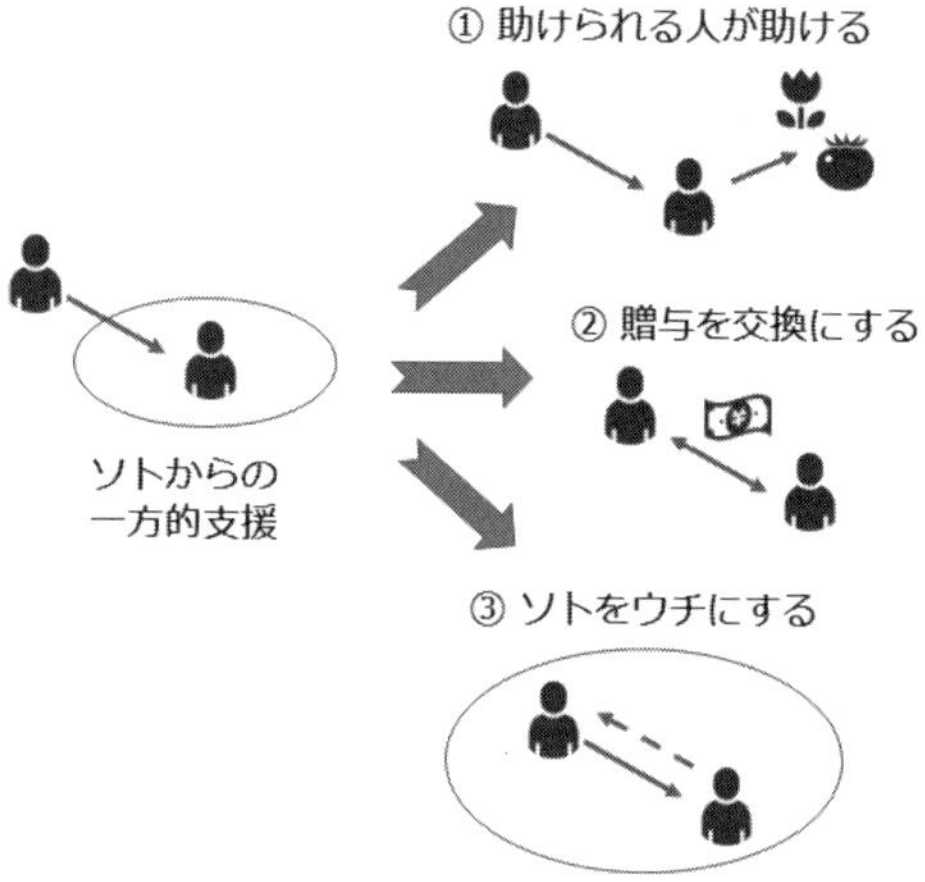

コミュニティで助けられやすくする方法（筆者作成）。

日本では、福祉制度の不備や、労働環境がもたらしている男女格差によって、シングルマザーの人たちが生活困難に陥るケースが多いことが指摘されています。それに対して、シングルマザーの人たちが一つ屋根の下で共に助け合いながら生活するシェアハウスが、全国的に広がっています。単純に助け合うために当事者が集まって一緒に住む、というよりも、シングルマザーの支援団体が開設したり、住宅業者が空き家対策などで計画的に建築したものも多いようです。

また、シングルマザー・シェアハウスには、住居としてだけの機能を超えて、職業のあっせんや託児、子育ての無料相談など、総合的な支援を実施しているシェアハウスもあります。その背景には先に述べた通り、シングルマザーを取り巻く環境の厳しさがあります。単純な当事者の助け合いだけではどうにもならない将来への見通しの不安があります。

住宅政策、居住福祉を研究している葛西は、シングルマザー・シェアハウスが当事者に居住の場として選択される理由には、「誰かと住まう安心感」が含まれていると指摘しています(葛西 2018)。また、「シングルマザー向け」という安心感もあります。シングルマザーというだけで、入居を拒否される物件もあるのです。さらに経済的・空間的な効率性と、柔軟な入退去も理由にあるとしています。経済的に安価で一時的な滞在施設であるという意識もありつつ、そこでの安心感が求められていることがわかります。

とはいえ、他人と「一つ屋根の下」に住むことは、簡単なことでも、楽しさだけのことでもありません。人間同士、いざこざは起きて当たり前です。住民同士のトラブルの対応のためには、「コーディネーター」(管理人)の存在と役割が重要とする主張もみられます。そのためシェアハウスを「新しい家族のかたち」と評価するのは、少し性急な気がします。前にも書きましたが、コミュニティとはそもそも助ける・助けられるとともに、迷惑をかける・かけられるという相互行為の世界なのです。

以上、助けられる人が助ける、贈与を交換にする、ソトをウチにする、という3パターンを検討しました(前頁の図参照)。どれも現実に実施する上では、課題を抱えていることは事実です。しかし本書でみてきた支援における理論的な課題について、コミュニティでの「関係性」を何らかの「仕掛け」によって変化させ、解決に導こうとする取り組みには、可能性もあることも感じていただけたのではないでしょうか。

2　みんなで幸せになる方法 ―コミュニティ・オーガナイジングとアセットベースド・コミュニティ・ディベロップメント

続いて、幸せなコミュニティづくりの手法を考えるために、コミュニティ・ソーシャルワークの代表的な2つの手法を紹介したいと思います。それは、コミュニティ・オーガナイジングと、アセットベースド・コミュニティ・ディベロップメントです。

コミュニティ・オーガナイジングは地域変革の実践として、アメリカの社会運動家ソウル・アリンスキーが提唱したモデルが有名です。アリンスキーはコミュニティ・オーガナイジングの理論と方法を、1930年代のアメリカ・シカゴのスラム地域の生活改善のための運動からつくりあげました（Alinsky 1971）。それは、地域課題に焦点を当て、個人の関係構築や組織化を進め、社会変革に対する行動を起こすものです。アリンスキーの思想と実践は、1950年代から60年代にかけて黒人の権利を主張した、アメリカでの公民権運動にも多大な影響を与えたとされています。

コミュニティ・オーガナイジングではまず、個人の利益（self-interest）に焦点が当てられます。複数の問題に関わる、広い人たちで共通する利害を設定して、それに向けて取り組みます。アリンスキーはイデオロギーではなく実質的な利益で考えるべきだとしました。イデオロギーを中心に人々を組織することは「退屈」であり、最悪の場合イデオロギー論争につながると考えたためです（Stall & Stoecker 1998）。そのため、コミュニティ・オーガナイジングでは具体的な「獲得目標」を設定します。[65]

また、コミュニティ・オーガナイジングでは、権力関係に注目します。権力には偏りがあり、そして、「持たざる者」が「持つ者」から収奪されていることを自覚させ、「これでは足りない。もっとよこせ」と訴える運動を起こすのです（Stall & Stoecker 1998）。

コミュニティ・オーガナイジングがどのように行なわれるか、現在でも北米を中心に活発に活動しているひとつの団体の例からそれを紹介しましょう。それは、Association of Community Organizations for Reform Now（今すぐ刷新するためのコミュニティ組織の協会）の頭文字をとった団体名称である「ＡＣＯＲＮ」（エイコーン＝「どんぐり」の意味）です。ＡＣＯＲＮは１９７０年にアメリカで設立された世界的な市民組織で、現在５万９千を超える低・中所得世帯のメンバーにより、９都市の20を超える地域で活動をしています。ＡＣＯＲＮでは、「コミュニティのための（労働）組合」を自称しており、「あなたが困っていることは１００人が困っている」、「あなたが怒っていることは１００人が怒っている」を合言葉に活動しています。

私は「ＡＣＯＲＮカナダ」のトロント支部の活動に、調査のために参加したことがあります。

65　余談ですが、アメリカの著名なコミュニティ・オーガナイジングの指導者に、「日本の社会運動や市民運動はときどき、思想的に先鋭化し、多くの人からの支持を得られなくなってしまうのですが、どうしたらそれを避けられるのでしょうか」と尋ねたとき、「理想ばかり語るからだよ。現実に根ざしたビジョンを基礎に語り合わないと」と答えていただいたことがあります。

ACORNカナダによるコミュニティ・オーガナイジングの様子。

4月初めのまだまだ寒い日（トロントのまだ寒い春の日、というのは気温がマイナスになる日）に、郊外のある低所得者向けの巨大マンションのロビーに、ACORNの訓練されたボランティアの人たち（コミュニティ・オーガナイザーと言います）と、そのマンションの住民たちが集合しました。

住民たちはまず、状況を共有しました。「もう20日もお湯が出ないのよ！」「暖房がつかない」「うちではトコジラミが出る」と口々に深刻な状況が語られます。マンションのオーナーがまったく修繕をしないのです。どうも、今の住人を追い出して、改築し、家賃を上げてより高所得の人たちを入居させたいのではないか、という話も出ていました。

修繕に補助金を出す法律があり、また修繕しないマンションは自治体の法律に違反しているのですが、トロント市に指導をするよう訴えても、反応が鈍いとのこと。そのためにこの日は、入居者の権利を主張するため、近くの幹線道路に行き、プラカードを掲げてシュプレヒコールをあげたのでした。

私も、慣れない文化で少し気恥ずかしい（そして英語もあまりわからない）ながら、がんばって一緒になって声を張り上げました。すると、通りがかった車が結構な割合で、応援のクラクションを鳴らしてくれます。こういう反応は、日本ではあまりないのではないかと思うのですが、うれしかったですね。励まされるし、自分たちがしていることを正当化された気にもなりました。[66]

またマスコミも取材に来ていました。ACORNがプレス・リリースをして呼んでいたのです。広く市民に訴えることで、世論を味方につけようとするねらいがありました。はたしてこの様子は、その日の夕方のニュースで取り上げられたのでした。

このマンションの問題がその後どうなったのかは、私がその後トロントを離れてしまったので、残念ながらわからないままです。しかし、こうした問題のあるマンションは市内に複数あることを、ACORNは独自調査から指摘をしています。2016年に行なわれた調査では、174件の市内のマンション入居者の回答のうち、有効回答の95％は地方自治体の不動産基準法で違反可能性が高いケースであることを報告しています。[67]

ACORNカナダでは、こうしたマンション入居者の問題のほか、インターネットを誰でも利

66　これも余談ですが、移民や難民の多いトロントでは、こうしたコミュニティ・オーガナイジングへの参加を通じて、自分たちの権利をちゃんと主張することを学ぶ、という「市民教育」（シティズンシップ・エデュケーション）の場にもなっているのではないかとも考えました。カナダに来るまではそうした文化になじみのなかった人も、多いはずです。

67　"State of Repair: The tenant's case for landlord licensing in Toronto," Toronto ACORN, November 1st 2016, https://acorncanada.org/resource/toronto-acorn-state-repair（2020年5月30日閲覧）。

映画『エリン・ブロコビッチ』は，ある女性が企業を相手取り水質汚染公害の集団訴訟を起こす内容。コミュニティ・オーガナイジングのイメージを具体的にもつことができるでしょう。

用できる権利、障害者の権利、銀行から低所得でも融資を受けられる権利などについてのコミュニティ・オーガナイジングを、カナダ各地で展開しています。

このようなコミュニティ・オーガナイジングの発想と実践をみてきますと、この本の中でも取り上げてきた日本の住民運動や障害者運動とそれは、とてもよく似ていることが理解できると思います。直接的な関連はないにしても、少なからず影響を受けてきていることは指摘ができるでしょう。

しかし、こうしたアリンスキー型のコミュニティ・オーガナイジングを批判しているのが、アセットベースド・コミュニティ・ディベロップメントを提唱したジョン・マクナイトです。マクナイトは、コミュニティ・オーガナイジングでは、「敵」をつくり、対立をあおってコミュニティの外から資源を得ようとするが、それは間違いで、コミュニティの人々がもつ資源を活用して地域をよくしなければ、地域住民は自分たちは変わろうとせずに、いつまでも外からの支援と支援者に依存するようになる、と主張します。[68]

アセットベースド・コミュニティ・ディベロップメント（Asset based Community Development; 以下ＡＢＣＤと略記）は、無理やり日本語にするなら、「資産に基づいたコミュニティづくり」になりますが、ここでの資産とはいわゆる金融資産や不動産などをさすわけではありません。地域に住む人々こそがまず重要な、コミュニティをよりよいものにする資源であると考えるのです。

ＡＢＣＤの発想は、しばしば、「コップに半分入った水」にたとえられます。コップに半分入った水を、「もう半分しかない」とみるか、それとも「まだ半分もあるじゃないか」とみるかで、ＡＢＣＤでは後者の見方を採用するのです。つまり、地域を解決すべき「課題の塊」として捉えるのではなく、解決手段のための資源にあふれたエリアとみるということです。課題を発見して、じゃあ、その原因はなんなのか、と調べていっても、次々に課題がみつかり、地域に悪い印象をもつだけであって、解決方法はみつからない、とマクナイトは主張します。しかも、どのような地域であっても資源となる組織や施設は存在するし、どのような人々であっても資源となり得る、という強い信念が、ＡＢＣＤにはあるのです（次頁の図参照）。

ＡＢＣＤではその実施プロセスとして、コミュニティの「資産」を調査し、そして明らかになったそれらの資源を相互に結びつけることで、新しい「何か」が生まれないかと考えます。たとえば

68　The International Federation of Settlements and Neighborhood Centers（IFS; セツルメント・ネイバフッドセンター国際連盟）の２０１４年世界大会での講演より。

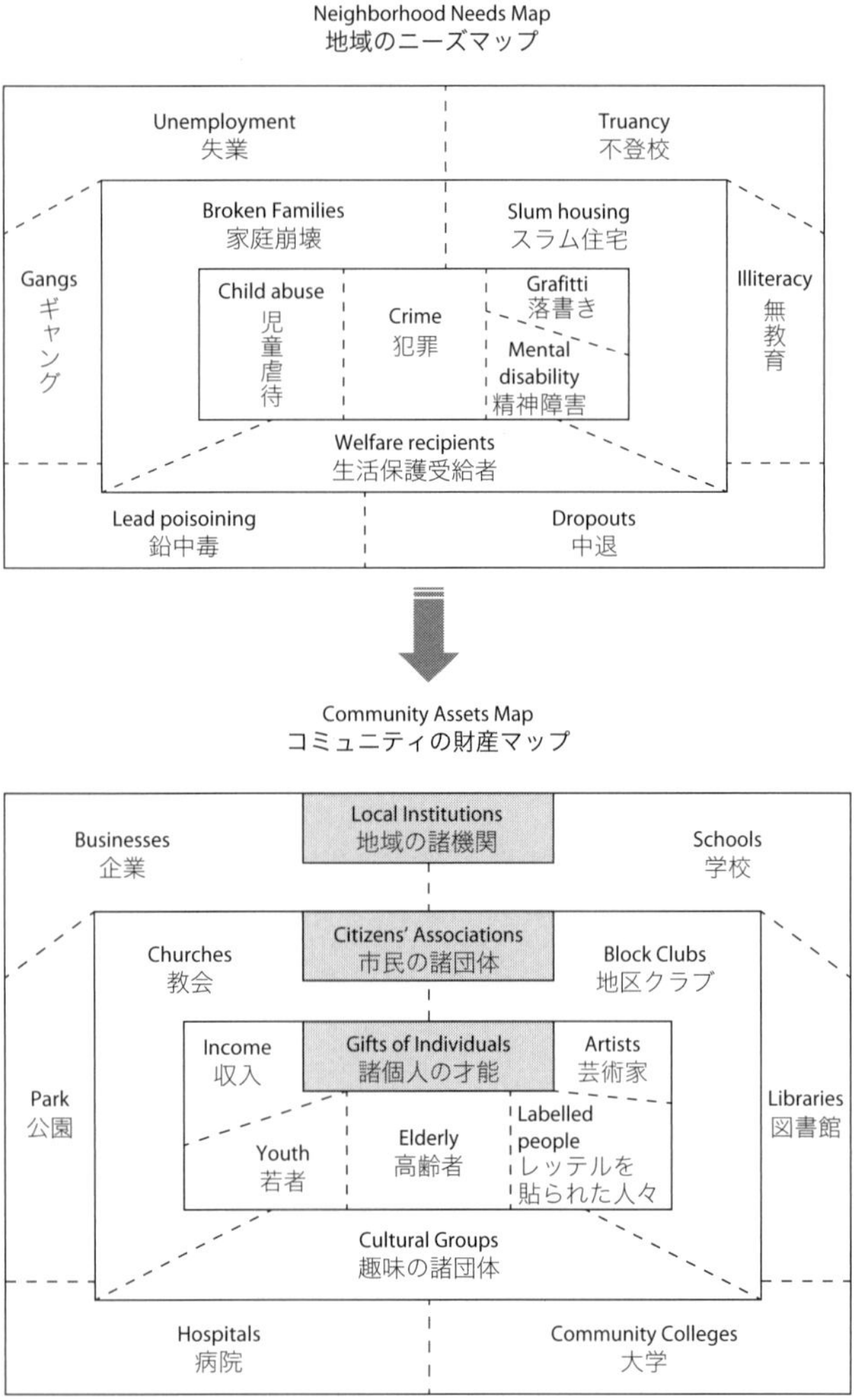

地域の課題地図から地域の資源地図へ（Kretzmann & McKnight 1993: 3, 7 をもとに筆者修正。桜井 2015 の再掲載）。

楽器を演奏できる人たちが地域に多くいることがわかったら、ブラスバンドができるんじゃないか。または、若者と信用金庫を結びつけて、若者向けの融資を開発する、というようにです（Kretzmann & McKnight 1993）。この例からもわかるように、コミュニティ・オーガナイジングが「身近な敵」として設定する主体を、ＡＢＣＤでは協働の主体と位置づけます。また、人と人とのつながりによって地域を活性化させるというのは、第5章で紹介したソーシャル・キャピタルを生み出し、良い方向で活用しようとするものと言えるでしょう。

このＡＢＣＤの発想を学生に学んでもらうために、私のゼミで、京都市のある地域の地域資源調査を行なったことがあります。学生が地域の人に、この地域のよさは何ですかと尋ねたところ、「こんなところ面白いもの、何もないよ。嵐山だとか、東山に行ったら？」と言われたそうです。嵐山や東山とは、京都の有名観光地です。学生たちが観光をしているのと勘違いをされたのかもしれません。

しかし、このように「自分の地域には何もない」と考えている人は意外と多いのです。また、私がいろいろな人に「地域の資源」を尋ねたときには、歴史的建造物や伝説のある場所などの、歴史的な遺産は思いつくが、それ以外は何も思いつかない、という方も多いように思います。

私は、自分の住む地域のよさに気づき、地域資源の活用の仕方を学ぶ目的で、２０１５年から２０１６年にかけて、大阪府の茨木市都市政策課の企画「いばらきまちづくりラボ」の一環として、まち歩きのコースづくりのワークショップを行なったことがあります。そこではＡＢＣＤの発想を紹介し、そしてその手法に基づきながら、参加者の方とまち歩きコース案を考えました。

そのときの参加者の方々から出たコースのアイデアは、とても興味深いものでした。日の出の美しい溜池があるから、そこをみて、朝から営業しているカフェでモーニングを食べ、銭湯で朝風呂に入るコース。図書館で本を借りて、読書ができる公園やカフェを訪れる「書を持って街へ出よう」コース。ある地域に古墳がたくさんあるので、それらを紹介するコース。畑や直売所、朝市をまわる地域農業を知るコース。中には、自分がジョギングしているコースを紹介したいという、まち歩きならぬまち走りを提案してくださった方もいました。

地域にはウォーキングコースのための多くの資源があること。そして、それを知る人たちがいること自体も大きな資源であることを、実感できたワークショップとなりました。

実はこのまち歩きのコースづくりには元ネタがあります。それが、「ジェインズ・ウォーク」です。ジェインズ・ウォークは、都市計画のあり方に多大な影響を与えた思想家・運動家であるジェイン・ジェイコブズを偲び、その思想を体現する世界的なムーブメントです。つまり、「ジェインのまち歩き」なのですね。ジェイコブズの思想については以前の章（第5章）でもふれているのでここでは割愛しますが、この運動は、彼女が晩年を過ごしたトロントで2007年から始まったものです。地域住民や学生、NPOなどが無料のウォーキングを非営利・非政治的に企画・ガイドし、地域の状況や歴史にふれながら、語り歩くというものです。典型的な史跡探訪よりも、「歩きながら街や人のことを語り合う」行為に近いとされています。現在では世界200の都市でボランティアによって、毎年5月（ジェイコブズの命日にちなんでいます）に、世界中でウォーキング・ツアーが企画されています。

ABCDの根本にある発想は、誰でもコミュニティづくりに関わる能力（ギフト）をもっているというものです。また、コミュニティをよくしていくのは、コミュニティの住人自身が主導するべきという考えです。これは、ジェイコブズの信念とよく似ています。そしてジェインズ・ウォークのビジョンも、まち歩きをすることでコミュニティをつくるということにあります。

トロント市内にあった，ジェイコブズの似顔絵と彼女の言葉を記した落書き。「まちは，すべての者に何らかのものを与える能力をもっている。ただしそれは，それが，すべての者によってつくられたときに限るが」。

要約すれば、ABCDとは、地域資源に着目し、地域住民主導の参加型プロセスで、人と人とのつながり（ソーシャル・キャピタル）を醸成し、内発的な発展を志向するものです。実は、このように思想的に整理されるような取り組みは、日本でもすでに似たような手法が、様々に開発されています。それはたとえば、コミュニティ・デザイン（山崎2011）や、地元学（吉本2008）などといったものです。

しかしながらABCDに対しても、批判的な見方が存在しています。イギリスでは2010年代前半に、とくに公衆衛生の部門で関心がもたれ、政策的にABCDの

	キャッチフレーズ	方法と達成点	批判
コミュニティ・オーガナイジング	あなたが困っていることは100人が困っている	「持たざる者」たちが集まり，問題を自覚し，「身近な敵」にその改善や資源提供を訴える	・人々の自立心を損ねる？ ・ソトとの対立をあおる？
アセットベースド・コミュニティ・ディベロップメント	誰でもコミュニティをよりよくする才能（ギフト）をもっている	コミュニティ資源（とくに「ヒト」）の発見と協働による，新たな取り組みやサービスの開発と，つながり（ソーシャル・キャピタル）の形成	・ニーズ軽視につながる？ ・政府の緊縮財政・予算削減のごまかし？

コミュニティ・オーガナイジングとアセットベースド・コミュニティ・ディベロップメント（筆者作成）。

アプローチが採用されました。これは、人々が自ら健康管理と病気予防に関心をもち、地域の健康状況を自分たちで協力して、よりよくしていくことが期待されたのでした。しかし、コミュニティのニーズよりも能力へ注目するということは、ニーズを無視することにつながらないか。弱い立場の人たちの、不平等で貧弱な住宅や賃金等の状況を多少緩和するだけにすぎないのではないか、という疑問が提示されてきました（MacLeod & Emejulu 2014）。

そしてABCD政策は、NHSと呼ばれるイギリスの公的医療サービスの予算を削減する緊縮財政政策によって、医療・福祉制度の改悪を政府が行なう一方で、個人化と民営化による「自己責任化」を進めていることをごまかすための方便ではないか、という批判が導かれています。結果として、「持たざる人」がより不利な立場にも追い込まれかねません。

日本でも「地域でできることは地域で」という政策的

な流れが、とくに福祉分野でさかんになってきています。これが住民の「自己責任化」を強める流れにならないよう、注意が必要なのではないかと思います。なお、イギリス政府の緊縮財政が「底辺」の人々の生活に与えた実際的な影響については、ブレイディみかこ氏のルポ・エッセイ『子どもたちの階級闘争』（みすず書房、２０１７年）がわかりやすく、とても参考になります。

結局のところコミュニティ・オーガナイジングにしても、ＡＢＣＤにしても、それぞれ可能性と課題との両面が存在していて、実施に際してはそうした両面性に注意深くなければならない、と言えるでしょう（前頁の表参照）。いずれにしても、こうしたコミュニティづくりの手法を上手に使い、みんなで幸せになれる方法を考え、実践していくことが重要ではないかと考えます。

3　パッチワーク型のコミュニティづくり

コミュニティづくりはコミュニティの人たちだけではなく、ときには専門家や支援団体なども関わって行なわれます。そうした外部者がコミュニティをよりよくするために支援に入ることを、コミュニティ介入（community intervention）と呼んだりもします。支援者はどのようにコミュニティに介入するべきなのでしょうか。これまでこの本の中で述べてきたことに、そのヒントがいくつかあります。

まずは第4章でふれた、上から目線にならない、ということは重要でしょう。贈与に対して返礼できない関係性において、象徴的支配とならないよう気をつけねばならない、ということです。これはもちろん、支援者が心がけることでもあるのですが、本章の第1節で述べたように、コミュニティでも工夫ができることであると思います。

それに関連して、第5章の地元コミュニティの話のところで、岸（2018）の、調査者によって被調査者の語りは勝手に解釈されてはならない、という社会調査でのひとつの考え方（カテゴリー化の暴力）を紹介しました。そしてこのことは、コミュニティへの支援についても同じことが言えるのでは、とも述べました。

外部者がコミュニティの支援をする際、支援対象の「小さな物語」を無視し、自分たちの理想や方法論を押し付けることとは、まさに岸の述べる「カテゴリー化の暴力」ではないかと思います。

前にもご紹介した大阪市西成区の「あいりん地区」を訪問したときのことです。日雇い労働者を支援する団体の方に、興味深いことを聞きました。支援をする対象となっている人で、「行く先々で話が違っている人」がいるとのこと。どういうことかというと、ある人が、こちらの支援団体で話す身の上話が、別の団体で話している内容と異なっている、らしいのです。

でもそれは、何が真実なのかが問題なのではない、と支援団体の方はおっしゃいました。そうではなくて、その人にとっては行く先々で違う自分を使い分けていることこそが重要なのだ、と。その人がどういう理由から、異なった仮面（ペルソナ）をいくつも被っているのかはわかりません。しかしそれが、その方なりの支援を受けて生きる上での、かけがえのない「小さな物語」であるのかもしれないのです。そうであるのならば、「あなたはウソをついている」と言ってしまったり、事実を調べて明らかにするなど、支援者が回り込んで逃げ道を失わせてはいけないのだ、との趣旨のお話を支援団体の方はされたのでした。

支援をする側は、支援対象者を丸ごと支える「かかえ込み」をしたいと思ってしまうものです。もちろん、効果的な場合もあるでしょう。しかしそれは、第4章や第5章などでみてきたような、閉鎖的な息苦しさの中で、権力関係・依存関係を強める可能性もあるのです。かえって対象者の自立心や快適さを奪ってしまうことにもなりかねません。かかえ込まないことが重要なのです。

「あすと長町仮設」で町内会長をしていた飯塚さんは、仮設住宅団地の中でクラブ活動が多様に行なわれている意義を、次のようにもご説明くださいました。趣味の違いもそうだけれど、人と人との相性もある。あの人たちがいるクラブには行きづらい……という人もいるかもしれない。複数のクラブがあることで、どこかは行きやすいかもしれない。様々にコミュニティがつくられていく期待があるのだ、と。

このことは、支援における多様性をどのように確保するか、という課題でもあると思います。「あすと長町仮設」とは別の東日本大震災被災地の仮設住宅団地を、学生たちと調査で訪れたときのことです。支援団体のヒアリング調査を行なったのですが、それぞれの団体のめざす復興のビジョンや、被災者へ関わるスタンスが見事にバラバラだったのです。

ある団体は元の地域コミュニティの復活をめざして支援をしていましたが、別の団体はここから新たにコミュニティを形成することが重要と考え、支援を行なっていました。また別の団体は、そうしたコミュニティのビジョンはとくにもたず、今の過渡期の状態をただ見守り、問題に対処するのみ、というスタンスでした。

学生たちは混乱してしまったのですが、私はそうした「まなざし」の違いこそが、仮設住宅に住む被災者の人たちに、多様な選択肢を提供しているとも考えました。仮設住宅での生活を通じて、新たなコミュニティをつくりたいと考える人もいるでしょう。しかし他方で、そこは仮住まいとして考えており、最低限の付き合いでよいと考えている人もいるかもしれません。また、いずれは復興住宅に移り住むことを想定し、コミュニティでの付き合いをしている人もいるでしょうし、自宅を再建するなどして地域へ戻ることを考えている人もいるかもしれません。

つまり、被災者といっても、事情も考え方も様々であり、それぞれに「小さな物語」をもっているのです。その人たちに寄り添った支援を行なうには、こうした支援側の多様性が不可欠なのではないでしょうか。

第8章では、LGBTの人たちのコミュニティを例に、当事者のことについてふれてきました。その中で、当事者とそうでない（と思っている）者とのコミュニケーションの中にこそ、お互いの生きづらさを明らかにし、共有し、問題を解決していく道筋があり、またそれを促進するような支援が必要ではないか。そして、当事者を支援することは、そのほかの人たち、つまり広く一般の人を支援することにもなる、と説明してきました。それを実現するためには、支援者の側にも多様性が求められるのではないかと思うのです。

多様性はめんどくさい、という話を本書の中でしましたが（前章）、しかし多様性には、同質性の強い閉鎖的なコミュニティ（負のソーシャル・キャピタル）に風穴を空け、そこで息苦しかった人が救われる部分があると思うのです。そして、外からの風をもたらすことができる存在、徳田（2005）の言い方を借りるならば「専門家モデル」のよそ者としての、支援者であるとも言えるかと思います。

こうした多様性をもたらす支援を行なうには、どうしたらいいのでしょうか。第9章ですでにそのヒントをお示ししています。社会的に排除された若者が働くことを例に、それを支えるために周囲の関係者が、公式／非公式にネットワークをつくっている姿を紹介しました。

私が、ある、ひきこもりや高校中退などといった若者の課題に関する、支援団体の交流会に参加したときのことです。分科会で、定時制高校と就労支援団体の連携事例を聞きました。定時制の先生は「支援団体とつながることができて、自分たちはラッキーだった」と、述べられました。

つながっていないと、どうなるのでしょうか。そんな質問を、定時制高校の先生にしてみました。おそらく、と先生は前置きした上で、自分たちは生徒が抱えている問題（たとえば障害や、人間関係面での難しさ）に気づかずに、そのまま進学させていたでしょうね、と述べられました。そしてその後、その生徒は退学してしまっていたかもしれない、と。つまり、ネットワーク化したコミュニティの中で、支援する人もつながり合うことが大事なのではないかと思われるのです。

この交流会のときには、若者支援団体の側でも、その組織単独で子供へ関わることに、悩む部分もあるようでした。期限付きの補助金で活動している団体からは、「この子にとってのキーパーソンは誰か、と考えたら、誰もいない。自分たちは（期限付きの関わりなので）キーパーソンになれない」という声もあがっていました。非常に脆弱な基盤で支援活動がなされていることがわかります。だから、場当たり的な支援になってしまうかもしれない。しかしそれでも、一緒に悩んでくれる人がいる、というだけでも心強いだろう。そう、心がけている、と、ある支援団体の方は述べられました。

個人化し、多様性が増し、ネットワーク化した社会の中で、コミュニティづくりとその支援は、一様では成り立ちません。ここまでみてきたように、人は、助けられるコミュニティ、あるいは助け合うコミュニティに多様に関わるのです。ある人は複数の支援者と関わったり、あるいは支援メニューよりも、支援者の好き嫌いで支援団体を選ぶかもしれません。コミュニティへの支援とは、きれいな一枚の絵になるというよりも、つぎはぎだらけの絵になって当たり前なのです。つまり、助け合うコミュニティが重なり合う「パッチワーク」なのです。私はこのような、パッチワーク型支援、あるいはパッチワーク型のコミュニティづくりがこれからの日本で重要なのではないかと考えています。

パッチワークの「つぎはぎ」は、悪いことではないと思っています。要は、ある人のことを、誰かがどこかで見守っている社会です。しかもそのつぎはぎには、様々な色と柄の「多様性」があります。またそれは、第10章でふれたような、「盾になってくれる人」がみつかるネットワークです。災害時に避難の声かけが、誰かからなされるコミュニティです。オンラインも含め、誰かが誰かに寄り添い、話を聞くことができる社会です。それが大事なのではないかと思うのです。それはまた、「自己責任化社会」への抵抗と抗議にもつながると考えるのです。

パッチワーク型支援の弱みは明らかです。支援の網の目が均一でないので、どこかで支援の網からもれる可能性があることです。しかしそれでも、私はこのパッチワーク型の支援に可能性を感じています。その理由は第1に、既に述べていますが、支援を受ける側にとって、選択肢があることです。多様な団体、多様なコミュニティがあることで、相性の悪いコミュニティとは距離を置くことができます。象徴的な支配からも逃れられる余地ができやすいでしょう。

そして第2に、よそ者でもボランティアとして関わる余地があることです。もちろん、相談に乗るだけにしても、誰にでもできることではありません。ときには専門的な知識と技術が必要になることもあります。しかし、私自身の被災体験を述べたときにふれたように、同じ被災経験をもっているからこそ聞ける話があったりします。子ども食堂も全国で広がっているのは、そうした市民が関与できる余地があるからです。いい意味で、「すきま」があるからこそ、多くの人がそこに関わることができると考えます。「絆」を超えた「縁」を、新たに結ぶことができると考えるのです。

つらい思いをした人に、誰が、寄り添えるのか。誰でもいいのです。誰かが誰かに寄り添える社会。話を度々して、そして、必要があれば、専門的な支援機関につなげる。見捨てないこと。しかし、抱え込まないこと。柔軟で、風通しのよいコミュニティをつくることが大事と考えるのです。

4　おわりに：「コミュニティのつくりかた」──幸せのシェアの可能性

【コミュニティをつくるには】

テレビを消して、家から出て、近所の人と知り合おう
歩いている時は、顔を上げよう
人々とあいさつをし、植えられた花の前に座ろう
図書館を利用しよう　一緒に遊ぼう
地域の商店で買い物をしよう
あなたが持っている物を分け合おう
迷子のイヌを助けてみよう
子供を公園に連れて行こう
一緒に庭を造ろう

地域の学校の手伝いをしよう
たとえあなたが壊していなくても、何かを直そう
持ち寄りパーティをしよう　お年寄りを称えよう
ごみを拾おう　大声で本を読もう
道ばたでダンスを踊ろう
郵便配達の人とお話しをしよう
小鳥のさえずりに耳を傾けよう　ブランコを揺らそう
重い荷物を運ぶのを手伝おう
物々交換をしよう
伝統を大事にしてみよう　質問をしてみよう
若者をアルバイトで雇ってみよう
地域でパーティを開こう
余計に料理をして配ってみよう
何か困った時は気軽に助けを求めよう
ブラインドを上げよう　一緒に歌おう
特技を披露しよう
夜を取り戻そう

移民向け語学学校の中に貼られていたポスター（Syracuse Cultural Workers 製作販売）。

音楽のボリュームを大きくしてみよう
音楽のボリュームを小さくしてみよう
怒りに反応する前に、耳を傾けてみよう
ケンカの仲裁をしよう
理解しようと努力しよう
新しいことや、不愉快なことから学ぼう

誰も寡黙ではないことを知ろう
全然返事が無かったとしても、それを変えていこう

これは、私がカナダ・トロントに滞在中、通っていた、移民向けの英語教室のドアにあったポスターにあった詩（標語?）です。誰が、何のために貼ったのか、わかりません。しかし、私はこれをみたとき、うまいことを言うなあと思いました。

どれもすぐに個人で実践できる、簡単なことばかりです。これらを実践すれば、新しい出会いがあり、すぐに変化が生まれるでしょう。くわえてこの中には、いくつか「楽しい」ものが含まれていることにも、私は興味深く思いました。楽しいことを、誰かと共有してみる。そうした「幸せのシェア」からのコミュニティづくりは、私が２０１３年から２０１４年にかけてのカナダ滞在中に、

とても多く目にし、また体験したことでもありました。

たとえばそれは、ガレージセールやヤードセールです。これは、自分の家のいらないものを休日などに、駐車場（ガレージ）や前庭（ヤード）に並べて、リサイクルのために販売するものです。私もいくつかのぞいたりしましたが、売っている物は本当に「不要品」ばかりで、これ本当に売れるのかな……と心配になることもありました。しかし、物を並べている主人は、お客さんが来たら楽しそうに話すのです。売るつもりがあるのかどうかわかりませんが、それをダシに、冷やかしに来る人と交流することが目的なのかもしれないな、と思ったりしたのでした。「シェア」（共有・分かち合い）がコミュニティをつくる、ということが実感された様子でした。

また、カフェを借りて開かれた、「親子向けガーデニング・ワークショップ」に親子で参加したときのこと。3家族参加予定だったのですが、お天気がよかったからか、あとの2家族は来ませんでした（カナダではよくあることのようです）。主催者の女性は子供に植物の絵本を読んでくれて、どんな植物のタネをまきたいか、聞きました。うちの子はトマトを選びました。お花もあったけど、食べられるものがよかったようです。このイベントは毎年されているのですか、と私が主催者の女性に尋ねると、「今年が初めて。去年、子供が産まれて、ガーデニングをやってみようと思って」とのことでした。自分が楽しいことを地域の他の人とシェアしよう、という考え方からこうしたイベントを開くのは素敵だなと思いました。

こうした「幸せのシェア」こそが、前項で主張したパッチワーク型コミュニティ、言い換えれば、

「幸せなコミュニティ」を作っていく第一歩として効果的な手段であるように思います。

1995年のこと。恐ろしい被害をもたらした阪神・淡路大震災の被災地では、若者たちがいきいきとボランティア活動をする姿に、注目が集まりました。それが、その年が日本にとっての「ボランティア元年」と呼ばれる、きっかけともなった出来事でもありました。

それまで日本人にとって、ボランティアとは義務的な地域活動か、あるいは悲しみや苦しみへの共感といった、「つらさのシェア」というイメージが強かったと思います。あなたの肩の荷の重さを私にも分けてください、という思いが前提だったのではないでしょうか。しかし、いきいきとボランティア活動をする若者の姿には、喜びや楽しみといったプラスの心情への共感からのボランティア活動への志向が日本でも生まれたのではないか。そんなふうに私は「ボランティア元年」の意味を捉えています。つらさの「辛」に一本プラスすると、「幸」になるように。

ボランティア元年からじつに四半世紀が経ちました。元号も変わってしまいました。では、「元年」から、どれだけ「幸せのシェア」は日本の各地のコミュニティに根付いたでしょうか。残念ながら、それほど変化はないように思います。

日本人は、楽しくボランティアをするといった、「幸せのシェア」が苦手なのでしょうか。私はそうとも限らないと思っています。本書の中で、日本人の幸せ観は「協調的幸福」と呼ばれる、人との関わりを重視した性質が強い、という説を紹介しました。実際、あるアメリカと日本との幸福感の比較研究結果では、ヨーロッパ系アメリカ人では「自分が楽しむための目標」を達成することが主観的幸福感を増加させていたのに対して、アジア系アメリカ人や日本人では「両親や友達を喜ばせるための目標」を達成することによって、主観的幸福感を増加させていたことが報告されています（Oishi & Diener 2001）。

サッカーでたとえれば、個人技重視か、それともチームワークか、手段は異なるが幸せになるというゴールは同じ、という感じでしょうか。そう考えると、幸せになるということは、やはり個人的なことではなく、「チーム」で取り組むべき、社会の問題、コミュニティの問題であるように思えます。

また、「真剣に楽しむ」というシリアス・レジャーは日本人に向いているのではないか、という話も第9章でふれました。縁の下の力持ちのようなボランティア活動をしている人も、独自の楽しみをみつけて、続けているのです。楽しむ中からコミュニティで助け合いを行なうことは、その延長線上にあるように思えます。

ウチとソトという日本で未だ強くみられる文化性、そして、「コミュニティ解放」やインターネットの発展による人と人とのつながり方や居場所の変化。「当事者」のコミュニティの意義とあり方。コミュニティでのトラブルをどう乗り越えるか。など、この本ではコミュニティと幸せに関わる、多くの側面について考えてきました。それらを踏まえながら、「幸せのシェア」と「パッチワーク型コミュニティ」がこれからどうやって日本で根付いていくのか。またそれは、コミュニティでの幸せが築かれるためにどれだけの意味があるのか。まだまだわからないことは多いのですが、ひとまずこの辺で本書での話を区切ることにしましょう。

日本人は「ほどほど」な幸せを好む、という話を、本書の最初の方でいたしました。この文章を仕上げているときに、ラジオのアナウンサーがそれを表現した秀逸な言い回しで番組を締めくくっていました。最後にそれを、ここまで読んでくださったあなたにもお送りしたいと思います。

「今日が一日、おだやかでありますように。」

あとがき

「はじめに：本書のねらい」では、研究関心として私がこの本を書くに至った経緯を述べましたが、もっと直接的に本書が誕生した理由があります。この本の内容は当初、２０２０年のある講義でのオンライン授業用テキストとして用意したものでした。

本文中でも度々言及していますが、２０２０年は不思議な年でした。新型コロナウイルス（COVID-19）の感染拡大防止のために、3月からは小・中・高校が全国的に休校となり、さらに4月には緊急事態宣言が発出され、多くの社会的活動が制限されるようになりました。通勤路であれほど多くみられた外国人観光客の姿が、あっという間に消えてしまいました。

私が勤める大学でも3月以降、キャンパス構内への立ち入りが制限され、そして4月からの授業も完全にオンラインで行なうことが決定されました。自宅にてリモートで働く（授業する）、というのは、ある意味のんびりした感じもあるのですが、新学期が差し迫った段階で全科目授業の実施方法、それによって内容をも、まったく新しくしてくれと言われ、それまで用意してきた授業準備が白紙に戻されたのは、とても大変な経験でした。おまけに刻一刻と変化する感染状況の中で、教育への取り組みについて判断を迫られることが次々に起きてくる。通常と異なる学習環境に戸惑う学生へのサポートも、より手厚く心を配る必要がありました。おそらく、全国の大学関係者の方々が、同じ思いでがんばっておられた時期であったのではないかと思います。

そんな中で、あるひとつの講義において、映像も音もなしにして、文章と図表・イラストだけで授業資料を提示することによって、どこまで学生の関心を惹きつけられるだろうか……と実験的に行なった授業でのテキストが、本書のもととなっています。そのときに参考としたイメージは、予備校が出版している（いた）、授業を実況中継したような内容・文体で書かれた参考書でした。テキストなので、教科書なのは間違いないのですが、しかし授業で学生に話しかけているように書きました。そのために文章には、授業中に私がするであろう余談であるとか、くだらないジョークもできるだけ採録した形になっています。ところどころ、われこそはこの分野の専門家であるぞと自慢するかのように、自分のオリジナルの研究成果なども入れながら。

そうして出来上がった文章は、教科書でも一般書でも、研究書でもない、でもそれらすべてでもある。そんな内容になっていました。思えば授業でも、私は学生に対して何かを体系的に教えるというよりは、「この研究結果、すごいと思わない？」とか、「この理論でこういうふうに世界が見通せるの、面白いでしょ⁉」と、自分の知的興奮を伝え、それを共有したいという思いをモチベーションにして行なっているところがあります（オタクですね）。ですからそれを、どうやったら一番理解できる流れで伝えられるのか。必ずしもそれが、学術的な理論体系として、一般的に理解されている歴史的順序に完全に沿わなくても……と不遜にも考えている節があります（そのため、ご専門の先生からしたら不十分・不適切な説明があるかもしれません。批判は甘んじて受けたいと思います）。

　ですからこの本を手に取っていただいた方にも、そんなふうに「興奮」をもっていただけたら、存外の喜びであります。思えば自分が学生のとき、大学の前にあった古本屋でふと手にした社会学の教科書を開いたとき。また、図書館の書庫の奥底で、たまたま手にした社会心理学の本を開いたとき。「新しい世界の見方」が開かれた気がした経験があります。そうした経験ができる本になっていたら、ありがたいことこの上ないです。

　この本（と、もととなるテキスト）の執筆をしているときは、前述の通り先のみえない閉塞感が漂う時期でしたが、執筆のあいだは息子との朝の散歩と同じくらい、心休まる時間でした。それは自分自身が読みたいものを書いていたから、ということもあります。この先を読みたいけど、自分が書かないと先がない！　というのは初めての経験でした。あるいは、未来への希望を自分自身、その中に込めていたというのもあったかと思います。そして、家族の存在はほんとうにありがたい時期でありました。妻と息子に、第一に謝辞を述べておきたいと思います。

　本書には、これまでに研究者の方々、実践者の方々、そしてゼミなどで学生たちと議論させていただいたことが大きく影響しています。本書の中で紹介している本の一冊一冊に、思い出があります。これはゼミで学生と読んだなあとか、これは同僚の先生と感想を語り合ったなあ、とか。様々なコミュニティに後押しされて綴られた文章にまさになっており、多くの方々のおかげであると感謝しています。せっかくの素敵なメンバーに囲まれながらも、今年のゼミはオンラインでちょっとさみしい時期でした。

カナダでは、トロントの日系人コミュニティ、とくに「dot To dot」の皆さんにはお世話になりました。この歳になって気楽に付き合える友人が異国でできるとは思わなかったので、とても嬉しかったです。海外渡航がしばらくは難しそうな時期なのですが、必ず再訪し、また楽しくお話しできればと考えています。たまたま同時期にトロントに滞在していた日本人研究者の方々との邂逅も、楽しいものでした。現地の受け入れでは、トロント大学のアンドレ・ソレンセン先生（Andore Sorensen）、故ジャック・クォーター先生（Jack Quarter）に大変お世話になりました。ソレンセン先生にはホームパーティにもお招きいただいたり、またクォーター先生には「ネットワーキングだよ」といろんな方をご紹介いただきました。現地調査でお世話になったトロント大学の大学院生の神崎邦友氏（Kuni）、二木泉氏にもお礼を申し上げます。

縁遠くなっていた地元コミュニティとも、ふとしたことからここ数年で旧交を温めることができたのは、私にとってひとつの幸せです。とくに玄向寺副住職の荻須真尚君には教育研究上も含めお世話になりっぱなしです。また Bar 5cm/sec はすっかり松本でのサードプレイスになりました。

本書でお名前を出した方々皆さんにも感謝しております。とくに、飯塚正広さん、大山眞人さんには大変お世話になりました。お二人は私の「コミュニティづくり」の師匠です。いつまでもお元気でお過ごしください。また、お名前は出せませんでしたが、本書の参考にさせていただいた、各地でがんばっておられる方々にも感謝申し上げる次第です。ご苦労も含め伺えたお話は興味深く、また逆に私からも生活上の悩みをご相談申し上げたこともありました。大学生の教育的な取り組みの受け入れでも、多くの方にお世話になっています。とくにキャンパスのある大阪府茨木市では、茨木市社会福祉協議会様、いばらきバルフェスタ協会様をはじめ、諸団体の方々にはいつもご迷惑をおかけしておりますが、温かい目で見守りいただいてありがたい限りです。

またこの本の出版にあたって、興味をおもちいただき、一緒に企画と編集を進めていただけた明石書店の上田哲平さんには、格別の感謝を申し上げます。素敵な挿絵のイラストを描いていただいた桜井ゼミの小柴瑠捺さんにも感謝です。依頼をして本当によかったです。

そして、2020年度「コミュニティ福祉論」の受講生の方々に感謝申し上げます。学生の皆さんにとっても、大学生らしい生活が送れずに、大変に厳しい時期だったと思います。それにもかかわらず、「毎回この授業が楽しみです！」「直接大学で講義を受けたかったと度々思います」「この授業は今期3本の指に入る内容です」（後の2つが気になる……）等々、ありがたい感想をいただくことで、こちらも奮起して授業を続けることができました。私も改めて講義授業に真摯に向き合った時期となりました。

授業の感想文では、学生の皆さんの個人的な経験や悩みなどの「小さな物語」が様々に綴られていました。そうした個人的なエピソードや思いが想起される文章をお送りできたことに喜びを感じるとともに、デリケートな話題を刺激することの注意と責任を強く認識しました。

オンライン授業の日々の中では、授業への感想にも、非日常の中で日常のありがたみを感じた、早く友達に会いたい、という声も多かったのですが、他方で、オンライン授業になって本当によかった、という学生もいました。その方は、人前に出るのが辛くて教室に行けず、卒業が難しいと考えていたが、オンライン授業になり、教室に行かなくてもよくなり、安心して授業を受けることができた、とのことでした。

この時期は、大学関係者としては授業だけでなく、キャンパスへの入構が制限されたりと、十全な教育・学生活動の環境が提供できない忸怩たる期間でした（そしてそれは批判されたりもしました）。しかしそれが救いともなっていた人もいたのは驚きでもあり、平常時に配慮できていなかったニーズに気づいた場面でもありました。「大学生は大学が開かれず不満を強く抱いている」というわかりやすい言説――もちろん、それはそれとして、真摯に受け止める必要がありますが――に流されずに、小さな声にも耳を傾けたいと改めて思ったのでした。私にできるのは、「日照りの時は　涙を流し　寒さの夏は　おろおろ歩き」ぐらいかもしれないのですが（そんな人に私はなりたい）。

ともあれ、Life goes on（人生は続く）。これからも研究を続け、本書と同じく、楽しく書ける本をまた出せたらいいなと思う所存です。読んでいただいた皆さん、ありがとうございました。最後に、何も喜ばせることができていない老親の健康を祈りつつ。

2020年7月

桜井　政成

山崎亮（2011）『コミュニティデザイン：人がつながるしくみをつくる』学芸出版社.
叶少瑜（2019）「大学生の Twitter 使用，社会的比較と友人関係満足度との関係」『社会情報学』8(2): 111-124.
吉本哲郎（2008）『地元学をはじめよう』岩波書店.
吉村英（2017）「青年期の発達課題が幸福感に与える影響」『発達教育学研究』11: 1-13.
Yu, Z., & Wang, F.（2017）Income Inequality and Happiness: An Inverted U-Shaped Curve. *Frontiers in Psychology*, 8 (NOV): 2052.
湯浅誠（2008）『反貧困社会』岩波書店.

Z

Zych, I., Ortega-Ruiz, R., & Del Rey, R.（2015）Systematic review of theoretical studies on bullying and cyberbullying: Facts, knowledge, prevention, and intervention. *Aggression and Violent Behavior*, 23: 1-21.

and Policy Review, 11(1): 274-302.
Vodarek, L., Lasby, D., & Clarke, B.（2010）*Giving and Volunteering in Ontario: Findings from the Canada Survey of Giving, Volunteering, and Participating*. Imagine Canada.
Vreeman, R. C., & Carroll, A. E.（2007）A systematic review of school-based interventions to prevent bullying. *Archives of Pediatrics and Adolescent Medicine*, 161(1): 78-88.

W・X

Wakefield, S., Yeudall, F., Taron, C., Reynolds, J., & Skinner, A.（2007）Growing urban health: Community gardening in South-East Toronto. *Health Promotion International*, 22(2): 92-101.
脇本竜太郎（2008）「自尊心の高低と不安定性が被援助志向性・援助要請に及ぼす影響」『実験社会心理学研究』47(2): 160-168.
Wellman, B.（1979）The Community Question: The Intimate Networks of East Yorkers. *American Journal of Sociology*, 84(5): 1201-1231. ＝バリー・ウェルマン著，野沢慎司／立山徳子訳（2006）「コミュニティ問題：イースト・ヨーク住民の親密なネットワーク」野沢慎司監訳『リーディングス ネットワーク論』勁草書房，159-200.
Whillans, A. V., Dunn, E. W., Smeets, P., Bekkers, R., & Norton, M. I.（2017）Buying time promotes happiness. *Proceedings of the National Academy of Sciences of the United States of America*, 114(32): 8523-8527.
Whyte, W. F.（1943）*Street Corner Society: The Social Structure of an Italian Slum*. University of Chicago Press. ＝ W. F. ホワイト著, 奥田道大／有里典三訳（2000）『ストリート・コーナー・ソサエティ』有斐閣.
Wilson, J., & Musick, M.（1997）Who cares? Toward an integrated theory of volunteer work. *American Sociological Review*, 62(5): 694-713.
Wirth, L.（1938）Urbanism as a Way of Life. *American Journal of Sociology*, 44(1): 3-24. ＝ルイス・ワース著，高橋勇悦訳（1978）「生活様式としてのアーバニズム」鈴木広編『都市化の社会学 増補』誠信書房，127-147.

Y

山田忠・柄谷友香・松本康夫（2011）「コミュニティ活動が水害対応や対策への役割分担に与える影響に関する研究」『土木学会論文集 B1（水工学）』67(4): I_661-I_666.
山岸俊男（1999）『安心社会から信頼社会へ』中央公論新社.
山下倫実・坂田桐子（2008）「大学生におけるソーシャル・サポートと恋愛関係崩壊からの立ち直りとの関連」『教育心理学研究』56(1): 57-71.
Yasukawa, K., Kubota, H., Soma, N., & Noda, T.（2018）Integration of natural and social environment in the implementation of geothermal projects. *Geothermics*, 73: 111-123.

の比較から」『ソシオロジ』49(3): 3-18.
富永京子（2019）『みんなの「わがまま」入門』左右社.
Tönnies, F.（1887）*Gemeinschaft und Gesellschaft*. Fues. ＝フェルディナント・テンニース著，杉之原寿一訳（1957）『ゲマインシャフトとゲゼルシャフト：純粋社会学の基本概念 上』岩波書店.
Trepte, S., Reinecke, L., & Juechems, K.（2012）The social side of gaming: How playing online computer games creates online and offline social support. *Computers in Human Behavior*, 28(3): 832-839.
Ttofi, M. M., & Farrington, D. P.（2011）Effectiveness of school-based programs to reduce bullying: A systematic and meta-analytic review. *Journal of Experimental Criminology*, 7(1): 27-56.
Ttofi, M. M., Farrington, D. P., Lösel, F., & Loeber, R.（2011）Do the victims of school bullies tend to become depressed later in life? A systematic review and meta analysis of longitudinal studies. *Journal of Aggression, Conflict and Peace Research*, 3(2): 63-73.
Turell, S., & Herrmann, M.（2008）“Family” support for family violence: Exploring community support systems for lesbian and bisexual women who have experienced abuse. *Journal of Lesbian Studies*, 12(2-3): 211-224.

U

内田由紀子・荻原祐二（2012）「文化的幸福観：文化心理学的知見と将来への展望」『心理学評論』55(1): 26-42.
内田由紀子・遠藤由美・柴内康文（2012）「人間関係のスタイルと幸福感：つきあいの数と質からの検討」『実験社会心理学研究』52(1): 63-75.
打越正行（2019）『ヤンキーと地元』筑摩書房.
上間陽子（2017）『裸足で逃げる：沖縄の夜の街の少女たち』太田出版.
浦川邦夫（2018）「格差は主観的なウェルビーイングに影響を与えるのか」『日本労働研究雑誌』60(1): 31-43.

V

Valverde, M., & Cirak, M.（2003）Governing bodies, creating gay spaces: Policing and Security Issues in “Gay” Downtown Toronto. *British Journal of Criminology*, 43(1): 102-121.
van Noorden, T. H. J., Haselager, G. J. T., Cillessen, A. H. N., & Bukowski, W. M.（2014）Empathy and Involvement in Bullying in Children and Adolescents: A Systematic Review. *Journal of Youth and Adolescence*, 44(3): 637-657.
Verduyn, P., Ybarra, O., Résibois, M., Jonides, J., & Kross, E.（2017）Do Social Network Sites Enhance or Undermine Subjective Well-Being? A Critical Review. *Social Issues*

Son, J., & Lin, N.（2008）Social capital and civic action: A network-based approach. *Social Science Research*, 37(1): 330-349.
Stall, S., & Stoecker, R.（1998）Community organaizing or organaizing community? *Gender & Society*, 12(6): 729-756.
Stebbins, R.（1996）Volunteering: A Serious Leisure Perspective. *Nonprofit and Voluntary Sector Quarterly*, 25(2): 211-224.
Stebbins, R.（2015）*Serious Leisure: A Perspective for Our Time (paperback edition)*. Transaction.
Sublette, V. A., & Mullan, B.（2012）Consequences of Play: A Systematic Review of the Effects of Online Gaming. *International Journal of Mental Health and Addiction*, 10(1): 3-23.
菅磨志保（2015）「災害ボランティア」『都市住宅学』2015(88): 33-37.
鈴木謙介（2005）『カーニヴァル化する社会』講談社.
鈴木晃志郎（2015）「NIMBY から考える「迷惑施設」」『都市問題』106(7): 4-11.
鈴木孝弘・田辺和俊（2016）「幸福度の都道府県間格差の統計分析」『東洋大学紀要自然科学篇』60: 93-112.
鈴木広（1987）「ヴォランティア的行為における“K”パターンについて：福祉社会学的例解の素描」『哲学年報』46: 13-32.
砂川秀樹（2015）『新宿二丁目の文化人類学：ゲイ・コミュニティから都市をまなざす』太郎次郎社エディタス.

T

田所承己（2017）『場所でつながる／場所とつながる：移動する時代のクリエイティブなまちづくり』弘文堂.
竹内和雄・池島徳大（2012）「「ナナメの関係」を意識した進路指導：進路指導に活かすピア・サポート活動」『教育実践開発研究センター研究紀要』21: 215-220.
Taylor, C.（1994）*Multiculturalism: examining the politics of recognition (A. Gutmann, Ed.)*. Princeton University Press. ＝チャールズ・テイラー著，佐々木毅／辻康夫／向山恭一訳（1996）『マルチカルチュラリズム』岩波書店.
Tessler, R. C., & Schwartz, S. H.（1972）Help seeking, self-esteem, and achievement motivation: An attributional analysis. *Journal of Personality and Social Psychology*, 21(3): 318-326.
寺島実郎監修，（一財）日本総合研究所編（2018）『全 47 都道府県幸福度ランキング 2018 年版』東洋経済新報社.
Titmuss, R. M.（1970）*The gift relationship: from human blood to social policy*. Allen & Unwin.
戸田有一・青山郁子・金綱知征（2013）「ネットいじめ研究と対策の国際的動向と展望」『〈教育と社会〉研究』23: 29-39.
徳田剛（2005）「よそ者概念の問題機制：「専門家のまなざし」と「移民のまなざし」

R

Rawls, J.（1999）*A Theory of Justice (2nd ed.)*. Belknap Press. ＝ジョン・ロールズ著，川本隆史／福間聡／神島裕子訳（2010）『正義論 改訂版』紀伊國屋書店.
Rosenberg, M.（1965）*Society and the adolescent self-image*. Princeton University Press.

S

Sagioglou, C., & Greitemeyer, T.（2014）Facebook's emotional consequences: Why Facebook causes a decrease in mood and why people still use it. *Computers in Human Behavior*, 35: 359-363.
Sahlins, M. D.（1974）*Stone Age Economics*. Routledge. ＝マーシャル・サーリンズ著，山内昶訳（1984）『石器時代の経済学』法政大学出版局.
桜井政成（2014）「社会的企業とソーシャル・キャピタル」山本隆編『社会的企業論』法律文化社，68-92.
桜井政成（2015）「「ヒト」から始める公共事業の新アプローチ」『公益一般法人』892: 32-37.
桜井政成（2017）「ボランティアと寄付：市民社会を支える資源」坂本治也編『市民社会論：理論と実証の最前線』法律文化社，110-124.
桜井政成（2018）「災害ボランティアとは誰か：その参加志向と階層性」『政策科学』26(1): 1-12.
三宮愛（2014）「女性同（両）性愛者のコミュニティ参加は精神的健康・自尊心にどのような影響を及ぼすか：面接法と質問紙調査法による検討」『女性学評論』28: 133-161.
関水徹平（2011）「「ひきこもり」問題と「当事者」:「当事者」論の再検討から」『年報社会学論集』2011(24): 109-120.
Shin, J. eun, Suh, E. M., Eom, K., & Kim, H. S.（2018）What Does "Happiness" Prompt in Your Mind? Culture, Word Choice, and Experienced Happiness. *Journal of Happiness Studies*, 19(3): 649-662.
白波瀬達也（2017）『貧困と地域：あいりん地区から見る高齢化と孤立死』中央公論新社.
宍戸邦章・佐々木尚之（2011）「日本人の幸福感：階層的 APC Analysis による JGSS 累積データ 2000-2010 の分析」『社会学評論』62(3): 336-355.
スレイター，デビッド（2013）「ボランティア支援における倫理：贈り物と返礼の組み合わせ」トム・ギル／ブリギッテ・シテーガ／デビッド・スレイター編『東日本大震災の人類学』人文書院，63-97.
添田昌志・大山理香・大野隆造（2007）「大学生のキャンパス周辺地域への愛着に関する研究：その1　アンケート調査および場所への愛着の定義」『日本建築学会大会学術講演梗概集』E-1: 1063-1064.
曽我部佳奈・本村めぐみ（2010）「青年期における大学生の主観的幸福感：その影響要因の探索に向けて」『和歌山大学教育学部紀要 教育科学』60: 81-87.

Hair Salons, and Other Hangouts at the Heart of a Community (3rd Ed.). Marlowe & Company. ＝レイ・オルデンバーグ著，忠平美幸訳（2013）『サードプレイス：コミュニティの核になる「とびきり居心地よい場所」』みすず書房.
大野沙知子・高木朗義（2013）「新聞記事を用いた東日本大震災における津波避難行動に関する考察」『土木計画学研究・論文集』69(5): I_75-I_89.
大野志郎（2016）「高校生のネット逃避：抑うつから実害への構造分析」『情報通信学会誌』34(1): 1-10.
大﨑裕子（2017）「ソーシャル・キャピタルは主観的ウェル・ビーイングにおける経済的豊かさの限界を補完するか」『理論と方法』32(1): 35-48.
大隅尚広・山根嵩史（2016）「利他行動が行為者の主観的幸福感に与える影響」『人間環境学研究』14(2): 149-154.
大山眞人（2019）『親を棄てる子どもたち：新しい「姨捨山」のかたちを求めて』平凡社.
大山理香・添田昌志・大野隆造（2007）「大学生のキャンパス周辺地域への愛着に関する研究：その２　場所への愛着の形成と地域における行動への影響」『学術講演梗概集 E-1，建築計画 I，各種建物・地域施設，設計方法，構法計画，人間工学，計画基礎』2007: 1065-1066.
小澤昌之（2016）「青少年の友人関係の使い分け志向と学校生活：日韓中高生を対象とした意識調査をもとに」『人文』15: 115-131.

P・Q

Parsons, T.（1949）*The Structure of Social Action: A study in social theory with special reference to a group of recent European writers (2nd ed.)*. The Free Press.
Patel, S. S., Rogers, M. B., Amlôt, R., & Rubin, G. J.（2017）What Do We Mean by "Community Resilience"? A Systematic Literature Review of How It Is Defined in the Literature. *PLoS Currents*, 9.
Petrova, M. A.（2016）From NIMBY to acceptance: Toward a novel framework -VESPA- For organizing and interpreting community concerns. *Renewable Energy*, 86: 1280-1294.
Portes, A., & Landolt, P.（1996）The Downside of Social Capital. *The American Prospect*, 26(94): 18-21.
Putnam, R. D.（1993）*Making Democracy Work: Civic Traditions in Modern Italy*. Princeton University Press. ＝ロバート・パットナム著，河田潤一訳（2001）『哲学する民主主義：伝統と改革の市民的構造』NTT 出版.
Putnam, R. D.（2000）*Bowling Alone: the Collapse and Revival of American Community*. Simon & Schuster. ＝ロバート・パットナム著，柴内康文訳（2006）『孤独なボウリング：米国コミュニティの崩壊と再生』柏書房.
Putnam, R. D.（2015）*Our kids: The American Dream in Crisis*. Simon & Schuster. ＝ロバート・パットナム著，柴内康文訳（2017）『われらの子ども：米国における機会格差の拡大』創元社.

『放送研究と調査』2018.6: 78-94.

N

永井智（2010）「大学生における援助要請意図：主要な要因間の関連から見た援助要請意図の規定因」『教育心理学研究』58(1): 46-56.
中島喜代子・倉田英理子（2004）「家庭，学校，地域における子どもの居場所」『三重大学教育学部研究紀要 人文・社会科学』55: 65-77.
中島喜代子・廣出円・小長井明美（2007）「「居場所」概念の検討」『三重大学教育学部研究紀要 自然科学・人文科学・社会科学・教育科学』58: 77-97.
中根千枝（1967）『タテ社会の人間関係』講談社.
Nichols, G., & Ralston, R.（2011）Social inclusion through volunteering: The legacy potential of the 2012 olympic games. *Sociology*, 45(5): 900-914.
仁平典宏（2011）『「ボランティア」の誕生と終焉：〈贈与のパラドックス〉の知識社会学』名古屋大学出版会.
西川正之・高木修（1990）「援助がもたらす自尊心への脅威が被援助者の反応に及ぼす効果」『実験社会心理学研究』30(2): 123-132.

O

落合恵美子（2011）「個人化と家族主義：東アジアとヨーロッパ，そして日本」ウルリッヒ・ベック／鈴木宗徳／伊藤美登里編『リスク化する日本社会：ウルリッヒ・ベックとの対話』岩波書店，103-125.
O'Donnell, S., Meyer, I. H., & Schwartz, S.（2011）Increased risk of suicide attempts among black and Latino lesbians, gay men, and bisexuals. *American Journal of Public Health*, 101(6): 1055-1059.
Oishi, S., & Diener, E.（2001）Goals, Culture, and Subjective Well-Being. *Personality and Social Psychology Bulletin*, 27(12): 1674-1682.
Oishi, S., Schiller, J., & Gross, E. B.（2013）Felt Understanding and Misunderstanding Affect the Perception of Pain, Slant, and Distance. *Social Psychological and Personality Science*, 4(3): 259-266.
Oishi, S., & Schimmack, U.（2010）Culture and Well-Being: A New Inquiry Into the Psychological Wealth of Nations. *Perspectives on Psychological Science: A Journal of the Association for Psychological Science*, 5(4): 463-471.
岡檀（2013）『生き心地の良い町：この自殺率の低さには理由（わけ）がある』講談社.
岡野聡子（2012）「非営利団体における社会サービスの提供に関する一考察：カナダのバンクーバー市におけるゴードンネイバーフッドハウスの取り組み」『環太平洋大学研究紀要』5: 31-39.
Oldenburg, R.（1999）*The Great Good Place: Cafes, Coffee Shops, Bookstores, Bars,*

School Bullying Among Youth with Autism Spectrum Disorders: A Systematic Review and Meta-Analysis. *Autism Research*, 9(6): 601-615.
Major, C. H., & Palmer, B.（2001）Assessing the Effectiveness of Problem Based Learning in Higher Education: Lessons from the Literature. *Academic Exchange Quarterly*, 5(1): 4-9.
Martey, R. M., Stromer-Galley, J., Banks, J., Wu, J., & Consalvo, M.（2014）The strategic female: Gender-switching and player behavior in online games. *Information Communication and Society*, 17(3): 286-300.
松井洋・中里至正・石井隆之（1998）「愛他性の構造に関する国際比較研究：米国，中国，韓国，トルコ，日本の中学・高校生を対象として」『社会心理学研究』13(2): 133-142.
松本直仁・前野隆司（2010）「どのような対人関係ネットワークが主観的幸福感に寄与するか？：JGSS-2003 データに基づく対人関係ネットワーク構造に着目した分析」『対人社会心理学研究』10: 155-161.
Mauss, M.（1925）*Essai sur le don*. PUF. ＝マルセル・モース著，森山工訳（2014）『贈与論』岩波書店.
Mellström, C., & Johannesson, M.（2008）Crowding out in blood donation: Was Titmuss right? *Journal of the European Economic Association*, 6(4): 845-863.
Merton, R. K.（1949）*Social Theory and Social Structure: Toward the Codification of Theory and Research*. Free Press. ＝ロバート・K. マートン著，森東吾／森好夫／金沢実／中島竜太郎訳（1961）『社会理論と社会構造』みすず書房.
Meyer, I. H.（2003, September）Prejudice, Social Stress, and Mental Health in Lesbian, Gay, and Bisexual Populations: Conceptual Issues and Research Evidence. Psychological Bulletin, NIH Public Access.
Mihara, S., & Higuchi, S.（2017）Cross-sectional and longitudinal epidemiological studies of Internet gaming disorder: A systematic review of the literature. *Psychiatry and Clinical Neurosciences*, 71(7): 425-444.
Milardo, R. M.（1992）Comparative Methods for Delineating Social Networks. *Journal of Social and Personal Relationships*, 9(3): 447-461.
Mimura, C., & Griffiths, P.（2007）*A Japanese version of the Rosenberg Self-Esteem Scale: Translation and equivalence assessment*. J Psychosomatic Res, 62: 589-594.
Mitchell, M. E., Lebow, J. R., Uribe, R., Grathouse, H., & Shoger, W.（2011）Internet use, happiness, social support and introversion: A more fine grained analysis of person variables and internet activity. In *Computers in Human Behavior*, 27: 1857-1861.
Moore, S. E., Norman, R. E., Suetani, S., Thomas, H. J., Sly, P. D., & Scott, J. G.（2017）Consequences of bullying victimization in childhood and adolescence: A systematic review and meta-analysis. *World Journal of Psychiatry*, 7(1): 60.
Morris, S. C., & Rosen, S.（1973）Effects of felt adequacy and opportunity to reciprocate on help seeking. *Journal of Experimental Social Psychology*, 9(3): 265-276.
向谷地生良（2018）『「べてるの家」から吹く風 増補改訂』いのちのことば社.
村田ひろ子（2018）「友人関係が希薄な中高年男性：調査からみえる日本人の人間関係」

黒川博文・大竹文雄（2013）「幸福度・満足度・ストレス度の年齢効果と世代効果」『行動経済学』6: 1-36.
黒谷佳代・新杉知沙・千葉剛・山口麻衣・可知悠子・瀧本秀美・近藤尚己（2019）「小・中学生の保護者を対象とした「子ども食堂」に関するインターネット調査」『日本公衆衛生雑誌』66(9): 593-602.
轡田竜蔵（2017）『地方暮らしの幸福と若者』勁草書房.

L

Lash, D. S.（1990）*Sociology of Postmodernism*. Routledge. ＝スコット・ラッシュ著，田中義久監訳（1997）『ポスト・モダニティの社会学』法政大学出版局.
Latane, B., & Darley, J. M.（1970）*Unresponsive bystander: Why doesn't he help?* Appleton-Crofts.
Laville, J. L., & Nyssens, M.（2006）Public policies and social enterprises in Europe: the challenge of institutionalization. In M. Nyssens (Ed.), *Social enterprise: at the crossroads of market, public policies and civil society*, Routledge, 272-295.
Lee, Y., & Brudney, J. L.（2012）Participation in formal and informal volunteering: Implications for volunteer recruitment. *Nonprofit Management and Leadership*, 23(2): 159-180.
Lin, N.（2001）*Social capital: a theory of social structure and action*. Cambridge University Press. ＝ナン・リン著，筒井淳也／石田光規／桜井政成／三輪哲／土岐智賀子訳（2008）『ソーシャル・キャピタル：社会構造と行為の理論』ミネルヴァ書房.
Liu, W., & Aaker, J.（2008）The happiness of giving: The time-ask effect. *Journal of Consumer Research*, 35(3): 543-557.
Lönnqvist, J. E., & Große Deters, F.（2016）Facebook friends, subjective well-being, social support, and personality. *Computers in Human Behavior*, 55: 113-120.
Lou, J. K., Park, K., Cha, M., Park, J., Lei, C. L., & Chen, K. T.（2013）Gender swapping and user behaviors in online social games. In *WWW 2013 - Proceedings of the 22nd International Conference on World Wide Web*, ACM Press, 827-836.
Lu, L., Shen, C., & Williams, D.（2014）Friending your way up the ladder: Connecting massive multiplayer online game behaviors with offline leadership. *Computers in Human Behavior*, 35 (June 2014): 54-60.

M

MacLeod, M. A., & Emejulu, A.（2014）Neoliberalism With a Community Face? A Critical Analysis of Asset-Based Community Development in Scotland. *Journal of Community Practice*, 22(4): 430-450.
Maïano, C., Normand, C. L., Salvas, M. C., Moullec, G., & Aimé, A.（2016）Prevalence of

7月九州北部豪雨時の熊本市龍田地区の避難行動実態調査に基づいて」『都市計画論文集』48(3): 945-950.
金児恵（2006）「コンパニオン・アニマルが飼主の主観的幸福感と社会的ネットワークに与える影響」『心理学研究』77(1): 1-9.
葛西リサ（2018）『住まい＋ケアを考える：シングルマザー向けシェアハウスの多様なカタチ』西山夘三記念すまいまちづくり文庫.
加藤謙介（2011）「地域における要支援・要介護高齢者のペット飼育に関する意義と課題：ナラティヴ・アプローチの視点から」『九州保健福祉大学研究紀要』12: 21-29.
片桐新自（2009）『不安定社会の中の若者たち』世界思想社.
片桐雅隆・樫村愛子（2011）「「心理学化」社会における社会と心理学／精神分析」『社会学評論』61(4): 366-385.
川西千弘（2008）「被開示者の受容・拒絶が開示者に与える心理的影響：開示者・被開示者の親密性と開示者の自尊心を踏まえて」『社会心理学研究』23(3): 221-232.
貴戸理恵（2018）『「コミュ障」の社会学』青土社.
Kim, H.（2014）Enacted social support on social media and subjective well-being. *International Journal of Communication*, 21(8): 2201-2221.
Kim, J., & Lee, J. E. R.（2011）The facebook paths to happiness: Effects of the number of Facebook friends and self-presentation on subjective well-being. *Cyberpsychology, Behavior, and Social Networking*, 14(6): 359-364.
King, D. L., Delfabbro, P. H., Perales, J. C., Deleuze, J., Király, O., Krossbakken, E., & Billieux, J.（2019）Maladaptive player-game relationships in problematic gaming and gaming disorder: A systematic review. *Clinical Psychology Review*, 73: 101777.
Kirsch, A. D., Hume, K., & Jalandoni, N. T.（2001）*Giving and Volunteering in the United States: finding from a national survey (1999 edition.)*. Independent Sector.
岸恵美子（2017）「いわゆる「ごみ屋敷」の実態とその背景に潜むもの」『廃棄物資源循環学会誌』28(3): 194-199.
岸政彦（2018）『マンゴーと手榴弾：生活史の理論』勁草書房.
小林哲郎・池田謙一（2007）「オンラインゲーム内のコミュニティにおける社会関係資本の醸成：オフライン世界への汎化効果を視野に」『社会心理学研究』22(1): 58-71.
小林重人・山田広明（2014）「マイプレイス志向と交流志向が共存するサードプレイス形成モデルの研究：石川県能美市の非常設型「ひょっこりカフェ」を事例として」『地域活性研究』5: 3-12.
小塩隆士（2016）「ソーシャル・キャピタルと幸福度：理解をさらに深めるために」『ソーシャル・ウェルビーイング研究論集』2: 19-33.
Krekel, C., Ward, G., & De Neve, an-E.（2019）Employee well-being, productivity, and firm performance: Evidence and case studies. In *Global Happiness and Wellbeing*. Global Council for Happiness and Wellbeing, 3-94.
Kretzmann, J., & McKnight, J.（1993）*Building communities from the inside out*. ACTA Publications.

堀有喜衣（2004）「無業の若者のソーシャル・ネットワークの実態と支援の課題」『日本労働研究雑誌』46(12): 38-48.
Huh, S., & Williams, D.（2010）Dude Looks like a Lady: Gender Swapping in an Online Game. W. S. Bainbridge (Ed.), *Online Worlds: Convergence of the Real and the Virtual*, Springer, 161-174.
Hunt, M. G., Marx, R., Lipson, C., & Young, J.（2018）No more FOMO: Limiting social media decreases loneliness and depression. *Journal of Social and Clinical Psychology*, 37(10): 751-768.

I

井川直子（2017）「昭和の小さな小さな正しさ」『ちゃぶ台』3: 62-67.
飯島裕子・ビッグイシュー基金（2011）『ルポ 若者ホームレス』筑摩書房.
磯部涼（2017）『ルポ川崎』サイゾー.
石本雄真（2010）「こころの居場所としての個人的居場所と社会的居場所：精神的健康および本来感，自己有用感との関連から」『カウンセリング研究』43(1): 72-78.

J

Jacobs, J.（1961）*Death and Life of Great American Cities*. Vintage. ＝ジェイン・ジェイコブズ著，山形浩生訳（2010）『アメリカ大都市の死と生 新版』鹿島出版会.
Javed, B., Naqvi, S. M. M. R., Khan, A. K., Arjoon, S., & Tayyeb, H. H.（2019）Impact of inclusive leadership on innovative work behavior: The role of psychological safety. *Journal of Management and Organization*, 25(1): 117-136.
Jebb, A. T., Tay, L., Diener, E., & Oishi, S.（2018）Happiness, income satiation and turning points around the world. *Nature Human Behaviour*, 2(1): 33-38.
Johns, M. M., Pingel, E. S., Youatt, E. J., Soler, J. H., McClelland, S. I., & Bauermeister, J. A.（2013）LGBT Community, Social Network Characteristics, and Smoking Behaviors in Young Sexual Minority Women. *American Journal of Community Psychology*, 52(1-2): 141-154.
丈島崇（2010）「地域通貨の 2 つの意義に対する歴史的アプローチ」『経済学研究』41: 81-105.

K

貝沼明華（2018）「コスプレイヤーの祝祭と日常：リアルな場とインターネット上の意味の考察」『金城学院大学大学院論集』24: 1-24.
柿本竜治・山田文彦（2013）「地域コミュニティと水害時の避難促進要因：平成 24 年

G

Gans, H. J.（1962）Urbanism and Suburbanism as Ways of Life: A Re-evaluation of Definitions. In A. M. Rose (Ed.), *Human Behavior and Social Processes: An Interactionist Approach*. Routledge & Kegan Paul, 625-668.

Giddens, A.（1991）*Modernity and self-identity: self and society in the late modern age*. Polity Press. ＝アンソニー・ギデンズ著，秋吉美都／安藤太郎／筒井淳也訳（2005）『モダニティと自己アイデンティティ：後期近代における自己と社会』ハーベスト社.

Goffman, E.（1974）*Frame analysis: An essay on the organization of experience*. Harvard University Press.

Goffman, E.（1974）*Stigma: notes on the management of spoiled identity*. J. Aronson. ＝アーヴィング・ゴッフマン著，石黒毅訳（2001）『スティグマの社会学：烙印を押されたアイデンティティ』せりか書房.

Gorman-Murray, A., & Nash, C.（2017）Transformations in LGBT consumer landscapes and leisure spaces in the neoliberal city. *Urban Studies*, 54(3): 786-805.

Granovetter, M. S.（1974）*Getting a job: a study of contacts and careers*. Harvard University Press. ＝マーク・S. グラノヴェター著，渡辺深訳（1998）『転職：ネットワークとキャリアの研究』ミネルヴァ書房.

Granovetter, M. S.（2017）*Society and economy: framework and principles*. Belknap Press: An Imprint of Harvard University Press. ＝マーク・グラノヴェター著，渡辺深訳（2019）『社会と経済：枠組みと原則』ミネルヴァ書房.

H

原田克巳・滝脇裕哉（2014）「居場所概念の再構成と居場所尺度の作成」『金沢大学人間社会学域学校教育学類紀要』6: 119-134.

畠山雄豪・丹羽由佳理・佐野友紀・菊池雄介・佐藤泰（2015）「立地環境および利用者傾向が行動分布に与える影響：行動観察調査からみたカフェのサードプレイス利用分析 - その 1 -」『日本建築学会計画系論文集』80(711): 1067-1073.

早坂信哉・樋口善英・野々村雅之・栗原茂夫（2020）「銭湯利用頻度と主観的幸福感の関連：インターネット・リサーチによる横断研究」『日本健康開発雑誌』，早期公開.

平井智尚（2017）「インターネット利用の大衆化とオンライン・コミュニティの変容：「都市化」の観点からの考察」『メディア・コミュニケーション：慶應義塾大学メディア・コミュニケーション研究所紀要』67: 1-10.

Hitokoto, H., & Uchida, Y.（2015）Interdependent Happiness: Theoretical Importance and Measurement Validity. *Journal of Happiness Studies*, 16(1): 211-239.

Hong, J. S., & Espelage, D. L.（2012）A review of mixed methods research on bullying and peer victimization in school. *Educational Review*, 64(1): 115-126.

International Contributions to the Study of Positive Mental Health. Springer, 153-176.
Domahidi, E., Breuer, J., Kowert, R., Festl, R., & Quandt, T.（2018）A Longitudinal Analysis of Gaming- and Non-Gaming-Related Friendships and Social Support among Social Online Game Players. *Media Psychology*, 21(2): 288-307.

E

Eklund, L.（2011）Doing gender in cyberspace: The performance of gender by female World of Warcraft players. *Convergence: The International Journal of Research into New Media Technologies*, 17(3): 323-342.
Ellison, N. B., Steinfield, C., & Lampe, C.（2007）The Benefits of Facebook "Friends:" Social Capital and College Students' Use of Online Social Network Sites. *Journal of Computer-Mediated Communication*, 12(4): 1143-1168.
Evans, C. B. R., Fraser, M. W., & Cotter, K. L.（2014）The effectiveness of school-based bullying prevention programs: A systematic review. *Aggression and Violent Behavior*, 19(5): 532-544.

F

Fainstein, S. S.（2014）The just city. *International Journal of Urban Sciences*, 18(1): 1-18.
Feldman, S., & Turner, D.（2014）Why Not NIMBY? *Ethics, Policy and Environment*, 17(1): 105-115.
Fischer, C. S.（1975）Toward a Subcultural Theory of Urbanism. *American Journal of Sociology*, 80(6): 1319-1341. ＝クロード・S. フィッシャー著，広田康生訳（2012）「アーバニズムの下位文化理論に向かって」森岡清志編『都市空間と都市コミュニティ』日本評論社，127-164.
Fischer, C. S.（1984）*The Urban Experience*. Harcourt Brace Jovanovich (2nd). ＝クロード・S. フィッシャー著，松本康／前田尚子訳（1996）『都市的体験：都市生活の社会心理学』未來社.
Fischer, C. S.（1995）The Subcultural Theory of Urbanism: A Twentieth-Year Assessment. *American Journal of Sociology*, 101: 543-577.
Frazier, P. A., & Cook, S. W.（1993）Correlates of Distress Following Heterosexual Relationship Dissolution. *Journal of Social and Personal Relationships*, 10(1): 55-67.
Frost, D. M., & Meyer, I. H.（2012）Measuring Community Connectedness among Diverse Sexual Minority Populations. *Journal of Sex Research*, 49(1): 36-49.
藤竹暁（2000）「居場所を考える」藤竹暁編『現代のエスプリ別冊 生活文化シリーズ3 現代人の居場所』至文堂，47-57.

ベック，ウルリッヒ（2011a）「個人化の多様性：ヨーロッパの視座と東アジアの視座」ウルリッヒ・ベック／鈴木宗徳／伊藤美登里編『リスク化する日本社会：ウルリッヒ・ベックとの対話』岩波書店，15-35.
ベック，ウルリッヒ（2011b）「リスク社会における家族と社会保障」ウルリッヒ・ベック／鈴木宗徳／伊藤美登里編『リスク化する日本社会：ウルリッヒ・ベックとの対話』岩波書店，73-87.
Bourdieu, P.（1977）*Outline of a Theory of Practice*. Cambridge University Press.
Bourdieu, P.（1980）*Le sens pratique*. (Editions de Minuit, Ed.).
Boyd, D.（2014）*It's Complicated: The Social Lives of Networked Teens*. Yale University Press. ＝ダナ・ボイド著，野中モモ訳（2014）『つながりっぱなしの日常を生きる：ソーシャルメディアが若者にもたらしたもの』草思社.
Boyle, E. A., Connolly, T. M., Hainey, T., & Boyle, J. M.（2012）Engagement in digital entertainment games: A systematic review. *Computers in Human Behavior*, 28(3): 771-780.
ブレイディみかこ（2019）『ぼくはイエローでホワイトで，ちょっとブルー』新潮社.

C

Cantone, E., Piras, A. P., Vellante, M., Preti, A., Daníelsdóttir, S., D'Aloja, E., … Bhugra, D.（2015）Interventions on Bullying and Cyberbullying in Schools: A Systematic Review. *Clinical Practice & Epidemiology in Mental Health*, 11(1): 58-76.
Chang, K.-S.（2014）Individualization without Individualism: Compressed Modernity and Obfuscated Family Crisis in East Asia. In E. Ochiai & L. A. Hosoya (Eds.), *Transformation of the Intimate and the Public in Asian Modernity*. Brill, 37-62.

D

Davister, C., Defourny, J., & Gregoire, O.（2004）*Work Integration Social Enterprises in the European Union: An Overview of Existing Models*. EMES Working Paper, 04: 29.
De Neve, J.-E.（2018）Work and well-being: A global perspective. In J. Sachs (Ed.), *Global Happiness Policy Report*. Global Happiness Council, 74-108.
De Neve, J.-E., & Ward, G.（2017）Happiness at Work. CEP Discussion Papers, No. 1474.
DePaulo, B. M.（1983）Perspective on help seeking. In B. M. DePaulo, A. Nadler, & D. J. Fisher (Eds.), *New directions in helping: Vol.2. Help-seeking*. Academic Press, 3-12.
Detrie, P. M., & Lease, S. H.（2007）The relation of social support, connectedness, and collective self-esteem to the psychological well-being of lesbian, gay, and bisexual youth. *Journal of Homosexuality*, 53(4): 173-199.
Diener, E., Oishi, S., & Ryan, K. L.（2013）Universals and cultural differences in the causes and structure of happiness: A multilevel review. In C. Keyes (Ed.), *Mental Well-Being:*

参考文献一覧

A

阿比留典子（2020）「高齢者の主観的幸福感に関する文献的研究：明日を志向する意欲に着目して」『西南学院大学大学院研究論集』10: 33-45.

阿部真大（2005）「バイク便ライダーのエスノグラフィー：危険労働にはまる若者たち」『ソシオロゴス』29: 215-231.

阿部真大（2013）『地方にこもる若者たち：都会と田舎の間に出現した新しい社会』朝日新聞出版.

Achab, S., Nicolier, M., Mauny, F., Monnin, J., Trojak, B., Vandel, P., Sechter, D., Gorwood, P., Haffen, E.（2011）Massively multiplayer online role-playing games: Comparing characteristics of addict vs non-addict online recruited gamers in a French adult population. *BMC Psychiatry*, 11(1): 144.

相澤譲治（2015）「大規模障害者収容施設コロニー成立の歴史的背景」『神戸学院総合リハビリテーション研究』10(2): 15-23.

赤枝尚樹（2011）「同類結合に対する都市効果の検討：エゴセントリック・ネットワークデータに対するマルチレベル分析の適用」『理論と方法』26(2): 321-337.

Alinsky, S. D.（1971）*Rules for Radicals: A Pragmatic Primer for Realistic Radicals*. Random House.

青山ゆみこ（2019）『ほんのちょっと当事者』ミシマ社.

青山征彦（2018）「大学生における SNS 利用の実態：使い分けを中心に」『成城大学社会イノベーション研究』13(1): 1-17.

青山郁子・五十嵐哲也（2011）「Problematic Internet Use（PIU）とオンラインゲームのユーザーに与えるネガティブな社会的・心理的影響：展望と課題」『愛知教育大学保健環境センター紀要』10: 7-14.

有薗真代（2017）『ハンセン病療養所を生きる：隔離壁を砦に』世界思想社.

B

Barboza, G. E., Schiamberg, L. B., Oehmke, J., Korzeniewski, S. J., Post, L. A., & Heraux, C. G.（2009）Individual characteristics and the multiple contexts of adolescent bullying: An ecological perspective. *Journal of Youth and Adolescence*, 38(1): 101-121.

Barzilai-Nahon, K.（2009）Gatekeeping: A critical review. *Annual Review of Information Science and Technology*, 43(1): 1-79.

Beck, U.（1986）*Risikogesellschaft: Auf dem Weg in eine andere Moderne*. Suhrkamp. ＝ウルリッヒ・ベック著，東廉／伊藤美登里訳（1998）『危険社会：新しい近代への道』法政大学出版局.

【著者紹介】

桜井 政成（さくらい まさなり） 立命館大学政策科学部教授

1975 年長野県生まれ。立命館大学大学院政策科学研究科博士後期課程修了。

博士（政策科学）。専門社会調査士。

立命館大学ボランティアセンター主事，同助教授，立命館大学政策科学部准教授等を経て，2015 年より現職。2013 年から 2014 年までトロント大学客員教授。

専門は社会学。研究対象は NPO，社会的企業，ボランティア活動，地域福祉等。

〔主要著書〕

Globalizing Welfare: An Evolving Asian-european Dialogue（分担執筆，Edward Elgar，2019 年）
『市民社会論：理論と実証の最前線』（分担執筆，法律文化社，2017 年）
『東日本大震災と NPO・ボランティア』（編著，ミネルヴァ書房，2013 年）
『ボランティア教育の新地平』（共編著，ミネルヴァ書房，2009 年）
『ソーシャル・キャピタル：社会構造と行為の理論』（共訳，ミネルヴァ書房，2008 年）
『ボランティアマネジメント』（ミネルヴァ書房，2007 年）

コミュニティの幸福論
――助け合うことの社会学

二〇二〇年九月三〇日　初版第一刷発行

著　者――桜井政成
発行者――大江道雅
発行所――株式会社明石書店
〒一〇一―〇〇二一　東京都千代田区外神田六―九―五
電　話　〇三―五八一八―一一七一
ＦＡＸ　〇三―五八一八―一一七四
https://www.akashi.co.jp/

挿　画　小柴瑠捺
装　幀　明石書店デザイン室
印刷・製本　モリモト印刷株式会社

ISBN 978-4-7503-5089-9